查拉图斯特拉如是说

〔德〕尼采 著

黄敬甫 李柳明 译

中华书局

图书在版编目（CIP）数据

查拉图斯特拉如是说 /（德）尼采（Nietzsche, F. ）著；
黄敬甫，李柳明译 . —北京：中华书局，2013.11（2017.6 重印）
（国民阅读经典）
ISBN 978 - 7 - 101 - 09628 - 6

Ⅰ. 查…　Ⅱ. ①尼…②黄…③李…　Ⅲ. 超人哲学
Ⅳ. B516. 47

中国版本图书馆 CIP 数据核字（2013）第 215035 号

书　　　名	查拉图斯特拉如是说	
著　　　者	〔德〕尼　采	
译　　　者	黄敬甫　李柳明	
丛 书 名	国民阅读经典	
责任编辑	余　瑾	
装帧设计	毛　淳	
出版发行	中华书局	
	（北京市丰台区太平桥西里 38 号　100073）	
	http://www.zhbc.com.cn	
	E-mail：zhbc@ zhbc.com.cn	
印　　　刷	北京市白帆印务有限公司	
版　　　次	2013 年 11 月北京第 1 版	
	2017 年 6 月北京第 4 次印刷	
规　　　格	开本/880×1230 毫米　1/32	
	印张 14¼　字数 270 千字	
印　　　数	20001 - 25000 册	
国际书号	ISBN 978 - 7 - 101 - 09628 - 6	
定　　　价	36.00 元	

出版说明

在二十一世纪的当代中国，国民的阅读生活中最迫切的事情是什么？我们的回答是：阅读经典！

在承担着国民基础知识体系构建的中国基础教育被功利和应试扭曲了的今天，我们要阅读经典；当数字化、网络化带来的"信息爆炸"占领人们的头脑、占用人们的时间时，我们要阅读经典；当中华民族迈向和平崛起、民族复兴的伟大征程时，我们更要阅读经典。

经典是我们知识体系的根基，是精神世界的家园，是走向未来的起点。这就是我们编选这套《国民阅读经典》丛书的缘起，也因此决定了这套丛书的几个特点：

首先，入选的经典是指古今中外人文社科领域的名著。世界的眼光、历史的观点和中国的根基，是我们编选这套丛书的三个基本的立足点。

第二，入选的经典，不是指某时某地某一专业领域之内的重要著作，而是指历经岁月的淘洗、汇聚人类最重要的精神创造和知识积累的基础名著，都是人人应读、必读和常读的名著。我们从中精选出一百部，分辑出版。

第三，入选的经典，我们坚持优中选优的原则，尽量选择最好的版本，选择最好的注本或译本。

我们真诚地希望，这套经典丛书能够进入你的生活，相伴你的左右。

中华书局编辑部

二〇一二年四月

本书根据Deutscher Taschenbuch Verlag
1980版译出

目 录

第二部

第三部

第四部，即最后一部

尼采谈《查拉图斯特拉如是说》的创作[1]

查拉图斯特拉如是说

一本为所有人，也不为任何人写的书

1

我现在讲述查拉图斯特拉的故事。这本书的基本观点是永恒回归的思想，也就是可达到的最高的肯定方式。这种思想是在1881年8月产生的：我把它写在一张纸上，并题了词："远离人类和时间六千英尺。"那一天，我在西尔瓦波拉纳湖滨①的林中漫步，走到离苏尔莱②不远的地方，一块巨大而雄伟的岩石耸立着，我在那儿停下脚步。这时，这一思想在我脑海中不禁冒了出来。——回想起几个月前的那一天，作为预兆，我感觉到，我的审美产生了一个突然的、极其深刻的决定性变化，特别在音乐方面。也许整个查拉图斯特拉都可以视为音乐；——无疑，其先决条件就是能够听出艺术的再生。1881年春，我在离维森查和雷夸罗③不远的一个小规模的山区疗养浴场度过。在那里，我与我的朋友、音乐大师彼得·加斯特（同样是一位"再生者"）在一起，当时我发现，音乐凤凰披着前所未有的轻飘而灿烂的羽毛，从我们身旁飞过。如果从那天算起，到1883年2月在难以想象的情况下突然停下为止（书的最后部分，同样也是我在序言中引用

① 在瑞士境内。
② 在西尔瓦波拉纳湖东南部。
③ 意大利威尼斯西部小镇。

了几句话的那一部分，完稿的神圣时刻，正是理查特·瓦格纳在威尼斯逝世的时刻），这本书共"怀胎"十八个月。正是十八个月这样的数字使我产生这样的想法（至少佛教徒是这样认为），我本来是一头母象。——这期间我在撰写《快乐的科学》，这本书有成百种迹象接近无与伦比的东西；最终，它促使了查拉图斯特拉本人的出现，第四部分倒数第二段表现了查拉图斯特拉的基本思想。——同时，《生命颂》（用于混声合唱和乐团）也是在这期间创作的，E·W·弗利茨两年前在莱比锡出版了《生命颂》的总谱：它也许显示出我在这一年的精神状态方面不无意义的征兆。那时候，我内心充满着非常特殊的肯定的激情，我把这种激情称为悲剧激情。将来总有一天，人们会唱着这支歌来纪念我。——因为这方面有些误传，所以我要强调一下，歌词不是我写的，而是出于一位年轻的俄国女子的惊人的灵感。这位俄国女子就是路·冯·沙乐美小姐，当时我和她是朋友。凡是能够从这首诗歌的最后几句歌词中悟出某些含义的人，就会猜到，我为什么会喜欢和赞赏它：因为这后几句歌词包含着伟大。不能把痛苦视为反对生命的："你再不把剩下的幸福给我，那好！你还会有痛苦……"也许我的音乐在此处也是伟大的（双簧管的最后一个音符是cis调，不是C调，此处乃印刷错误）。——第二年冬天，我是在离热那亚不远的幽雅而宁静的拉帕罗海湾度过的，这个海湾在沙瓦利和波尔多弗诺海角之间伸入陆地。当时，我的健康状况不是最佳；这个冬天寒冷，多雨；小旅馆就在海边，以致大海的涛声使我夜里无法入睡。这个小旅店提供的一切几乎都是和愿望相反的。尽管如此，这年冬天，我的《查拉图斯特拉》在这不利的环境中诞生了，这几乎证明了我的话：一切决定性的东西都是从对抗中产生的。——每天上午，我朝着南方，向着通往左格里的风景宜人的大街走去，登上高坡，穿过树林，远眺大海；每天下午，只要健康状况许可，我经常会沿着从桑塔玛格里塔到波尔多弗诺的整个海湾漫步。这个地方及其风景，由于深受那个令人难忘的德意志皇帝弗里德里希三世的喜爱，也就愈来愈接近我的心田。1886年秋天，当弗里德里希三世最后一次访问这个小小的、已被遗忘的欢乐世界时，我碰巧再度来到这里的海滨。——就是在这两条路上，我想起了整个查拉图斯特拉的雏形，首先，查拉图斯特拉本身就是典型：更确切地说，他向我袭来……

2

要理解这种典型，首先必须弄清他的生理条件：那就是我所说的非常的健康。对于这个概念，没有比我自己在《快乐的科学》第五部分结束语中说明得更清楚，更典型的了。"我们这些新人，没有名气的人，难以理解的人——也就是说——我们是尚未证明有前途的早产儿，我们为了新的目标也需要新的手段，也就是需要新的健康，要比以往更强壮，更精明，更坚强，更勇敢，更快乐。一个人在内心里渴求经历至今为止的全部价值和愿望，并想绕过这理想主义的'地中海'的各个口岸航行，一个人想从自身冒险的经历中知道一个理想的征服者和发现者是怎样的心情，并想知道一个艺术家、圣徒、立法者、贤人、学者、虔诚的信徒、老式的神圣而古怪的人是怎样的心情，为此他首先必须非常健康——他不仅拥有这种健康，而且还必须在目前和在未来不断地保持这种健康，因为他在目前和在未来都必然要付出健康……如今，我们已经在这条路上走了很久，我们这些理想的追寻者，也许勇敢多于智慧，不时可能触礁翻船，遭受损害，但是，如我所说，我们比别人所想象的更为健康，受到损害的健康，又恢复了健康，——我们觉得，为了报答健康，我们面前似乎还有一个尚未发现的陆地，它无边无际，望不到头，它是至今为止所有理想陆地和理想海角的彼岸，它是充满美丽、奇异、疑惑、恐惧和神圣的世界，以致我们的好奇心和占有欲达到无法自制的地步——啊，再也没有任何东西能满足我们的欲望了！……具有这样的前景，并怀着对知识和良知的热望，我们怎能对当今的人感到满意呢？这种情况已经是很糟糕的了，但是，更甚者还有无法避免的事，那就是我们不能真正以严肃的态度正视人类最庄严的目标和希望，也许对此还不屑一顾……另外一个理想出现在我们的面前，这是一个奇特的、尝试性的、危险重重的理想，我们不想劝说任何人去追求这种理想，因为我们不会这么轻易地把这种理想的权利给予任何人：它只是某一种人的理想，这种人天真地（也就是说不情愿地），并且由于精力旺盛和强大而去玩弄那些一向被视为圣洁、善良、不可接触和神圣的东西；对这种人而言，民众借以公平地确定价值标准的最高的东西，就已经意味着危险、衰落、卑贱，或者至少意味着养神、盲目、暂时忘我；这是一种人性而又超人性的幸福和善意的理想，这种理想常常以非人性的形式出现，比如，当它把至今为止人间的一切艰辛，把至今为止举止、言语、声音、目光、道德和使命的庄严性看成它们最真实的、非自愿的讽刺剧时，——尽管如此，随着这种理想的出现，也许伟大的严肃性才开始，本来的疑问才产生，心灵的命运在转变，时针转动，悲剧开始了……"

3

——19世纪末，有谁能够对诗人们所指的强大时代的灵感下个明确的概念呢？无论如何，我想描述一下。——事实上，如果一个人身上还带有一点点残留的迷信，他就几乎不可能拒绝人只是巨大力量的化身、口舌、媒介这些概念。启示这个概念，其含义就是，突然间，我们可以非常可靠地和精确地看到和听到一些能深刻地震撼和推翻一个整体的东西，这个概念描写的就是实情。我们听到了，但不去寻找；我们拿到了，但不问是谁给的；一种思想就像闪电一样发光，是必然的，毫不迟疑的，——我从来没有选择过。一阵欣喜若狂，狂喜无比造成紧张的情绪，有时使人热泪盈眶，步伐随着紧张的心情不由自主地时而快速，时而缓慢；一种完全失去的自我控制而清楚地感觉到浑身上下剧烈的战栗；这时感到一种莫大的幸福，这种幸福和最大的痛苦、最深的忧郁都不是对立面了，而是具有制约性、挑战性，而是光谱中必不可少的色彩；一种韵律关系的本能，这种本能跨越公式的广阔的空间——长度，也就是根据一种长跨度韵律的需求，几乎是灵感力量的标准，一种对抗其压力和张力的平衡力。一切都是在最高程度中无意发生的，但是如同在一场自由感、绝对性、权力和神圣的风暴中发生的一样……形象和比喻的无意识是最奇特的；什么是形象，什么是比喻，人们已没有什么概念了，一切东西都是以最接近的、最正确的、最简单的表达形式出现的。想起查拉图斯特拉的一句话，真的好像事物自己向前走来，表示愿意作为比喻（——"这里，万物都来亲切地与你说话，并恭维你：因为它们想骑在你的背上奔跑。在这里，你用任何一个比喻都可以达到每一个真理。在这里，所有存在的言语和文字宝藏都展现在你的面前；在这里，一切存在都要变成言语，一切转变都要向你学习说话——") 。这是我在灵感方面的经验；我毫不怀疑，人们要回到几千年前去才能找到那个有权利对我说下述这句话的人："这也是我的经验。"——

4

后来，我生病在热那亚躺了几个星期。接着，在罗马度过了一个沉闷的春天，我在那里消耗我的生命——真不容易。罗马这个地方不是我自愿选择的，从根本上来说，这个地方对查拉图斯特拉的作者而言是地球上最不适宜的地方，它极大地破坏了我的情绪。我试图离开——我想去阿奎拉①，这个地方与罗马的概念完全不同，它是出于对罗马的敌意而建造的，正如有一天我也要建造一个地方，用以纪念一位无神论者和高尚的反教会者，一位我的近亲，伟大的霍亨斯陶芬皇帝弗里德里希二世。但是，厄运临头：我必须返回罗马。为寻找一个反基督教的地点我作了努力，我疲劳不堪，最后，巴贝里尼广场使我感到满意。有一次，为了尽量避开难闻的气味，我甚至在德尔奎里纳莱皇宫打听过，我担心他们是否不能给一位哲学家一间安静的房间。——在巴贝里尼广场上建有一个凉廊，从这里可以眺望罗马城，可以倾听脚下广场喷水池的哗哗声。在这凉廊上，我作了一首诗，这是我所作过的最寂寞的诗：《夜之歌》。这时，总是有一种无法形容的

---

① 位于瑞士境内的阿尔卑斯山。

忧郁的调子萦绕在我的耳旁，歌词的叠句我选用这样的话"永生前夕的死亡……"夏天，我回到了查拉图斯特拉的思想曾经像第一道闪电照亮我心头的那个神圣的地方，在那里我发现了查拉图斯特拉的第二部分。只用十天时间就够了。不管是第一部分、第三部分，还是最后的部分，我都没有多花时间。第二年冬天，在尼斯①，晴朗的天空第一次照亮了我的生活，当时我发现了查拉图斯特拉的第三部分，并且完稿了。写完全书所花时间不到一年。尼斯地区许多隐蔽的地段和山冈给我留下了难忘的时光。标题为《旧碑铭和新碑铭》②的重要章节，是从车站艰难攀登到摩尔人居住的奇妙的山崖城堡伊扎的途中写成的。——当我的创造力奔涌时，我的肌肉总是最发达的。身体充满激情：我们也不管什么"灵魂"了……人们经常可以看见我手舞足蹈；我当时爬山七八个小时还不懂得什么叫疲劳。我睡得好，笑得多——，精力十分充沛，忍让宽容。

5

除了这十天写作之外，在创作《查拉图斯特拉如是说》的那几年中，尤其是成书以后的几年，是非常艰难的时期。一个人要成为不朽，就要付出昂贵的代价：在世时要为此死几回。——有些东西我称它为伟大的复仇欲望：任何伟大的事情，不论是一部著作还是一个事业，一旦完成之后，做这件事的人就会立即遭到反对。正因为他干了事业，现在他变弱了，——他无法忍受

---

① 尼斯位于法国，在意大利边境。
② 《查拉图斯特拉如是说》第三部第12章。

自己的事业了，他不能正视自己的事业了。人们从来不敢希望的某些事情一旦完成了，关系到人类命运症结的某些事情一旦完成了，——现在就轮到反对你了！……几乎给压得喘不过气了……伟大的复仇欲望！——另外就是四周都笼罩着可怕的寂静。寂寞，重重的寂寞；什么东西都穿透不过。你走到人群中，你问候朋友：这是新的荒野，没有人投以问候的目光。在最好的情况下，会做出一种反对的表示。我经历过几乎每个站在我近旁的人不同程度地表现出那种反对的方式；似乎没有什么东西比突然间使人感到人之间的隔阂更伤人了，——得不到尊敬就不能生活下去的那种高贵者很少。——第三件事，皮肤对小针就会产生绝对的敏感性，这是对所有小事束手无策的一种形式。我觉得这是由于极大消耗所有抵抗力造成的，一切创造性的行动以及从自身最内心深处发出的每个行动都是这种消耗的先决条件。因此，稍有一点抵抗力停止作用，就得不到新的力量了。——我还敢暗示，人们的消化会越来越差，不愿意运动，容易感到寒冷，容易产生猜疑，——怀疑在许多情况下只是病源学上处置不当的问题。在这样的情况下，由于温和与人道的思想的回归，有一次我感觉到接近了畜群，还在我看到畜群之前：畜群具有了内在的温情……

6

这本书绝对是独特的。我们不要去理会诗人：也许从来就没有过这样丰富有力的作品。在这本书中，我的"狄奥尼索斯"概念成了最伟大的事业；以它来衡量，人类所有的其他事业都显得贫乏和有限。在这种激情中和高峰上，歌德和莎士比亚也许都喘不过气来，但丁①与查拉图斯特拉相比，只不过是一个信仰者，而不是一个首先创造真理的人，不是支配世界的人，不是命运——，编纂《吠陀经》②的诗人只能算是教士，甚至连给查拉图斯特拉脱鞋的资格都没有，所有这一切都是微不足道的，它们没有距离感，也没有清静的孤独感，而正是这本著作的生命之所在。查拉图斯特拉永远有权利这样说："我在我的四周划一个圈子，并设定神圣的界线；越来越少的人能同我一起登上越来越高的山，——我用越来越神圣的高山建造一个山脉。"我估计，把一切伟大心灵的精神和善良合在一起，也抵不上查拉图斯特拉说出的一句妙语。他上下的梯子是无限长的；他比任何人都看得远，想得深，懂得多。这位全人类最善于肯定的人，他说的每一句话都自相矛盾；在他心里所有的矛盾都达到新的统一。人性中最高尚的和最卑劣的力量，最甜蜜的东西，最轻率的东西和最可怕的东西，都从一个源泉中永远不息地涌流出来。在这之前，没有人知道什么是高尚的，什么是深奥的；更没有人知道什么是真理。就是最伟大的人也没有猜想到，已经有人预言了，什么时候会揭示真理。这个真理在查拉图斯特拉之前，谈不上智慧，谈不上研究心灵，谈不上艺术；最熟悉的、最平常的东西，在这儿道出了闻所未闻的事情。激情使警句颤动；雄辩变成了音乐；闪电向至今为止尚无人知晓的未来射出亮光。至今为止最大的象征力，与语言回归形象的本质相比，显得贫乏和微不足道。——请看查拉图斯特拉是怎样从山上走下来的！他是怎样向每个人说些最亲切友好的话语！他甚至是怎样用温柔的双手握住他的敌

---

① 但丁（1265—1321）：意大利文艺复兴时代的诗人。
② 印度最古老的宗教文献和文学作品的总称。

10 　查拉图斯特拉如是说

人——传教士的手，又是怎样与他们一起为他们而苦恼！——在这里，人时时刻刻都是可战胜的，"超人"这个概念在这里变成了最大的现实，——一向在人类中被称为伟大的一切东西也在那非常遥远的地方。平静的性情，轻快的步伐，普遍存在的恶毒和放纵以及一切对查拉图斯特拉这类人来说是典型的东西，所有这些从来没有人梦想过的东西本质上是伟大的。查拉图斯特拉正是在这个空间范围内，在与敌手的接触中，感觉到自己是万物之中最高的形式；当你听到，他是怎样给最高的形式下定义时，你就不会去寻找与他较量的人了。

心灵拥有最长的梯子，

能往下走到最深处；

心灵无比宽广，

能在其中任意驰骋，奔跑，漫游；

心灵有着最大的必然性，

带着快乐陷入偶然性；

存在的心灵，它意欲变化，

拥有的心灵，它意欲需要和要求；

逃脱自身的心灵，

在最遥远的圆圈跑道上赶上了自己；

最有智慧的心灵，

愚者用最甜蜜的话语劝说它；

最自爱的心灵，

万物都在其中退潮涨潮，奔腾不息——

但是这就是狄奥尼索斯本身的概念。——另外一种考虑也会产生同样的观念。查拉图斯特拉这类型的人的心理学上的问题在于：如果一个人对人们向来肯定的一切东西予以坚决地否定，并且决不执行，他怎么可能与一个否定者相对立呢！如果一个人肩负着命运的重担和危险的使命，他怎么可能是最轻松的和最超然的人呢！——查拉图斯特拉是一位舞蹈家——如果一个人对现实具有最严厉的、最敏锐的洞察力，如果一个人具有"最深刻的思想"，他在现实中怎么会找不到对生存的反对意见，对生命永恒回归的反对意见呢！——更确切地说，还有一个理由，对一切事物本身采取永恒的肯定，"无限的肯定和祝福"……"我还要把我拥有的肯定带到所有的深渊"……重复一遍，但这就是狄奥尼索斯的概念。

7

这样一种人，当他在自言自语时，会用什么语言呢？用狂热的诗歌语言。我就是这种狂热的诗歌语言的发明者。请听，查拉图斯特拉在《日出之前》①是怎样自言自语的：这样一种如同拥有绿宝石般的幸福，这样一种神圣的温柔，在我之前还没有人说得出来。连这位狄奥尼索斯深深的叹息也成了狂热的诗歌；我举《夜之歌》②这不朽之声为例，由于丰富的光和力，由于太阳的本质，就注定了它的存在，注定了不得去爱。

---

① 《查拉图斯特拉如是说》第三部第4章标题。
② 《查拉图斯特拉如是说》第二部第9章标题。

夜已降临：现在全部的喷泉都在更大声地说话。而我的心灵也是一口喷泉。

夜已降临：现在一切爱者的歌声才响起。而我的心灵也是一位爱者的歌。

我心中有一种不平静的、不能平静的东西；它要变得响亮起来。我心中有一种对爱的渴望，它诉说着爱的言语。

我是光：啊，如果我是黑夜就好了！但是，我被光包围着，这正是我的孤独。

啊，如果我是黑暗和黑夜就好了！我多么想汲取光的泉源！

我还要祝福你们，你们这些闪烁的小星斗和空中的萤火虫！——得到你们赠与的光，我感到幸福。

但是，我生活在自己的光之中，我要把我身上折射出去的光焰吮吸回来。

我不知道索取者的幸福；我常常梦想，窃取肯定比索取更快乐。

我的手不停地赠与，这是我的贫穷；我看见期待的眼光和被照亮的渴望之夜，这是我的嫉妒。

啊，一切给予者的不幸！啊，我的太阳变得昏暗！啊，对欲望的渴求！啊，饱食中的异常饥饿！

他们向我索取：但是我触及他们的心灵了吗？在给予和索取之间有一道鸿沟；最终要在最狭窄的鸿沟上面架桥。

在我的完美之中产生了一种欲望：我想让我所照亮的人感到痛苦，我想抢劫我所赠与的人，——所以我渴求恶毒。

如果有人把手伸向我，我就把手缩回来；就像瀑布一样，它在飞流直下时还犹豫了一下：——所以我渴求恶毒。

我的丰富引起了这样的复仇，这样的险恶从我的孤独中冒出。

我从给予中得到的幸福，又在给予中消失，我的道德因其过剩而对它自己感到厌倦！

谁不停地给予，谁就有失去羞耻的危险；谁不停地分配，谁的手和心就会由于单纯的分配而起老茧。

我的眼睛不再为乞求者的羞耻而落泪；我的手变得又厚又硬，感觉不到索取者的双手在颤动。

我眼中的泪水和我心中的柔软到哪里去了？啊，所有给予者的寂寞！啊，所有发光者的沉默！

许多太阳环行在荒凉的地带：它们用自己的光芒对黑暗的万物说话——而对我却沉默不语。

啊，这是光对发光者的敌视，光毫不留情地改变自己的轨道。

在内心深处不能公正地对待发光者，对太阳冷漠——每个太阳只好都这么运行。

许多太阳就像风暴一样在自己的轨道上飞行，这就是它们的运行。太阳遵循着自己的无情的意志，这就是太阳的冷酷。

啊，你们这些黑暗和黑夜，只有你们才能从发光者那里获取热量！啊，只有你们才能从光源中吸取乳汁和养料！

啊，我的周围都是冰，我的手在冰上冻伤了！啊，我的心中充满着渴望，渴望着你们的企盼。

夜已降临：啊，我必须是光！渴望着黑夜！渴望着孤独！

夜已降临：现在我的要求像喷泉般从我心里涌出，——要求我说话。

夜已降临：现在全部的喷泉都在更大声地说话。而我的心灵也是一口喷泉。

夜已降临：现在一切爱者的歌声才响起。而我的心灵也是一

位爱者的歌，——①

8

从来没有人撰写过这样的东西，从来没有人感觉过这样的东西，从来没有人遭遇过这样的东西：只有一个神，即狄奥尼索斯有这样的遭遇。阿利阿德尼②也许是对太阳在光中的孤独作过这样狂热赞美的回答……除了我，谁知道阿利阿德尼是什么人！……直到现在，没有人能解答所有这些谜，我怀疑，过去有人在这方面看到的也只是谜。——查拉图斯特拉曾经严格地确定了自己的使命——这也是我的使命——，人们不要误解它的意义：他肯定进行辩护，直到摆脱所有过去的事情。

我行走在人类未来的片断中：我遥望那个未来。

我搜集那些片断、谜和可怕的偶然，并完整地写成诗，这就是我所有的诗和追求。

如果人不是诗人，也不是解谜者和偶然的拯救者，我怎么能忍受做人呢？

拯救过去，把一切"过去是"改变为"我要这样！"——这对于我来说才是拯救！③

在文章的另一段，他极其严格地说明，"人"对于他本人

---

① 《查拉图斯特拉如是说》第二部第9章。
② 希腊神话中克里特王米诺斯之女，与提修斯相爱，并帮他逃出迷宫。
③ 《查拉图斯特拉如是说》第二部第20章。

来说到底会是什么——不是爱的对象，也不是怜悯的对象——查拉图斯特拉也已经克服了对人的巨大的厌恶：在他看来，人是怪物，是材料，是需要雕塑者雕刻的丑陋的石头。

"不再要求，不再评价，不再创造：啊，这种巨大的厌倦情绪任何时候都要远离我！

在认识中，我只感觉到我具有生育欲和生成欲的意志；如果我的认识是纯真的，那是因为在认识中还有生育的意志。

这种意志吸引我离开上帝和诸神：如果有诸神存在，还要创造什么呢？

但是，我炽热的创造意志总是促使我重新走向人类；就像驱使锤子敲打石头一样。

啊，你们这些人，在石头中藏着我的一个形象，我的许多形象中的一个！啊，这个形象肯定藏在最坚硬、最丑陋的石头中！

现在我的锤子无情地锤打它的牢房。碎片从石头上飞向四方：这和我有什么关系？

我要完成我的意志：因为有个影子向我走来，——这个万物中最安静和最轻快者曾经向我走来！

超人的美丽形象像个影子向我走来。啊，我的兄弟们！诸神与我有何相干！……①

我强调最后一个观点：上文划了线的那行诗在这方面讲明了理由。锤子的坚硬，以十分重要的方式在毁灭上取得的快乐，这对于狄奥尼索斯的使命来说是先决条件的一部分。

"你们要坚强！"这个命令式以及这个起码的信念：所有创造者都是坚强的，这就是狄奥尼索斯本质的本来特征。——

①《查拉图斯特拉如是说》第二部第2章。

查拉图斯特拉如是说

一本为所有人，也不为任何人写的书

第一部

查拉图斯特拉的序言

1

查拉图斯特拉三十岁时，离开他的家乡，离别家乡的湖，来到了山里。在那里，他享受着自己的智慧和孤独，十年不觉厌倦。但是，最后他的内心发生了变化，——有一天早晨，他与朝霞一同起身，来到太阳跟前，对太阳如是说：

"你这伟大的星球啊！如果你没有你所照耀的人们和动物，你有什么幸福呢！

十年来，你照耀我的山洞：假如没有我，没有我的鹰和我的蛇①，你会厌烦你的光亮和行程。

但是每天早晨我们在期待你，接受你的光芒，并为此而祝福你。

看啊！我已厌倦我的智慧，如同蜜蜂采集了太多的蜜，我需要别人伸出手来接取智慧。

①鹰象征高傲，蛇象征智慧。

我愿意赠送和给予，直到人群中的智者再次为自己的愚昧而喜悦，直到贫者再次为自己的富有而高兴。

因此我必须深入人世间：像你每晚做的那样，走到大海的那边，还把你的光明送到下面的世界。你恩惠无边的星球啊！

像你一样，我必须下山，正如人类所说的那样，我要降临到他们那里去。

请祝福我吧，你这安祥的眼睛，甚至能看到最大的幸福，也没有一丝的嫉妒！

祝福这个就要溢出的杯子吧，让水金光闪闪地从杯里流出，把你充满喜悦的光辉送到各处去！

瞧！这个杯子就要再次变空，查拉图斯特拉将再度成为凡人。"

——于是，查拉图斯特拉开始下山。

2

查拉图斯特拉独自下山，没有遇见一个人。但是当他走进森林时，突然有位老人出现在他的面前，这位老人离开他神圣的茅屋，到树林中寻找树根。老人对查拉图斯特拉如是说：

"这位行人我并不陌生：几年前他经过这里。他叫查拉图斯特拉，但是他已变了样。

那时你把你的死灰带到山里：今天你要把你的火种带进山谷里去吗？你不怕纵火犯受到的惩罚吗？

是的，我认出查拉图斯特拉了。他的眼睛是纯净的，他的嘴角上没有隐藏一丝厌恶。他不是像个舞者那样走过来了吗？

查拉图斯特拉变了，他变成了小孩。查拉图斯特拉是个觉醒者：现在你想到沉睡者那里做什么呢？

你曾经生活在孤独中，如同在海上一样，海水载着你。哦，你想上岸吗？哦，你想重新拖曳着你的身体吗？"

查拉图斯特拉回答："我爱人类。"

"不过，"这位圣人说，"我为什么走进这片树林和荒漠中去？还不是因为我过于爱人类吗？

现在我爱上帝：我不爱人类。在我看来，人类是太不完美的东西。爱人类会毁掉我的。"

查拉图斯特拉回答："关于爱，我说什么呢！我要给人类送去礼物。"

"什么东西都不要给他们，"圣人说道，"倒不如替他们去掉一点包袱，为他们分担一些——这将是为他们做的最大的善事：只要你感到舒适！

假如你要给他们什么，也不要超过一种施舍，而且还要让他们乞求！"

"不，"查拉图斯特拉答道，"我不给施舍。我不会可怜到只给施舍。"

圣人取笑查拉图斯特拉，如是说："那么你就等待他们接受你的宝物吧！他们怀疑隐居者，不相信我们是来赠送礼物的。

我们走过小巷的脚步声，他们听起来觉得很孤单。就像他们在夜里躺在床上，听到有人走动，那时离太阳升起还有很久，于是他们也许会自问：这个小偷要去哪里？

不要到人类那里去，留在树林里吧！宁可到动物那里去！为什么你不想同我一样，——做熊中之熊，鸟中之鸟呢？"

"圣人在树林中做什么呢？"查拉图斯特拉问道。

圣人答道："我写歌，唱歌。我写歌时，笑着，哭着，并且低吟着：我就这样赞美上帝。

我用唱歌、哭泣、欢笑和低吟赞美上帝，他是我的上帝。可是你给我们带来什么礼物呢？"

查拉图斯特拉听完这些话，就向圣人致意，并且说道："但愿我有什么东西送给你们！但是让我赶快走吧，免得我从你们那里拿走什么！"于是他们——老人和这位男子——笑着分手了，他们笑得就像两个孩童似的。

但是当查拉图斯特拉独自一个人时，他对内心如是说："难道有这种可能！这位老圣人在树林中还没有听说，上帝已经死了！"——

3

当查拉图斯特拉走到森林边那个最近的城镇时，发现许多人聚集在市场上：因为预告说可以看到一个走钢索者的表演。于是查拉图斯特拉对群众如是说：

我教你们做超人。人是应该被超越的某种东西。为了超越自身，你们做了些什么呢？

至今，一切生物都创造了一些超越自身的东西：你们想成为大潮中的退潮，宁可倒退为动物也不愿超越人类吗？

在人类看来，猿猴是什么呢？只是一个可笑的或痛苦的耻辱的对象。在超人看来，人也一样：只是一个可笑的或痛苦的耻辱的对象。

你们已经走过了从虫到人的过程，但是在你们内心里还有很多虫子。你们从前是猿猴，如今人类比任何猿猴都更像猿猴。

即使你们当中的最聪明者，也不过是植物的分枝和鬼怪的杂种而已。难道叫我把你们变成鬼神或植物吗？

瞧，我教你们做超人！

超人意味着大地。按你们的意愿说：超人就是大地的意思！

我的兄弟们，我恳求你们忠实于大地，不要相信那些向你们谈论超世俗的希望的人！他们是配制毒药的人，不管他们自己知道与否。

他们是蔑视生命者，垂死者，自我毒害者，大地已经厌烦他们了：那就让他们逝去吧！

从前亵渎上帝是最大的罪过，但是上帝已经死了，因此这些亵渎者也随着死去。现在最可怕的是亵渎大地，并且把不可探究者的脏腑看得比大地的意义还高！

从前灵魂以蔑视的目光看待肉体：当时这种蔑视是最高尚的事：——灵魂要肉体瘦弱、丑陋和饥饿。这样灵魂就以为可以脱离肉体和大地了。

哦，这种灵魂本身还是瘦弱的、丑陋的和饥饿的：残酷就是这种灵魂的欲望！

可是，我的兄弟们，你们也得告诉我：你们的肉体展露出你们什么样的灵魂呢？难道你们的灵魂不也是贫乏、污秽和可怜的安逸吗？

真的，人是一条肮脏的河。人必须是一个大海，才能容纳一条污水河而不受污染。

看啊，我教你们做超人：超人就是这大海，你们极大的蔑视会沉没在这大海里。

你们可能经历的最大的事情是什么？就是那极大的蔑视的时刻。在这个时刻，你们会对自己，甚至连你们的幸福，还有你们的理性和道德感到厌恶。

这个时候你们会说："我的幸福算得了什么！它不过是贫乏、污秽和可怜的安逸。但是我的幸福被证明它自身的存在是有理由的！"

这个时候你们会说："我的道德算得了什么！它追求知识不就像狮子渴望食物一样吗？它不过是贫乏、污秽和可怜的安逸！"

这个时候你们会说："我的道德算得了什么！它还没有使我发狂。我多么厌烦我的善和我的恶啊！这一切都是贫乏、污秽和可怜的安逸！"

这个时候你们会说："我的正义算得了什么！我看不出我是炭火和煤炭。可是正义者都是炭火和煤炭！"

这个时候你们会说："我的同情算得了什么！同情不就是那位爱人类的人被钉上去的十字架吗？可是我的同情不是钉在十字架上的死刑。"

你们已经这样说过吗？你们已经这样喊过吗？啊，我似乎已经听到你们这样叫喊过！

不是你们的罪恶，而是你们的满足向上天呼喊，甚至是你们罪恶中的贪婪向上天呼喊！

可是，用火舌舔你们的闪电在哪里？必须注入你们内心的狂热在哪里？

看啊，我教你们做超人：超人就是这种闪电，超人就是这种狂热! ——

查拉图斯特拉说完这番话，人群中有人喊道："关于那位走钢索者的事情我们已经听够了；现在让我们也看看他吧！"所有的人都取笑查拉图斯特拉。但是那位走钢索者还以为这话是对他说的，于是就开始表演。

4

但是查拉图斯特拉看看那些群众，并感到惊讶。然后他如是说：

人是连接在动物和超人之间的一根绳索——一根凌驾在深渊之上的绳索。

到那边去有危险，在途中有危险，回头看有危险，战栗和停留有危险。

人之所以伟大在于，他是一座桥梁而不是目的：人之所以可爱在于，他是过渡和终结。

我爱那种不懂得生活的人，只知道做个终结的人，因为他们是过渡者。

我爱那种伟大的蔑视者，因为他们是伟大的崇敬者，是渴望射向彼岸的箭。

我爱那种人，他们不在星球之外寻找终结和牺牲的理由，他们只为大地献身，让大地有朝一日属于超人。

我爱那种人，他为求知而生活，他想知道超人有一天会出现。因此他愿意终结自己。

我爱那种人，他工作，搞创造，是为了给超人建造房屋，为了给超人准备大地、动物和植物：因此他愿意终结自己。

我爱那种人，他爱自己的道德：因为道德是终结的意志，是一支渴望的箭。

我爱那种人，他不为自己保留一点精神，而想完全成为自己道德的精神：因此他作为精神迈步走过桥梁。

我爱那种人，他用自己的道德作为自己的偏爱和命运：因此他要为自己的道德继续生存，或者不再生存。

我爱那种人，他不想具有太多的道德。一个道德胜过两个道德，因为一个道德能更好地把命运系在结点上。

我爱那种人，他的心灵很大度，他不期望感恩，也不要回报：因为他总是赠予，并不想留给自己任何东西。

我爱那种人，当他掷色子赢了时，反而感到羞愧，然后自问：我究竟是不是扔错色子了？——因为他自愿终结。

我爱那种人，他在行动之前先说出金玉良言，而且他所做的总是比许诺的多：因为他自愿终结。

我爱那种人，他为未来的人辩解，并且拯救过去的人：因为他愿意为现在的人而终结。

我爱那种人，他惩罚他的神，因为他爱他的神：因为他必须在他的神发怒之时而终结。

我爱那种人，他的灵魂即使受到创伤依然深奥，而且他可以经过一点点历练之后而终结：因此他乐于走过桥梁。

我爱那种人，他的灵魂过于充实，以致忘却自己，并且集万物于一身：因此万物成为他的终结。

我爱那种人，他具有自由的精神和自由的内心：因此他的头脑只是他内心的脏腑，而他的内心却驱使他走向终结。

我爱那些人，他们像沉重的雨点一样，从漂浮在人们上空的乌云中一滴一滴地落下：他们预告闪电的来临，并且作为预告者而终结。

看啊，我是闪电的预告者，是从云中落下的一滴沉重的雨点：但是这闪电叫做超人。

5

查拉图斯特拉说完这番话，又看看人群，于是沉默不语。"他们站在那里，"他对自己的内心说，"他们在那里发笑：他们听不懂我说的，我在对牛弹琴。

难道先要扯掉他们的耳朵，让他们学会用眼睛听吗？难道要像敲鼓和劝人忏悔的说教者那样发出丁零当啷的响声吗？或者他们只相信口吃者吗？

他们有某种值得骄傲的东西。使他们感到骄傲的东西，他们叫它什么呢？他们称之为教养，这使他们显得比牧羊人出色。

因此他们不喜欢听到'蔑视'他们的话。那么我就谈谈他们的骄傲吧。

我想给他们说说最该蔑视的人！那就是末人。"

于是查拉图斯特拉对群众如是说：

人类确定自己之目标的时候到了，人类种植自己最高希望之幼芽的时候到了。

他的土壤对种植幼芽还是足够肥沃的。但是这块土壤有一天会变得贫瘠而板结，再也生长不出大树来。

啊！这个时刻到了，人类不再把他的渴望之箭越过人类射出去，他的弓弦也不再发出嗖嗖的响声了！

我告诉你们：人自身必须含有混沌，以便能够产生一颗跳跃的星。我告诉你们：你们身上仍然具有混沌。

啊！这个时刻到了，人类再不会产生任何明星了。啊！这个时刻到了，最该蔑视的人不能再蔑视自己了。

看啊！我让你们看看末人。

"什么是爱？什么是创造？什么是渴望？什么是明星？"——末人这样问，并且眨了眨眼睛。

然后大地变小了，末人在大地上跳跃着，他使一切都变小了。他的种族像跳蚤一样消灭不尽；末人活得最长久。

"我们已经创造了幸福。"——那些末人说，并且眨了眨眼睛。

他们离开了生活艰难的地方：因为他们需要温暖。人们还爱邻里，也会同邻里发生摩擦：因为他们需要温暖。

对于他们来说，生病和不信任是有罪的：他们小心翼翼地走着。一个蠢货还会被石头和行人绊倒！

偶尔吸微量的毒，可使人做舒适的梦。最后吸毒过量会导致舒适的死亡。

他们还要工作，因为工作是一种消遣。但是他们留心不让消遣伤害到自己。

他们变得不再贫困，也不再富有：两者都会令人太辛苦。谁还想统治？谁还愿意服从？两者都会令人太辛苦。

没有牧人，只有一群牛羊！每个人都想平等，每个人都平等：谁感觉不同，谁就自愿走进疯人院。

"从前全世界都疯了。"最精明的人说，并且眨了眨眼睛。

他们很聪明，知道所有发生过的事情：所以他们会不停地嘲笑别人。他们还互相争执，但是不久又和解了——不然会损害他们的胃。

他们白天有自己的小乐趣，夜晚也有自己的小乐趣；但是他们注意健康。

"我们已经创造了幸福。"——末人说，并且眨了眨眼睛。

查拉图斯特拉的第一次讲话——也称为"序言"——到此结束；因为说到这里，群众的叫喊声和欢乐声打断了他。"你把这种末人给我们吧，啊，查拉图斯特拉，"——他们这样喊道——"让我们成为末人吧！我们把超人送给你！"所有的人都欢呼起来，咂舌声不停。然而查拉图斯特拉却变得悲伤，他对自己的内心说：

"他们听不懂我说的：我在对牛弹琴。"

也许我在山上生活得太久，听多了小溪流水和树林之声：现在我跟他们说话，如同对牧羊人说话一样。

我的灵魂很平静，像上午的高山一样清明。但是他们认为我冷漠，是个开可怕的玩笑的讽刺家。

现在他们望着我，笑着：当他们发笑时仍然憎恨我。他们的笑声冷若冰霜。

6

但是这时发生了一件令人目瞪口呆的事情。在这个时候，走钢索者开始表演：他从一扇小门里走出来，沿着钢索前进，那条钢索紧绷在两个塔楼之间，悬在市场和群众的上空。当他走到钢索中间时，小门打开了，一个穿彩衣像丑角似的人跳了出来，快步跟在第一个人后面。"向前走呀，跛子，"他发出可怕的叫喊声，"向前走呀，懒虫，投机商，苍白的面孔！别让我用脚跟搔你痒！你在这两个塔楼之间干什么？你应该到塔里去，应该把你关在里面，你挡住了一个比你走得快的人的路！"——随着他说完每一句话，就越来越接近前面那个人：但是当他离那个人只差一步之遥时，可怕的事情发生了，让每个人都目瞪口呆：——他像魔鬼似的大喊一声，从挡路者的上方跃过去。但是当走钢索者看到自己的对手取胜时，张皇失措，一脚踩空；他扔掉撑杆，手脚在空中乱舞，比撑杆更快地跌落。市场和群众就像风暴来临时的大海：大家纷纷逃避，彼此践踏，在走钢索者坠落的地方，更是拥挤不堪。

但是查拉图斯特拉仍然站着不动，那跌下来的身体正好落在他的旁边，血肉模糊，肢体断裂，但还没有死去。过了一会儿，这位肢体断裂者苏醒过来，他看到查拉图斯特拉跪在他旁边。"你在这里做什么？"他终于说话了，"我早就知道，魔鬼会将我绊倒。现在他把我拖进地狱：你想阻止他吗？"

"以我的名誉担保，朋友，"查拉图斯特拉答道，"你所说的一切都不存在：没有魔鬼，也没有地狱。你的灵魂会比你的肉体死得更快：你现在什么也不用再害怕了！"

那个人不相信地抬头望着他。"如果你说的是真的，"他接着说，"那么，即使我的生命消失了，我也毫无损失。我跟一头动物差不多，我也是人家用鞭笞和少量食物教以跳舞的动物。"

"肯定不是，"查拉图斯特拉说道，"你冒险从事你的职业，这没有什么可轻视的。现在你因你的职业而毁灭：为此我要用我的双手来埋葬你。”

当查拉图斯特拉说完这些话，那个垂死者不再回答；但是他的手动了动，好像试图握查拉图斯特拉的手，以表示感谢。——

7

这时夜幕降临，市场笼罩在暮色中：人群散去了，因为甚至连有好奇心的人和有惊恐感的人也会变得疲乏不堪了。可是查拉图斯特拉却坐在死者旁边的地上，陷入沉思：因此他忘却了时间。最后黑夜来临，一阵寒风吹过这位孤独者。这时查拉图斯特拉站起来，对着他的内心说：

“真的，查拉图斯特拉今天干了一件漂亮的捕鱼活！他捕到的不是一个人，而是一具尸体。

人的生存是可怕的，而且是毫无意义的：一个丑角可以成为人类不幸的命运。

我想教人类生存的意义：这就是超人，超人就是从人类的乌云中发射出来的闪电。

但是我仍然离他们很远，我的意识跟他们的意识谈不拢。在那些人看来，我仍然是处在傻子和死尸中间。

夜是黑暗的，查拉图斯特拉的道路也是黑暗的。来吧，你这冰冷而僵硬的伙伴！我背上你到我用双手埋葬你的地方去。”

8

当查拉图斯特拉对着自己的内心说完这些话时，就把尸体背在背上，开始上路了。他还没有走到百步，就有一个人悄悄地走近他，并且对他轻声低语——你看！这个说话的人就是那个塔里的小丑。"离开这个城镇吧，哦，查拉图斯特拉，"他说，"这里恨你的人太多了。善者和正义者都恨你，他们说你是他们的敌人和蔑视者；有真正信仰的信徒们也恨你，他们说你是群众中的危险人物。他们嘲笑你，那是你的运气：真的，你说话就像一个小丑似的。你与这死狗结伴，也是你的运气；你这样低声下气，今天你倒是拯救了你自己。可是，你赶快离开这个城镇吧——不然，明天我从你身上跳过去，一个活人从一个死人的身上跳过去。"这个人说完这番话，就消失了；但是查拉图斯特拉仍然继续走在黑暗的街道上。

走到城门口，他遇上几个掘墓人：他们用火把照亮他的脸，认出是查拉图斯特拉，就大肆嘲弄他。"查拉图斯特拉背走这条死狗：好极了，查拉图斯特拉变成了掘墓人！因为我们的手太干净了，不要碰这狗肉。查拉图斯特拉也许想偷走魔鬼的食物吗？那么好吧！祝你胃口好！但愿魔鬼不是一个比查拉图斯特拉更高明的窃贼！——他会偷走他们两个，吃掉他们两个！"他们互相大笑，并且把脑袋凑到一块儿。

对此查拉图斯特拉一言不发，继续走自己的路。他走了两个小时，经过森林和沼泽，听到了很多饿狼在嗥叫，他自己也饿了，于是他就在一幢孤零零的房屋旁边停下，屋里还亮着灯。

"饥饿就像强盗一样袭击着我，"查拉图斯特拉说，"在树林里，在沼泽中，我的饥饿袭击着我，而且是在深夜里。

我的饥饿有着古怪的脾气。它经常饭后才来，今天一整天都没来：它到哪里去了？"

因此查拉图斯特拉去敲那屋子的门。一位老者出现了，他提着灯问："谁来找我，打搅我睡觉？"

"一个活人和一个死人，"查拉图斯特拉说，"请给我一些吃的和喝的，白天我忘记了饮食。给饥饿者食物的人，也会使他自己的灵魂舒适：格言这样说。"

老者走开，但很快回来，给查拉图斯特拉送上面包和葡萄酒。"对于饥饿者来说，这是个糟糕的地方，"他说，"为此我住在这里，动物和人都来找我这个隐居者。但是也叫你的伙伴来吃点喝点吧，他比你更加疲劳。"查拉图斯特拉答道："我的伙伴死了，我很难劝他进食。""这不关我的事，"老者快然不悦地说，"谁敲我家的门，也必须带走我提供给他的东西。吃吧，祝你们愉快，再见！"——

接着，查拉图斯特拉又走了两个小时，沿着道路，披着星光：因为他是个习惯走夜路的人，而且喜欢正眼观看沉睡的万物。可是，当天色破晓时，查拉图斯特拉发现自己在森林的深处，再也找不到一条出路了。于是他把死人放进头顶上方的一棵空心树洞里——因为他想防备狼把他吃掉——他自己就躺在长着青苔的地上。他很快就入睡了，身体疲乏，但灵魂安宁。

9

查拉图斯特拉睡了很久，不仅曙光，而且上午的阳光都从他的脸上掠过。但是，他终于睁开了眼睛：查拉图斯特拉惊奇地望着寂静的森林，惊奇地观察自己的内心，然后他很快站起来，好像一个水手突然发现陆地一样，欢呼起来：因为他发现了一个新的真理。然后他对自己的内心如是说：

"我豁然省悟：我需要伙伴，活的伙伴，——不是我想去哪里都随身背上的死的伙伴和尸体。

我特别需要的还是活的伙伴，他们跟随我，因为他们要走自己的路——到我要去的地方。

我豁然省悟：查拉图斯特拉不对群众说话了，而只对伙伴说话！查拉图斯特拉不应成为羊群的牧羊人和牧犬！

从羊群中诱骗走许多羊——我为此而来。群众和羊群会对我感到恼怒：牧羊人会称查拉图斯特拉为强盗。

我称他们牧羊人，但是他们却自称为善者和正义者。我称他们牧羊人：但是他们却自称为有真正信仰的信徒。

看看这些善者和正义者！他们最恨谁？最恨的是打碎他们的价值版的人，那个破坏者，那个犯罪者——然而他却是创造者。

看看这些具有一切信仰的信徒！他们最恨谁？最恨的是打碎他们价值版的人，那个破坏者，那个犯罪者——然而他却是创造者。

创造者寻找伙伴，不是寻找死尸，也不是寻找羊群和信徒。创造者寻找共同创造者，他们要把新的价值写在新的价值版上。

创造者寻找伙伴和共同收获者：因为在他的眼前，一切东西都已成熟，等待收获。但是他缺少一百把镰刀：于是他拔掉麦穗，十分生气。

创造者寻找伙伴和那些懂得磨他们的镰刀的人。人们会称他们为毁灭者，以及善与恶的蔑视者。然而他们却是收获者和欢庆者。

查拉图斯特拉寻找共同创造者，查拉图斯特拉寻找共同收获者和共同欢庆者：他和羊群、牧羊人和死尸有什么关系！

而你，我的第一个伙伴，安息吧！我已把你好好地埋葬在你的空心树洞里，把你隐藏好，免遭狼的侵害。

但是我要向你告辞，时间到了。在曙光与曙光之间，我获得一个新的真理。

我不应该是牧羊人，也不应该是掘墓人。我甚至不想再与群众说话；我最后一次跟死人说话。

我想结交创造者、收获者、欢庆者：我想让他们看看彩虹和超人的所有阶梯。

我要对单独的隐居者和成双的隐居者唱我的歌；谁愿意倾听从未听过的东西，我要用我的幸福使他心情沉重。

我要走向我的目标，我走我的路；我要超越那些迟疑者和拖拉者。因此，我的进程就是他们的没落。"

10

查拉图斯特拉对他的内心说完这番话，太阳正当午：这时他探询地仰望天空——因为他听到头顶上方传来一只鸟的尖叫声。看啊！一只鹰在空中兜着大圈子翱翔，它身上缠绕着一条蛇，不像是捕获物，倒像是女朋友：因为它盘卷着大鹰的脖子。

"这是我的动物！"查拉图斯特拉说，并且心里感到很高兴。

"这是太阳底下最高傲的动物，这是太阳底下最聪明的动物——它们出来探寻情况。

它们想查明，查拉图斯特拉是否还活着。真的，我还活着吗？

我发现，在人类中间比在动物中间更危险，查拉图斯特拉走的是惊险的道路。愿我的动物为我引路吧！"

查拉图斯特拉说完这番话，想起森林中那位圣人的话，叹了一口气，然后对自己的内心如是说：

"但愿我更聪明些！但愿我十分聪明，就像我的蛇一样！

但是我所要求的是不可能的事情：所以我就要求我的高傲永远与我的智慧同行！

假如有朝一日我的智慧离开我：——啊，它喜欢飞走！——那么，但愿我的高傲还能与我的愚昧一起飞吧！"

——于是查拉图斯特拉开始下山。

查拉图斯特拉的说教

三种变形[①]

我告诉你们精神的三种变形：精神怎样变成骆驼，骆驼怎样变成狮子，最后狮子怎样变成小孩。

令人敬畏、坚韧和负重的精神，有许多重负：精神的坚韧渴望沉重的和最沉重的负担。

什么是沉重的负担？负重的精神这样问道，于是它像骆驼那样跪下，想要承担重载。

英雄们，什么是最沉重的负担？负重的精神这样问道，我能担负起重担，并为我的坚韧而感到高兴。

最沉重的负担不就是：痛感自己的高傲而自卑？讽刺自己的智慧而显示自己的愚昧？

或者是：庆祝我们的事业取得胜利时，就离开我们的事业？

---

① "三种变形"是尼采思想发展的过程，它象征着对传统价值的承担，批判，而后创造新价值。

登上高山去试探诱惑者？

或者是：以食知识之果和草为生，为了真理而忍受灵魂的饥饿？

或者是：自己生病却把安慰者打发回家，而跟绝对听不见你要什么的聋子交朋友？

或者是：只要是真理之水，就是污浊也要跳入其中，也不拒绝冷的青蛙和热的蛤蟆？

或者是：爱那些鄙视我们的人，跟想要吓唬我们的魔鬼握手？

负重的精神把所有这些最沉重的东西都担负起来：就像负重的骆驼匆忙走进沙漠一样，精神也匆忙地走进它的沙漠。

但是，在这最寂寞的沙漠中，发生了第二种变形：在这里精神变成狮子，它要争取自由，要在它自己的沙漠里当主人。

它在这里寻找它的最后的主人：它要与这最后的主人、它的最后的神为敌，为了夺取胜利，它要跟巨龙决斗。

精神不想再称之为主人和神的这条巨龙是什么呢？这条巨龙叫作"你应该"。但是，狮子的精神却说"我要"。

"你应该"挡住了精神的去路，这是一条身披鳞甲的动物，金光闪闪，每个鳞片上都闪烁着"你应该"的金光。

在这些鳞片上闪耀着千年的价值，所有龙中最强大者如是说："万物中的一切价值——闪耀在我的身上。"

"一切价值都已创造，一切已创造的价值——就是我。真的，不应再有'我要'！"这条龙如是说。

我的兄弟们，为什么精神中需要狮子？那任劳任怨而令人敬畏的负重动物还有什么不足吗？

创造新的价值——即使狮子也还做不到：但是，为了新的创造而给自己创造自由——这是狮子的力量能够做到的。

给自己创造自由，对义务说出一个神圣的"不"字，我的兄弟们，对此就需要狮子。

获取创造新价值的权利——对于负重而令人敬畏的精神来说，这是最可怕的行为。的确，对精神而言，这是一种掠夺，一种肉食猛兽的行为。

精神也曾经爱"你应该"，把它当作最神圣之物：现在精神也必须在最神圣之物中找到疯狂和专横，从它的爱中掠夺自由：这种掠夺需要狮子。

但是，你们说吧，我的兄弟们，连狮子都不能做到的事，小孩怎么能做得到呢？肉食猛兽狮子为什么必须变成孩子呢？

孩子是纯洁的，不记事的，是一个新的开始，一个游戏，一个自转的轮子，一个最初的运动，一个神圣的肯定。

是的，我的兄弟们，为了创造游戏，就需要一个神圣的肯定：现在精神要有自己的意志，丧失世界者赢得了自己的世界。

我告诉你们精神的三种变形：精神怎样变成骆驼，骆驼怎样变成狮子，最后狮子怎样变成小孩。——

查拉图斯特拉如是说。而当时他逗留在一个叫"彩牛"的城镇里。

道德的讲坛[1]

　　有人向查拉图斯特拉赞美一位智者，这位智者善于谈论睡眠和道德问题：因此大家很尊敬他，感谢他，他的讲坛前坐满了青年人。查拉图斯特拉来到他这里，和所有的青年人一起坐在他的讲坛前。这位智者如是说：

　　对睡眠要心怀敬意和羞愧！这是头等大事！所有人都要避免不能安眠、夜里清醒的现象！

　　就是小偷面对睡眠也有羞愧感：他总是在深夜里悄悄地行窃。然而，守夜人不知羞耻，他无耻地拿着号角。

　　睡眠不是毫无技巧的事：需要整个白天保持清醒，晚上才能睡好。

　　每天你必须自我克制十次：这会使你十分疲劳，这是灵魂的麻醉剂。

　　你必须再跟自己和解十次：因为克制是痛苦的，不懂和解的人就睡不好。

　　每天你必须找到十条真理：不然你在夜里还要去寻求真理，

① 对传统道德的批判。

你的灵魂还是饥饿的。

白天你必须大笑十次，保持轻松愉快：不然你的胃会在夜里打扰你，胃是悲伤之父。

很少人知道这点：但是人们必须具有一切道德，才能睡得好。我会说假证词吗？我会与人私通吗？

我会对邻家的婢女有欲望吗？这一切都与良好的睡眠不协调。

即使你具有一切道德，也必须明白一件事：你也要让道德在适当的时候睡觉。

让她们不要互相争吵，这些乖巧的女子！而且是为了你争吵，你这不幸的人！与上帝和邻居和睦相处：良好的睡眠需要这样做。也要与邻居的魔鬼和平共处！不然，夜间他会在你那里作祟。

要尊重当权者，并且服从他，甚至对不正当的当权者也要如此！良好的睡眠需要这样做。当权者喜欢走邪门歪道，我有什么办法呢？

他把自己的羊带到碧绿茂盛的草地去，我认为他始终是最好的牧人：这与良好的睡眠是协调的。

我不要许多荣誉，也不要大量财富：这会使脾脏发炎。但是，没有好的名声和少量的财富也睡不好觉。

与一个很糟糕的社交圈子相比，一个小范围的社交圈子更受我欢迎：但是，社交往来也要在适当的时候。这与良好的睡眠是协调的。

我也很喜欢精神贫穷的人：他们促进睡眠。他们是无忧无虑的，特别是当人们认定他们的看法是正确之时。

有道德的人，白天就这样过去了。当夜晚来临，我会避免自己召唤睡眠！它不愿意被召唤，睡眠是道德的主人。

不过，我会思索：白天我做过什么，思考过什么。我会像母牛反刍那样耐心地自问：你的十次克制是哪些东西？

十次和解、十条真理和使你自己心旷神怡的十次大笑又是哪些东西？

经过这样的思考，四十种思想轻轻地摇晃着我。睡眠，这个道德的主人，不经召唤，突然向我袭来。

睡眠轻叩我的眼皮：眼皮就变得沉重起来。睡眠触摸我的嘴巴：嘴巴就张开了。

的确，它蹑手蹑脚地向我走来，它是小偷中最可爱的小偷，它偷了我的思想：我呆呆地站在那里，就像那个讲坛一样。

但是我站不了多久：我就已经躺下了。

查拉图斯特拉听了智者如是说，心中暗自发笑：因为这时他明白了。于是，他对自己的内心如是说：

这位智者有四十种思想，在我眼里，他是个傻子；但是我相信，他也许精于睡眠之道。

谁住在这位智者附近，真是幸运！这种困倦会传给别人，它甚至会穿过一堵厚厚的墙传给别人。

甚至在他的讲坛里也隐藏着魔力。青年们坐在这位道德说教者面前，不会是徒劳无益的。

他的智慧是：为了良好的睡眠，就要保持清醒。的确，如果生活没有意义，如果我必须选择无意义，那么，对我来说，这是最值得选择的无意义。

现在我清楚地知道，从前人们寻找道德老师时，首先要寻找什么。他们为自己寻找良好的睡眠，为此寻找像罂粟花般的道德。

对于讲坛上所有这些被赞美的智者来说，智慧就是没有梦的睡眠：他们不知道人生还有更美好的意义。

就是在今天，也许还有一些像这位道德说教者那样的人，而且并不总是那么诚实：但是他们的时代已经过去。他们站不了多久：他们已经躺下了。

这些贪睡者有福了：因为他们会很快打盹。——

查拉图斯特拉如是说。

彼岸论者①

从前查拉图斯特拉也像所有的彼岸论者那样，把他的幻想抛到人类之彼岸。那时，世界对我而言，似乎是一个正在受痛苦受折磨的神的作品。

那时，我觉得世界是梦，是一位神的诗；是一位感到不满意的神的眼前漂浮着的彩色烟雾。

善与恶，苦与乐，我和你——我认为这些都是造物主眼前漂浮着的彩色烟雾。造物主想脱离自我，——于是他创造了世界。

对于受苦者来说，不顾自己的痛苦，迷失自我，这是一种沉醉的快乐。从前，我觉得世界是沉醉的快乐和迷失自我。

这个世界，是永远不完美的，是一个永远矛盾的映象，一个永远不完美的映象——对它不完美的造物主来说，是一种沉醉的快乐：——我曾经觉得，世界就是这样。

因此，我曾经也把我的幻想抛到人类之彼岸，就像所有的彼岸论者那样。真的抛到人类的彼岸了吗？

啊，兄弟们，我创造的这个神，像所有的神一样，是人类的

---

① 批判基督教的两个世界之说。彼岸的世界是遁世者的幻想，是贬抑人性的虚空世界。

作品和人类的疯狂！

这个神也是人，只不过是一个可怜虫，而我呢：我觉得这个幽灵是从自我的死灰和火炭中来的，这是千真万确的！我认为它不是从彼岸来的！

我的兄弟们，后来发生了什么事？我战胜了我这个受苦者。我把自己的死灰带到山里去，我为自己发明了一种更加明亮的火焰。看吧，这时这个幽灵从我这里消失了！

现在相信这种幽灵对我来说是一种痛苦，对康复者来说是一种折磨：现在对我来说是痛苦和耻辱。我对彼岸论者如是说。

痛苦和无能创造了所有的彼岸论者；只有受苦最深的人才能体验到幸福的那种短暂的疯狂。

疲倦想以一次跳跃，想以一次拼命的跳跃而登峰造极，这是一种可怜而无知的疲倦，它甚至什么都不想要了：这种疲倦创造了所有的神和来世。

我的兄弟们，请相信我！这是肉体对肉体感到绝望，——这个肉体以错乱的精神的手指去摸索最后的几道墙。

我的兄弟们，请相信我！这是肉体对大地感到绝望，——这个肉体听到存在的肚子对它诉说。

这时，它想用头穿过最后的几道墙，而且不仅用头，——伸到"彼岸的世界"。

可是，"彼岸的世界"在人类面前隐蔽得很好，那是个去人性化的、非人性的世界，它是天上虚无的东西；存在的肚子决不跟人说话，除非它自己是人。

真的，一切存在都是难以证明的，也难以让它说话。兄弟们，告诉我，万物之中最奇特的东西，难道不是最容易证明的吗？

是的，这个自我与自我的矛盾和纷乱，最真诚地述说自己的存在，这个创造的、愿意的、评价的自我，它是事物的标准和价值。

这个最真诚的存在，这个自我，——即使在它创作、狂想和以折断的翅膀飞行时，它也谈说肉体，也还需要肉体。

这个自我，越来越真诚地学习说话；而它学得越多，就越能赞美与尊重肉体和大地。

我的自我教我一种新的骄傲，我把这种骄傲教给世人：不再把头埋进上天的事情的沙堆里，而要自由地昂起头，昂起这大地的头，为大地创造意义。

我教世人一种新的意志：沿着人类盲目地走过的路走去，并且肯定它，不再像病人和垂死者那样，悄悄地从这条路上溜走。

病人和垂死者蔑视肉体和大地，因而发明了天国和赎罪的血滴：但是即使这些甘美而阴沉的毒药，他们也是取之于肉体和大地。

他们想逃离困苦，而且星星离他们太遥远。于是他们叹息道："啊，要是有一条天路就好了，可以悄悄地进入另一种生存和幸福！"——于是他们发明了一些诡计和血腥的饮料！

他们现在误认为自己脱离了他们的肉体和这个大地，这些不知感恩的东西。可是，他们脱离痉悸和狂喜要归功于谁呢？要归功他们的肉体和这个大地。

查拉图斯特拉对病人是温和的。确实，他对他们这种寻求安慰和不知感恩的行为并不恼怒。愿他们成为康复者和制胜者，为自己创造更高级的肉体。

即使这样的康复者留恋自己的妄想，深更半夜溜到自己的神的墓房，查拉图斯特拉也不会生他的气：然而我觉得，康复者也还会为疾病和病体流下眼泪。

在那些编造和寻求神的人群中，总是有许多生病的人；他们十分痛恨有知识的人，十分痛恨道德中那种最新的道德，即诚实。

他们总是回顾黑暗的时代：那时，妄想和信仰当然是另一回事；理性的发狂像神一样，怀疑则是罪过。

我太了解这些像神一样的人了：他们要别人相信他们，而怀疑就是罪恶。我也很了解，他们自己最相信什么。

的确，他们不相信来世和赎罪的血滴：而且他们也最相信肉体，他们觉得他们自己的肉体是他们自身之物。

可是他们也觉得自己的肉体是有病的：他们很想脱去这层躯壳。于是他们就倾听死亡的说教者，自己也宣讲来世。

我的兄弟们，我认为，你们不如倾听健康的肉体的声音：那是更真诚、更纯洁的声音。这个健康的、完美的和方正的肉体说话更加真诚，更加纯净：它谈论大地的意义。

查拉图斯特拉如是说。

蔑视肉体者[1]

我想对蔑视肉体的人说几句话。我不会要他们改变思想方式和教导方式，只要他们向自己的肉体告别——就是说，要他们不用出声。

"我是肉体和灵魂。"——小孩子都这样说。为什么人们不愿意像小孩子那样说话呢？

但是，觉醒者和有知识者说：我完全是肉体，此外什么也不是；而灵魂只是肉体上某一部分的名称。

肉体是一个大的理性，是具有一种意义的多样性，一种战争与一种和平，一群羊和一个牧人。

我的兄弟，还有你称之为"精神"的你的小理性，也是你肉体上的工具，你的大理性的一个小工具和玩具。

你说"我"，并以这个词感到自豪。可是，你不愿相信的更伟大的东西是，——你的肉体和你的大理性：理性不说"我"，而是增强自我。

感官感觉到的东西，精神认识到的东西，其本身永无止境。

---

① 抨击基督教蔑视肉体和大地。

但是感官和精神想劝说你，它们是一切事物的终止：它们是如此自负。

感官和精神是工具和玩具：在它们背后还存在"自己"。这个"自己"也用感官的眼睛去寻找，也用精神的耳朵去倾听。

这个"自己"总是在倾听，在寻找：它进行比较、压制、征服、破坏。它实行统治，而且还是"我"的统治者。

我的兄弟，在你的思想和感觉后面，站着一个强有力的统治者，一个不熟悉的智者——他名叫"自己"。他居住在你的肉体里，他就是你的肉体。

你肉体里的理性，多过你最高智慧里的理性。可是谁知道，为什么你的肉体正好需要你的最高的智慧呢？

你的"自己"嘲笑你的"我"及其自豪的跳跃。"这种思想的跳跃和奔放对我而言意味着什么？"你的"自己"在自言自语，"是通往我的目的地的一段弯路。我是'我'的牵引带和牵引带的各种概念的提示者。"

你的"自己"对"我"说："在这里感觉一下痛苦吧！"于是它就忍受痛苦，并且思考怎样才能不再受苦——对此它就应该思考一下。

你的"自己"对"我"说："在这里感觉一下快乐吧！"于是它就快乐，并且思考怎样才能经常保持快乐——对此它应该思考一下。

我想对蔑视肉体者说一句话。正是他们的尊重造成他们的蔑视。是什么创造了尊重和蔑视、价值和意志呢？

正在创造的"自己"造就了尊重和蔑视，它为自己创造了欢乐和痛苦。有创意的肉体为自己创造了精神，作为其意志的帮手。

你们这些蔑视肉体者，即使以你们的愚昧和蔑视而言，你们也是为你们的"自己"服务的。我对你们说：你们的"自己"本身想死，并抛弃生命。

它不再能够做它最想做的事——创造超越自己的事。这是它最想做的事，这是它全部的热情。

但是，它现在想做事已太迟了：——因为你们的"自己"想毁灭，你们这些蔑视肉体者。

你们的"自己"想毁灭，因此你们成为蔑视肉体者！因为你们不再能够创造超越你们自己的事情。

因此，你们现在对生命和大地感到恼怒。从你们轻蔑的斜视中显露出一种无意识的嫉妒。

你们这些蔑视肉体者，我不会走你们的路！对我来说，你们不是通往超人的桥梁！

查拉图斯特拉如是说。

快乐和激情[1]

我的兄弟，假如你具有一种道德，并且这是你自己的道德，那么你就拥有任何人都没有的道德。

当然，你想给你的道德起个名字，并且与它亲热；你想扯它的耳朵，与它嬉闹一下。

你看！现在你的道德有了大众化的名字，你和你的道德变成了群众和兽群。

你最好说："使我的灵魂受折磨和尝甜头的东西，也使我的脏腑挨饿的东西，是无法表达的，而且没有名字。"

你的道德太高尚，不适合使用亲昵的名字：如果你必须谈起它，就不要羞于结结巴巴地说它。

你就这样说，结结巴巴地说："这是我的善，我爱它，我十分喜欢它。因此，我想独自要这种善。

但是，我不想把这种善当作一位神的法则，不想把它当作人的规章和人的必需品：对我来说，它不要成为指向超越大地和天堂的路标。

---

[1] 否定所谓善是"上帝的法则"，呼吁建立"人间的道德"。

它是一种人间的道德，我爱它：它所包含的没有多少智慧，更缺少所有人的理性。

但是这只鸟在我这里筑巢：因为我爱它，拥抱它，——现在它在我这里孵它的金蛋。"

那么，你应该这样结结巴巴地说，并且应该赞扬你的道德。

从前你拥有激情，并且称它为恶。可是现在你只拥有你的道德：你的道德是从你的激情中产生出来的。

你赋予这些激情以最高的目标：于是这些激情就变成了你的道德和快乐。

不管你是属于易怒的种族，还是属于好色之徒、狂热信徒、复仇狂者的种族：

最终你的全部激情都变成道德，你的全部魔鬼都变成天使。

从前在你的地下室里，你养有野狗：但是最终它们变成了鸟儿和可爱的歌女。

你从你的毒液中为自己酿制出香膏；你给你忧郁的母牛挤奶，——现在你饮着从它乳房里挤出来的香甜的牛奶。

今后再也没有什么恶从你那里长出来，除非从你的道德之间的斗争中长出恶来。

我的兄弟，如果你幸运，你就只有一个道德，并且不需要更多：这样你就可以轻松地走过桥去。

具有很多道德，这是很出色的，但是这却带来艰难的命运；有些人走进沙漠，并且自杀，因为他们对道德之间的斗争和成为道德斗争的战场感到厌倦。

我的兄弟，战争和战役是恶吗？但是这种恶是不可避免的，在你的道德中嫉妒、猜疑和诽谤也是不可避免的。

你看，你的每一个道德都渴望最高的位置：它想要你的全部精神成为它的传令官，它想要你在愤怒、仇恨和爱中的全部力量。

每一种道德都会嫉妒其他道德，嫉妒是一件可怕的事情。甚至道德也会由于嫉妒而走向毁灭。

谁被嫉妒之火包围，他最终就会像蝎子一样，将毒刺刺向自己。

啊，我的兄弟，你还从来没有见过一种道德诽谤自己和刺死自己吗？

人类是必须被战胜的东西，因此你应该爱你的道德，——因为你将由于这些道德而毁灭。——

查拉图斯特拉如是说。

苍白的罪人

你们这些法官和祭司，在动物没有点头之前，你们不想屠宰它吧？你们看，苍白的罪人已经点头了：极大的蔑视从他的眼睛里说出来。

"我的自我是应该被战胜的东西：我觉得，我的自我是对人类的极大蔑视"：他的眼睛这样说。

他评判自己，这是他崇高的时刻：你们不要让这个崇高者又回到他的卑贱之中！

对这种本来就自愿受苦的人来说，没有任何拯救的办法，除非快速死去。

你们这些法官，你们杀人应该是出于同情，而不是报复。在你们杀人时，你们要争取为生命辩护！

你们与被杀者和解是不够的。但愿你们的悲伤或许能成为对超人的爱：这样你们就为你们"还活着"做了辩护！

你们应该叫被杀者为"敌人"，而不叫他"坏蛋"；你们应该叫他"病人"，而不应该叫他"流氓"；你们应该叫他"蠢人"，而不应该叫他"罪人"。

而你，红色的法官，如果你想大声说出在你思想中已经炮制的一切东西：那么，每个人都会喊叫："这污秽的东西，这毒虫，滚吧！"

但是，思想是一回事，行为是另一回事，行为的表象又是另一回事。因果关系的轮子不会在它们之间转动。

表象使这个苍白的人变得面无血色。当他做出这种行为时，他和他的行为是旗鼓相当的：但是在他执行了这种行为之后，他就无法忍受这种行为的表象。

现在他总是把自己看作一个行为的执行者。我称此为疯狂：他把这个例外颠倒为本质。

一根线缠住了母鸡；他做的闹剧缠住了他可怜的理性——我称之为行为之后的疯狂。

听着，你们这些法官！还有另一种疯狂：这就是行为之前的疯狂。啊，我觉得，你们还没有足够深入到这种灵魂里。

这个红色法官这样说："这个罪犯要谋杀什么？他想抢劫。"但是我告诉你们：他的灵魂想要血液，而不是掠夺品：他渴望刀子给予的幸福！

但是，他可怜的理性不理解这种疯狂，并且劝说他："血算不了什么！"理性说："你不想趁机至少抢劫一回吗？报复一下吗？"

他听从了他可怜的理性：它的话如同铅块一样压在他的心上，——于是他杀人时也抢劫。他不想为他的疯狂感到羞愧。

现在他的罪恶之铅块又压在他的心上，他可怜的理性又是如此僵硬，如此麻木，如此沉重。

只要他能够摇摇头，那么他的重担就会掉落下来：但是，谁摇动这个头呢？

这是什么样的人呢？是一堆通过精神向世界传播的疾病：他们想在世界上获取猎物。

这是什么样的人呢？是一群相互之间争斗不停的猛蛇，——于是它们各自走开，到世界上寻觅猎物。

看看这可怜的肉体！它受什么苦，渴望什么，这个可怜的灵魂都会显露出来，——它把这些解释为杀人的乐趣和渴求刀子赋予的幸福。

现在谁生病了，当今认为是恶的恶就会袭击他：他想用让他感到痛苦的东西使别人痛苦。但是，时代不同了，善与恶也不同了。

从前，怀疑是恶，要成为自我的意愿也是恶。当时，病人变成异教徒，变成巫婆：病人作为异教徒和巫婆而受苦，他也要别人受苦。

但是，你们的耳朵听不进这些话：你们对我说，这些话会伤害你们的善人。但是，我觉得，你们的善人算不了什么！

你们的善人做的许多事情使我恶心，这确实不是他们的恶。我倒想他们有一种疯狂，让他们像这个苍白的罪犯那样因疯狂而毁灭！

真的，我愿他们的疯狂叫做真理，或者忠诚，或者正义：可是，他们有自己的道德，为了长寿，过着可悲的惬意的生活。

我是河流旁边的一根栏杆：谁能够抓住我，就抓住我吧！但是，我不是你们的拐杖。——

查拉图斯特拉如是说。

阅读与写作

在一切作品中，我只喜欢一个人用自己的血写成的东西。用血去写：你就能体会到，血就是精神。

要了解别人的血是不太容易的：我憎恨那些读书时懒洋洋的人。

谁要是了解这样的读者，他就不再为其做任何事情。如果再过一个世纪还有这样的读者——精神本身就会发臭。

要是每个人可以学会读书，持续下去不仅会破坏写作，还会损害思想。

从前精神是上帝，后来它变成人，现在它甚至还沦为暴徒。

用血和格言写作的人，不愿被人阅读，而愿被人背诵。

在山里，最近的路是从顶峰到顶峰：但是对此你必须有两条长腿。格言应该是顶峰：与其对话的应该是伟大而卓越的人。

山峰上空气稀薄，而且纯净，危险近在咫尺，精神充满一种快乐的恶意：它们之间十分相配。

我愿意让小精灵围着我，因为我是勇敢的。勇气驱赶鬼怪，勇气为自己创造出小精灵，——勇气想发笑。

我的感觉不再和你们一样：我俯视我下面的这片云，我嘲笑它的乌黑和沉重，——这正是你们的雷雨云。

如果你们渴望升高，你们就向上仰望。而我是向下俯视，因为我已经升高。

你们当中谁能够同时大笑和升高呢？

谁登上最高的山峰，谁就嘲笑所有的悲剧和真实的悲剧。

勇敢、无忧、嘲笑、残暴——智慧要求我们这样：智慧是一个女人，她永远只爱一个战士。

你们对我说："生命是难以承受的。"可是你们为什么在上午那样傲慢，而在晚上就屈服了呢？

生命是难以承受的：但是不要对我做出那样柔弱的样子！我们都是好看的、能负重的公驴和母驴。

玫瑰花苞因为有一滴露水滴在身上就颤抖起来。我们与玫瑰花苞有什么共同之处呢？

真的：我们热爱生命，不是因为我们习惯于生活，而是因为我们习惯于爱。

在爱中始终有点疯狂。而在疯狂中始终也有点理性。

在我这个热爱生命的人看来，蝴蝶、肥皂泡以及人世间与此类似的东西似乎最懂得幸福。

看到这些轻飘、愚昧、小巧、活泼的小精灵在飞舞——这诱使查拉图斯特拉落泪，并歌唱。

我只相信一个懂得跳舞的神。

当我看见我的魔鬼时，发现他严肃、彻底、深奥、庄严：这是沉重的精神，——万物因它而倒下。

人们不是由于愤怒而杀人，而是由于欢笑才杀人。来吧，让我们杀死这沉重的精神吧！

我学会了走路：此后，我让自己奔跑。我学会了飞行：此后，我不想让人推着前行。

现在我轻巧，现在我飞翔，现在我的心灵从高空往下看，看到了我自己，现在有一个神激励我向上飞。

查拉图斯特拉如是说。

山上的树

查拉图斯特拉的眼睛看到，一个少年在躲避他。有一天傍晚，他独自穿过环绕那个叫"彩牛"的城镇的山中：瞧，他在走路时发现这个少年靠在一棵树旁坐着，以疲倦的目光望着山谷。查拉图斯特拉撑着那个少年倚靠的树，如是说：

"如果我想用我的双手摇动这棵树，我可能做不到。

但是我们看不见的风可以随意折磨它，风可以吹弯它。我们被看不见的双手十分严重地折弯和折磨。"

少年露出惊慌的神色，站起身来说："我听出是查拉图斯特拉的声音，我刚刚还在想他。"查拉图斯特拉答道：

"你为什么感到惊讶？可是，就人而言，跟树的情况是一样的。

树愈想升向高空和亮处，它的根就愈有力地追求伸向地里，伸向下面，进入黑暗，进入深处，——进入罪恶。"

"是的，进入罪恶！"少年喊道，"你怎么可能发现我的灵魂呢？"

查拉图斯特拉微笑着说："有些人的灵魂是永远不会被发现

的，除非人们预先去虚构它。"

"是的，进入罪恶！"少年再次喊道。

"你说的是真实的，查拉图斯特拉。自从我想上升到高处以来，我就不再相信我自己，也没有人再相信我，——这到底是怎么回事呢？

我变化得太快了：我的今天反驳我的昨天。当我登高时，我常常跃上几个台阶，——没有哪个台阶会原谅我这样做。

当我在高处时，我发现自己总是很孤单。没有人跟我说话。寂寞的寒气使我颤抖。我为什么要呆在高处呢？

我的蔑视和我的渴望交替增长；我登得愈高，我就愈发蔑视登高的人。他在高处究竟想要什么呢？

我为我的攀登和跟跄感到多么地羞愧！我多么嘲笑我剧烈的喘气！我多么憎恨高飞的人！我在高处多么疲惫！"

这时少年沉默不语。他们站在那棵树旁，查拉图斯特拉注视着那棵树，如是说：

"这棵树独自屹立在这里的山坡旁；它超越了人和兽向高处生长。

如果它想说话，它或许找不到能理解它的人；它长得这么高。

现在它在等待，一再等待——它到底在等什么呢？它的住处离云层太近：它也许在等待第一道闪电？"

当查拉图斯特拉说完这番话后，那个少年做了个激烈的手势喊道："是的，查拉图斯特拉，你说的是真理。当我想登高时，我渴求我的毁灭，你就是我等待的闪电！你看，自从你在我们这里出现，我还算什么呢？我对你的嫉妒毁了我！"——少年这么说，并痛哭流涕。但是查拉图斯特拉用手臂搂着他，带着他和自己一同离去。

他们一起走了一会儿，查拉图斯特拉开始如是说：

我的心碎了，你的眼神比你的言语更好地把你所有的危险告诉了我。

你还没有自由，你还在寻找自由。你的寻求使你夜不能寐，过度清醒。

你想到达自由的高处，你的灵魂渴望群星。但是，甚至你那恶劣的本能也渴望自由。

你的野狗想要自由；倘若你的精神力求打开全部监狱，那么它们就会在地牢里快乐地狂吠。

我觉得，你还是一个为自己编造自由的囚犯：啊，对于这种囚犯来说，其灵魂变得聪明了，但也变得狡猾和恶劣了。

精神得到解放的人还要洗刷自己。在他的心里还保留有许多监狱里的东西和霉味，他的眼神也要纯化。

是的，我知道你的危险。但是，出于我的爱和期望，我恳请你：不要抛弃你的爱和希望！你还觉得自己高贵，那些怨恨你并向你投去恶意目光的人，也还觉得你高贵。你要知道，一个高贵者，挡住了大家的去路。

一个高贵者甚至也挡了善人们的道：即使他们称高贵者为善人，但他们只是想借此把他赶走。

高贵者想要创造新生事物和一种新的道德。善人想要古老的东西，并且要永久保留它。

但是，高贵者的危险不在于他会变成善人，而在于他会变成无耻之徒、讥讽者和毁人者。

啊，我知道那些失去自己最高希望的高贵者。而现在他们诽谤一切高尚的希望。

现在他们无耻地度日，沉浸在短暂的欢乐之中，生活几乎没有目标，得过且过。

"精神也是情欲。"——他们这样说。这时，他们的精神折断了翅膀：现在它到处爬行，在咬啮中污染了一片。

从前他们想成为英雄：现在他们是荒淫之徒。在他们看来，当英雄是痛苦和恐惧的。

但是，出于我的爱和期望，我恳请你，不要抛弃你灵魂中的英雄！庄严地维护你最高的希望！

查拉图斯特拉如是说。

死亡的说教者[①]

存在死亡的说教者：因为世间有众多这种必须劝诫他们抛弃生命的人。

世间有众多多余的人，生命被许多许多人毁了。但愿有人用"永生"诱骗他们离开生命！

"黄色"：人们这样称呼死亡的说教者，或者称之"黑色"。但是，我想让你们看他们还有其他的颜色。

有些可怕的家伙，他们的心里潜伏着猛兽，他们除了情欲和自我毁灭，没有别的选择。甚至他们的情欲也还是自我毁灭。

这些可怕的家伙，他们甚至还没有变成人：但愿他们依照抛弃生命的说教，而且自己去死！

有些灵魂的痨病患者：他们才出生，就已经开始死亡，他们渴求疲惫和放弃的教义。

他们乐意去死，我们应该顺从他们的意愿！我们要注意，不要去唤醒这些死者，不要损坏这些活棺材！

他们遇见一个病人、一个老人或者一具死尸，他们就会马上

---

① 批判基督教宣扬的人死观。

说："人生充满痛苦，生命没有意义！"

但是，只有他们和他们的眼睛遭到了驳斥，他们的眼睛只看到生存的一面。

笼罩在浓重的忧伤之中，渴求带来死亡的小小的意外：他们等待着，咬紧牙关。

但是，或者：他们伸手去抓糖果，同时又嘲笑自己的孩子气；他们抓住自己的人生稻草，却又嘲笑自己还在抓住一根稻草。

他们的格言是："仍然活着的是傻瓜，因此我们是地道的傻瓜！这才是人生最大的愚昧！"——

"人生只是苦难。"——有些人这样说，他们没有说谎：因此，你们要设法使你们终止人生！因此，你们要设法终止这种只是受苦受难的人生！

你们的道德准则就是这样："你应该杀死你自己！你自己应该悄悄地消失！"——

"肉欲是罪恶。"——一种进行死亡说教的人这样说——"让我们回避肉欲吧，不要生孩子！"

"生孩子是辛苦的。"——另一种人这样说——"为什么还要生孩子呢？生下来的只是不幸的人！"这种人也是死亡的说教者。

"同情是需要的。"——第三种人这样说，"把我拥有的东西拿去吧！把我的生命拿去吧！这样人生对我的约束就会更少！"

倘若他们是完全的同情者，那么他们会使周围的人对人生感到索然无味。心怀恶意——这可能是他们真正的善意。

但是他们想要离开人生：让他们用链条和礼物把别人更加牢

固地捆绑起来，他们对此不感兴趣！——

还有你们，你们把人生看成疯狂的工作和不得安宁：你们不是非常厌倦人生吗？你们不是非常成熟，以致可以听死亡的说教了吗？

你们大家，你们所有的人爱好疯狂的工作，爱好快速、新颖和异样，——你们忍受不了自己，你们的勤奋就是逃避，就是忘却自我的意志。

倘若你们更多地相信人生，你们就会更少地扑倒在瞬间之前。但是，你们心里没有足够的内涵让你们去等待——甚至也不去偷懒！

到处都响起死亡说教者的声音：而大地上有众多必须对其宣讲死亡的听众。

或者对他们宣讲"永生"：这对我都一样，——只要他们快快去死！

查拉图斯特拉如是说。

战争与战士

我们不想被我们的最好的敌手保护，也不想被我们十分喜爱的人保护。让我给你们说真话吧！

处在战争中的我的兄弟们！我十分喜爱你们，我现在和过去都是你们的同类人。我也是你们最好的敌手。因此让我对你们说真话吧！

我了解你们心中的憎恨和嫉妒。你们还没有伟大到不知道憎恨和嫉妒。那就让你们变得足够伟大而不为憎恨和嫉妒感到羞愧吧！

假如你们不能成为知识的圣人，我认为至少要成为知识的战士。这是那种圣人的伙伴和先驱。

我看到许多士兵：但愿我看见许多战士！人们称他们穿的是"一个款式"的制服，但愿包裹在"一个款式"的制服里的他们不是"一个款式"的！

我认为，你们应该成为这样的人：你们的眼睛总是在寻找一个敌手——寻找你们的敌手。而你们当中有些人能在第一眼就发现仇恨。

你们应该寻找你们的敌手，你们应该进行战斗并为你们的思想而战！假如你们的思想失败了，你们对思想的诚信还应该呼唤胜利！

你们应该热爱和平，把和平作为进行新的战斗的手段。你们应该热爱短暂的和平，胜过热爱长期的和平。

我建议你们不要去工作，而去战斗。我建议你们不要去追求和平，而去追求胜利。但愿你们的工作就是战斗，你们的和平就是胜利！

一个人有了弓箭，他才能默默无语，并安静地坐着；不然他就会闲聊和争吵。你们的和平就是一种胜利！

你们说，正义的事业甚至可以使战争神圣化？我告诉你们：正义的战争可以使所有的事业神圣化！

与博爱相比，战争和勇气做出更多伟大的事业。到目前为止，不是你们的同情，而是你们的勇敢，拯救了那些不幸的人。

"什么是善？"你们问。勇敢就是善。让小姑娘说："美丽而同时让人感动的东西就是善。"

人们称你们是无情的：但是你们的心是真诚的，我喜欢你们表达真诚时的那种羞涩感。你们为你们的涨潮感到羞愧，而别人则为他们的退潮感到羞愧。

你们是丑陋的吗？好吧，我的兄弟们！那你们就穿上这种高尚的丑陋者的外衣吧！

如果你们的灵魂变得伟大，那么你们的灵魂就会变得傲慢，在你们的高尚中含有恶意。我了解你们。

在恶意中傲慢者与懦弱者相遇。但是他们相互误解。我了解你们。

你们只许有被仇恨的敌手，但是不许有被蔑视的敌手。你们必须为你们的敌手感到骄傲：这样，你们的敌手的成就也是你们的成就。

反抗——这是奴隶的高尚。你们的高尚就是服从！你们的命令本身就是服从！

"你应该"比"我想要"让一个好战士听起来更舒适。你们首先应该让别人命令自己去爱你们所喜爱的一切。

你们对人生的爱是对你们最高之希望的爱：而且你们最高的希望是人生最高的思想！

但是，你们应该由我下命令把你们最高的思想保留下来——这个最高思想就是：人类是应该被超越的东西。

因此，你们应该过服从的和战斗的生活！长寿有什么意思！哪个战士想要受到保护！

我不保护你们，我十分喜爱你们，战斗中的我的兄弟们！——

查拉图斯特拉如是说。

新的偶像

别的地方还有民族和人群，但是在我们这里没有，我的兄弟们：这里有国家。

国家？那是什么？好吧！现在你们给我竖起耳朵听吧，因为现在我告诉你们关于民族死亡的事情。

国家是一切冷酷的怪兽中最冷酷的。它也冷酷地撒谎；这个谎言从它的嘴巴里钻出来："我，国家，就是民族。"

这是谎言！创造者创造了民族，并在他们上方高悬一个信仰和爱：因此他们为生命服务。

破坏者为许多人设下陷阱，并称之为国家：他们将一把剑和百种欲望高悬在他们上方。

哪里还有民族，哪里的民族就不理解国家，并且憎恨国家，视之为邪恶的目光和违背习俗与法规的罪恶。

我给你们这种特征：每个民族都用自己的语言谈说善与恶：邻近的民族听不懂这种语言。每个民族为自己发明了有关习俗和法规方面的语言。

但是国家以所有善与恶的语言说谎：甚至它说的，也是谎话——甚至它拥有的，也是偷来的。

它身上的一切都是假的；它用偷来的牙齿咬人，这个咬人者。甚至它的内脏也是假的。

善与恶的语言混乱：我为你们把这个特征作为国家的特征。的确，这个特征表明死亡的意志！的确，这个特征向死亡的说教者示意！

太多的人出生于世：国家是为多余的人设置的！

你们看看吧，国家是怎样把过多的人引诱过来！国家怎样吞食他们，咀嚼，再咀嚼！

"世上没有什么比我更伟大：我是上帝整顿万物的手指。"这怪物如此咆哮着。于是，不仅长耳朵的人，还有短视的人都对它跪拜！

啊，甚至对你们，你们这些伟大的灵魂，国家也低声地诉说它那阴暗的谎言！啊，它猜透了那些乐意消耗自己的富有的心！

是的，国家也猜透了你们，你们这些古代的神的征服者！你们在战斗中变得疲乏，而现在你们又带着疲劳再为新的偶像效劳！

国家想把英雄和正直的人摆设在自己的周围，这个新的偶像！它乐于沐浴在有良知的阳光中，——这个冷酷的怪物！

如果你们朝拜它，它就愿意把一切都给你们，这个新的偶像：于是它就收买了你们的道德之光辉和你们的骄傲之目光。

它想用你们引诱许多人！的确，这时发明了一种地狱般的绝招，一匹死神之马，披着神圣的荣耀，发出嘶嘶之声！

的确，这时发明了一种适用于许多人的死亡，这个死亡把本身当作生命来赞赏：真的，这是对一切死亡说教者的诚心效劳！

我称之为国家的地方，所有的人都是饮毒者，不管是善人还是恶人：国家所在的地方，所有的人都失去自我，不管是善人还是恶人：国家所在的地方，所有的人都在慢性自杀——都被称作"生活"。

看看这些多余的人吧！他们窃取了发明者的作品和智者的财宝：他们把这种窃取行为称为教育——对他们而言，一切都会变为疾病和不幸。

看看这些多余的人吧！他们总是生病，吐出胆汁，并称之为新闻。他们互相吞食，却消化不了。

看看这些多余的人吧！他们获取财富，却因此变得更加贫穷。他们渴望权力，首先想得到权力之柄，还有许多金钱——这些无能之辈！

看看他们在往上爬吧，这些敏捷的猴子！他们越过对方往上爬，于是把对方拖进泥潭和深渊！

他们个个都想登上宝座：这是他们的疯狂，——好像幸福就在宝座上面！宝座上面常常是污泥——而宝座也常常置于污泥之上。

在我看来，他们所有的人、攀登的猴子和超级狂热者都是疯狂的。他们的偶像，这冷酷的怪物，散发出令我恶心的气味：他们所有的人，这些偶像崇拜者，都散发出令我恶心的气味。

我的兄弟们，难道你们想在他们嘴里喷出的臭气中和贪欲散发出的毒气中窒息吗？你们倒不如打破窗户跳到外面去！

避开这强烈的臭气吧！远离多余者的偶像崇拜吧！

避开这强烈的臭气吧！远离以人作牺牲品的臭气吧！

现在，大地仍然给伟大的灵魂以自由，仍然有许多空位留给孤独者和成双成对者，在这些空位的周围，轻飘着宁静之大海的气息。

　　自由的生活仍然给伟大的灵魂以自由。的确，谁占有得越少，他被占有得也就越少。小小的贫穷是可赞赏的！

　　在国家终止的地方，才开始有人，不是多余的人：那儿才开始有必要者之歌，那是唯一的和无法替代的曲调。

　　在国家终止的地方，——请看那边，我的兄弟们！难道你们没有看到彩虹和超人的桥梁吗？——

　　查拉图斯特拉如是说。

市场之蝇[①]

我的朋友，逃进你的孤独中去吧！我看你被大人物的喧闹震聋，又被小人物的针刺刺伤。

树林与岩石懂得和你庄严地保持沉默。你又像你喜爱的、枝叶茂盛的大树那样：它伸展在大海之上，静静地倾听着。

寂静停止的地方，市场就开市了；市场开市的地方，大演员的喧闹声和毒蝇的嗡嗡声也就开始了。

世界上最好的事物，如果没有人首先去表演它也是毫无用处的：民众把这些表演者叫做大人物。

民众对伟大不甚理解，伟大就是创造力。但是民众轻信了做大事情的表演者和演员。

世界围绕着新价值的发明者转动：——世界的转动是看不见的。但是民众和荣誉在围绕着演员们旋转：世界的运转就是这样的。

演员有精神，但是精神上的良知甚少。他永远信任那些他借以最有力地让人相信的东西，——让人相信他自己。

①比喻吹捧演员和伟大人物的愚民。

明天他有一个新的信仰，后天他又有一个更新的信仰。他像大众一样，具有敏锐的感觉和易变的嗅觉。

使人震惊——对他而言，就是证明。使人发狂——对他而言，就是确信。他把血看作全部理由中最好的理由。

他把只会钻进敏锐的耳朵里的真理，称为谎言和虚无。的确，他只相信在世上创造巨大噪音的神！

市场上有众多欢乐的滑稽表演者——群众为这些大人物而自豪！在群众眼中，他们是当今的主人。

但是时间逼着他们：因此他们也逼着你。他们甚至要你说出赞成与反对。哎呀，你想在赞成与反对之间选择座位吗？

你这个爱好真理的人，不要由于这些绝对者和逼迫者而嫉妒！真理还从来没有挽过一个绝对者的手臂。

由于突如其来的人的缘故，你还是回到你的安全地带去吧：只有在市场上人们才会受到"对吗？"或"不对吗？"的突然袭击。

物体沉入所有的深井的过程都是缓慢的：深井必须等待很久，才能知道，是什么东西掉到了它的深处。

所有伟大的事物都发生在远离市场和荣誉的地方：新价值的发明者从来都是居住在远离市场和荣誉的地方。

我的朋友，逃进你的孤独里去吧：我看见你被毒蝇刺伤。逃到刮着猛烈的暴风的地方去吧！

逃到你的孤独里去吧！你跟那些小人和可怜虫住得太近了。逃离他们暗中的报复吧！他们反对你，只有靠报复，别无其他。

你不要再举起胳臂反对他们！他们是无数的，当蝇拍不是你的命运。

这些小人和可怜虫是无数的；有些雄伟的建筑物已经毁于雨点和野草。

你不是石头，但是你已被许多滴水穿空。我认为，你还会被许多雨点毁坏。

我看见你被毒蝇侵扰得疲惫不堪，我看见你遍体百孔出血；而你的傲气一点都不想发怒。

毒蝇毫无恶意地想要你的鲜血，他们无血的灵魂渴求鲜血——所以他们就毫无恶意地刺你。

但是，你这个深情的人，即使是小伤口，你也深受痛苦；而在你的伤口还没有痊愈之前，同样的毒虫又爬上你的手。

在我看来，你太傲慢了，以致不会去杀死这些偷食者。但是你要小心，承受他们所有恶毒的不公正行为会成为你的厄运！

他们也以他们的赞美在你的周围发出嗡嗡之声；他们的赞美就是纠缠不休。他们想接近你的皮肤和你的鲜血。

他们奉承你，就像奉承神仙或魔鬼；他们在你面前哀求，就像在神仙或魔鬼面前哀求一样。这算得了什么！他们只不过是奉承者和哀求者罢了。

他们也常常在你面前显示出亲切的样子。但是，这始终是怯懦者的聪明。是的，怯懦者是聪明的。

他们以他们狭隘的灵魂对你有许多看法，——他们不断地怀疑你！凡事考虑太多，都令人生疑了。

他们由于你的全部道德而惩罚你。他们完全原谅你的只是——你的错误的做法。

因为你温和，有正义感，你说："他们卑微的存在是无罪的。"但是他们狭隘的灵魂在想："一切伟大的存在都是有罪的。"

即使你对他们温和，他们也还是感觉到被你蔑视；他们则以掩饰暗藏的恶行来回报你的善举。

你沉默的高傲总是违背他们的趣味；一旦你表现出足够的谦虚，毫不显耀自己，他们就得意洋洋。

我们从一个人身上识别出某种东西，我们也以此抨击他。因此你要提防小人！

在你面前，他们觉得自己的卑微，他们的卑微在看不见的复仇火花中向你发出火星。

难道你没有察觉到，当你踢他们一脚时，他们常常沉默不语？他们的力量从他们身上消逝而去时，就像余烟从熄灭的火中飘散一样？

是的，我的朋友，你对你周围的人是没有良心的：因为他们对你没有价值。因此他们恨你，并且很想吮吸你的血。

你周围的人将永远是毒蝇；你身上伟大的东西，——这必然会使他们变得更加有毒，更加像苍蝇一样。

我的朋友。逃进你的孤独里去吧！逃到刮着猛烈的暴风的地方去吧！当蝇拍不是你的命运！

查拉图斯特拉如是说。

贞操

我爱森林。在城市里生活很不适宜，那里有太多淫荡的人。

落到一个杀人犯的手里不比落到一个淫荡之妇的美梦中更好吗？

你们看看这些男人：他们的眼睛在说——他们知道，在这世上没有比躺在一个女人身边更好的事情了。

他们的灵魂深处都是烂泥：如果他们的烂泥中还有精神，那多可怕！

但愿你们至少作为动物还是完美的！但是，动物是纯洁的。

我劝你们毁掉感官吗？我劝你们保持感官的纯洁。

我劝你们保持贞操吗？贞操对一些人来说是一种道德，但是对许多人来说几乎是一种不道德的行为。

这些人也许能克制自己：但是，淫荡的母狗看到他们所做的一切行为露出嫉妒的眼神。

这只母狗和它不满的情绪跟随他们到达了他们的道德的高度，直到他们冰冷的精神深处。

如果拒绝给这只淫荡的母狗一块肉，它也懂得要乖乖地乞求一点精神补偿。

你们爱好悲剧和使人心碎的一切东西吗？但是我怀疑你们的母狗。

我觉得你们的目光太残酷，你们贪婪地望着受苦人。你们不只是掩饰自己的淫欲，还称之为同情吗？

我也给你们打个比方：有不少人想赶走他们的魔鬼，他们自己却在这时走进母猪群里去了。

对于难守贞操的人，要劝告他放弃贞操，不要让贞操成为通向地狱的道路——也就是通向灵魂的烂泥和情欲的道路。

我说到肮脏的事情了吗？我觉得这不是最严重的事情。

不是当真理处于肮脏时，而是当真理显得肤浅时，有见识的人才不愿跳入真理的水中。

的确，有彻底的贞操者：他们比起你们心地更宽容，他们笑起来比你们更可爱，更多彩。

他们也嘲笑贞操，并且问道："贞操是什么！

贞操不就是愚蠢吗？但是，这种愚蠢向我们走来，而不是我们向它走去。

我们向这位客人提供住宿并且真情相待：现在它住在我们这里，——它想住多久，就住多久！"

查拉图斯特拉如是说。

朋友

"在我周围总是有一个多余的人。"——隐居者这样想，"曾经总是一个人——久而久之就变成两个人了！"

我和内心里的我总是过于热情地对话：如果没有一个朋友，怎么能够忍受？

对于隐居者来说，朋友总是第三者：第三者是软木塞，它阻止二人深入的谈话。

啊，对于所有的隐居者来说，有太多的深渊。因此，他们渴望有一个朋友，渴望他的高度。

我们相信其他人，显示我们愿意相信我们自己内心里的东西。我们渴望有一位朋友成为我们吐露心声的对象。

我们常常只是想通过爱来掩饰嫉妒。我们常常抨击，制造敌人，以便掩盖自己易受攻击之处。

"你至少成为我的敌人！"——这是不敢乞求友谊的真正的敬畏之言。

如果你想有一个朋友，你也必须愿意为朋友去争斗：为了进行争斗，你必须能够成为敌人。

你还应该尊重你的朋友中的敌人。你能够走近你的朋友而不逾越他吗？

你应该在你的朋友中有你的最好的敌人。当你反抗他时，你应该用心贴近他。

你想在你的朋友面前不穿衣服吗？你想给他看真实的你，这应该是你朋友的荣幸吧？可是，他会因此要你见鬼去！

谁不遮掩自己，就会令人气愤：因此你们完全有理由对赤身裸体感到恐惧！是的，如果你们都是神，你们就可以为自己的衣裳而感到羞耻！

对于你的朋友来说，你打扮得再漂亮也总是不够：因为你对他来说应该是一支箭，应该是一种对超人的渴望。

倘若你已经看过你的朋友的睡态——因此你知道，他是什么样子？你朋友的脸平时是怎样的？那是你自己的脸映在一面粗糙而不完美的镜子上。

你已经看过你的朋友的睡态吗？你没有为他睡觉的样子感到惊讶吗？啊，我的朋友，人是必须被超越的东西。

在猜测和沉默方面，朋友应该是能手：你不要想看到一切。你的梦会告诉你，你的朋友在醒着时做些什么。

猜测是你的同情：你首先要知道，你的朋友是否想要同情。在你身上，他也许喜爱那不屈的眼神和永恒的目光。

对朋友的同情要隐藏在一个坚硬的外壳里，因此你应该在咬它时咬断一颗牙。这样才有精美和甘甜的味道。

对于你的朋友来说，你是纯净的空气、孤独、面包和药品吗？有些人无法挣脱自己的链条，但他却成了朋友的拯救者。

你是一个奴隶吗？这样你不可能成为朋友。你是一个暴君吗？这样你不可能有朋友。

在女性的心里，长久地隐藏着一个奴隶和一个暴君。

所以女性还没有能力谈友谊：女人只知道爱情。

在女性的爱情中，存在不公正地和盲目地反对她们不爱的一切。甚至在女性知道的爱情中，除了光明之外，也总是还有奇袭、闪电和夜晚。

女性还没有能力谈友谊：女人始终还是猫和鸟。或者，在最好的情况下，也只是母牛。

女性还没有能力谈友谊：但是，请你们告诉我，你们这些男人，你们当中究竟谁有能力谈友谊呢？

哦，你们这些男人，你们的灵魂多么可怜，你们的灵魂多么吝啬！你们给予朋友多少，我也想给予我的敌人多少，为此我也不会变得更加贫穷。

现在是同伴关系：但愿能结成友谊！

查拉图斯特拉如是说。

一千零一个目标[①]

查拉图斯特拉见过许多国家和许多民族：因此他发现了许多民族的善与恶。查拉图斯特拉认为，世间没有什么比善与恶具有更大的力量了。

一个民族不首先对善与恶进行评价，就不可能生存；但是，这个民族要想生存下来，就不能像周边民族那样去评价自己。

这个民族称为善的许多东西，而另一个民族却视为荒谬的，可耻的：总之，我这么认为。我认为许多东西在这里被称为恶，而在那里却被美化为紫红色的荣誉。

一个邻居从来不理解另一个邻居：他的灵魂始终由于邻居的妄想和恶意感到惊讶。

有关善的内容的牌子高挂在每个民族的前方。瞧，这是这个民族励志的牌子；瞧，这是它发出强力意志的声音。

这个民族认为困难的事情正是值得称赞的；必不可少的，但又是艰难的事情被称为善；从最大的困境中解放出来的、罕见的、最困难的事业——被赞美为神圣。

---

① 尼采提出"价值重估"，肯定人是价值的创造者。

一个民族夺取政权，赢得胜利，闪烁光芒，使周边民族畏惧和嫉妒：这些被这个民族认为是顶峰、首要、衡量尺度和万物之意义。

的确，我的兄弟，你首先要认识一个民族的困难、土地、天空和邻邦：这样你就可以猜测出这个民族励志的原则，以及它为什么能登上这个梯子走向希望的目标。

"你应该永远保持第一，比别人占据更优先的地位，你妒忌的灵魂除了爱朋友，不应当爱任何人。"——这句话使一位希腊人的灵魂颤抖：由此，他走上了伟大之路。

"说真话，好好地使用弓箭。"——我的名字来自的那个民族认为这句话是既亲切，又难以忍受的。——我的名字我也认为是既亲切又难以忍受的。

"尊敬父母，从灵魂深处顺从他们的意志"：另一个民族把这块励志牌高挂在自己的前方，由此这个民族变得强大和不朽。

"坚持诚信，为了诚信，对罪恶的和危险的事情也不惜丧失荣誉和付出鲜血"：另一个民族这样教导自己，强迫自己。由于这样强迫自己，因此它孕育着伟大的希望。

真的，人类产生了一切善与恶。真的，这些善恶不是他们索取到的，不是觅来的，也不是作为天意降到他们身上的。

人类为了生存下来，首先把价值纳入万物之中，——他们首先为万物创造了意义，创造了做人的意义！因此，人类称自己为"人"，这就是：评估者。

评估就是创造：你们这些创造者，听着！评估本身就是一切被评估的事物的珍宝。

通过评估才得出价值：没有评估，存在之坚果就是空心的。

你们这些创造者，听着！

价值的转变，——就是创造者的转变。谁一定要成为创造者，他就要经常进行破坏。

创造者先是多个民族，后来才是单个民族；真的，单个民族本身还是最近的创举。

从前，各个民族把一块行善的牌子高挂在自己的前方。想统治的爱和想服从的爱，共同创造出这样的牌子。

对群体的兴趣比起对自我的兴趣更加古老：在"问心无愧"称为"群体"时，"问心无愧"就是自我。

真的，这个狡猾的、无情的"自我"要在多数人的利益中谋取自己的利益：这不是群体的起源，而是群体的没落。

总是有爱心者和创造者创造了善与恶。爱火和怒火在一切道德的名义中燃烧。

查拉图斯特拉见过许多国家和许多民族：查拉图斯特拉在世间没有发现什么比有爱心者的创作具有更大的力量："善"与"恶"是这些创作的名字。

真的，这种赞扬和谴责的力量是一种怪兽。兄弟们，你们告诉我，谁能为我制服这个怪兽？告诉我，谁能用可以套上一千个脖子的锁链套住这只怪兽？

至今有一千个目标，因为有一千个民族。只是还缺少可以套住一千个脖子的锁链，就缺少这一个目标了。人类还没有这个目标。

但是，我的兄弟，请告诉我：如果人类还缺这个目标，在他们那里是不是也还缺少人类本身呢？——

查拉图斯特拉如是说。

爱近邻

你们拥向近邻的周围，还美言一番。但是，我告诉你们：你们爱近邻就是对你们自己爱得不够。

你们为躲避自己，逃到近邻那里去，想借此为自己树立一种道德：但是我看透了你们的"无私"。

"你"比"我"古老；"你"被称为神圣，但"我"还不是：因此人们都挤到近邻那里去。

我建议你们爱近邻了吗？我宁可建议你们躲避近邻，而去爱远方的人！

对远方的人和未来的人之爱，比对近邻之爱更为高尚；还有，对事业和幻影之爱，比对世人之爱更加高尚。

我的兄弟，在你前面奔跑的幻影比你更美；为什么你不把你的肌肉和骨骼赋予它呢？可是，你害怕你自己，因此跑到你的近邻那里去了。

你们无法忍受自己，对自己爱得不够：现在你们想引诱近邻去爱，想以他们的错误为自己镀金。

我想你们忍受不了各种各样的邻人和他们的邻居；这样你们就必须在你们自己的内心里创造你们的朋友及其激动的心。

如果你们想说自己的好话，你们就给自己请来一个证人；如果证人已被你们诱骗，认为你们是好的，那么你们也就自以为是好的。

不仅说话违反自己的知识的人在撒谎，而且说话违反自己的无知的人更是如此。因此，你们在交往中谈到自己时，你们同你们自己一起欺骗近邻。

傻瓜这样说：与人来往会败坏性格，特别是当一个人没有好性格时。

有一个人到近邻那里去，因为他想寻找自己，而另一个人到近邻那里去，则是想丧失自己。你们不爱你们自己，会使你们由于孤独而囚禁自己。

为你们的近邻付出爱的是那些较远的人；如果你们已经有五个人聚在一起，那么第六个人总得死去。

我也不喜欢你们的节日：在那里我发现太多演员，甚至观众的表情也常常变得像演员一样。

我不是教你们做近邻，而是做朋友。朋友对于你们来说是大地的节日，是超人的预感。

我教你们认识朋友及其激动的心。但是，如果你想被激动的心所爱，你就必须懂得成为一块海绵。

我教你们认识朋友，在朋友的内心里存在一个已经完备的世界，一个装着"善"的容器，——我教你们识别创造型的朋友，他总是有一个完备的世界要赠送给人。

就像世界的画面为他打开，又为他卷起一样，好比善是通过恶形成的，目标是由偶然产生的。

对你来说，未来和远方是你今天的起因：在你的朋友心中，你要把超人当作你的起因来爱。

我的兄弟，我不建议你们爱近邻：我建议你们爱远方的人。

查拉图斯特拉如是说。

创造者之路

我的兄弟，你想走进孤独中去吗？你想寻找通向你自己的道路吗？请你犹豫片刻，听我说吧。

"寻求者很容易迷失方向。所有的孤独都是罪过"：群众这样说。而你很久以来就是群众了。

群众的声音也在你心里回响。如果你说："我不再跟你们拥有同一个良心。"这将是一种悲叹和痛苦。

你看，这种痛苦本身还产生于同一个良心：这种良心的最后微光还在你的悲伤中闪光。

可是，你想走通往你自己的悲伤之路吗？那么，请你告诉我，你这样做的权利和力量吧！

你是一种新的力量和一种新的权利吗？是首次的运动吗？是自转的轮子吗？你甚至能强迫星星绕着你转动吗？

啊，向往高处的欲望太多了！野心家的违法行为太多了！请你告诉我，你不是欲望者和野心家！

啊，有这么多伟大的思想，它们表现出来的不过是一个风箱：给它们打气，却依然腹中空空。

你说你是自由的？我想听听你的主导思想，不想听你说已挣脱了一个枷锁。

你是一个可以挣脱枷锁的人吗？有一些人，当他们去掉身上的奴性时，也抛弃掉自己身上最后的价值。

自由从何而来？这关查拉图斯特拉什么事！可是你的眼睛应该清楚地告诉我：要自由干什么？

你可以把你的善与恶给予你自己吗？你可以把你的意志像法律一样高悬在你的前方吗？你可以做你自己的法律的法官和复仇者吗？

与有自己的法律的法官和复仇者单独相处是可怕的。那就像一颗星被抛到荒芜的空间和冰冷的空气中一样。

今天，你一个人，还在为许多人受苦：今天，你仍然完全拥有你的勇气和你的希望。

可是将来，孤独会使你疲惫不堪，有朝一日，你的高傲会弯下腰来，你的勇气会吱吱泄气。有朝一日，你会叫喊："我很孤独！"

有朝一日，你将再也看不到你的高贵，你的卑贱离你太近；你的崇高就像幽灵一样将使你恐惧。有朝一日，你会叫喊："一切都是虚假的！"

感情想杀死孤独者；如果不成功，那么感情本身就得死去！可是，你能当凶手吗？

我的兄弟，你已经认识"蔑视"这个词了吧？你这种公正的痛苦就在于，对蔑视你的人也要公正对待。

你强迫许多人改变对你的看法；他们为此会对你非常生气。你走近他们，但却走了过去：对此，他们决不原谅你。

你走过并超过了他们：但是，你登得越高，嫉妒的眼光把你看得越渺小。但是飞跃者最多遭人憎恨。

"你们想怎样公正评价我呢！——你必须说——我为我自己选择了你们的不公正评价作为给予我的那部分。"

他们把不公正和污物抛向孤独者：但是，我的兄弟，如果你想成为一颗星，那你不能用太少的光去照耀他们！

你要提防善者和正义者！他们喜欢把那些为自己发明自己的道德的人钉上十字架，——他们憎恨孤独者。

你也要当心那种神圣的单纯！一切不单纯的东西，在"神圣的单纯者"看来都是不神圣的；它也喜欢玩火——火刑柴堆。

你还要提防你的爱的爆发！孤独者遇到他人时，太快把手伸过去跟人家握手。

有一些人，你不可以把手伸给他们，只能伸出爪子：而且我希望，你的爪子也是利爪。

但是，你可能遇到的最坏的敌人始终是你自己；你自己在山洞里和森林里暗中伏击你。

孤独者，你走在通向你自己的路上吧！你的道路会从你自己的身边和七个魔鬼的旁边经过！

对你自己来说，你将成为异教徒、女巫、预言者、傻瓜、怀疑者、非圣徒和恶棍。

你必须打算在自己的火焰中焚烧自己：如果你不先把自己烧成灰，你怎么能获得新生！

孤独者，你走创造者的道路：你想从你的七个魔鬼中为你创造一个神！

孤独者，你走热爱者的道路：你爱你自己，所以你蔑视你自己，就像只蔑视热爱者一样。

热爱者想创造，因为他被蔑视！他不需要蔑视的，正是他所爱的，那他知道什么是爱！

我的兄弟，带着你的爱和你的创造，走进你的孤独吧；以后，正义才会一瘸一拐地跟在你后头。

我的兄弟，带着我的眼泪走进你的孤独吧。我爱那种想超越自己去创造，并因此而毁灭的人。——

查拉图斯特拉如是说。

年老的和年轻的女人

"查拉图斯特拉，你为什么在黄昏时如此胆怯地、悄悄地行走呢？你把什么东西小心翼翼地藏进大衣里？

是别人送给你的一件宝贝吗？还是人家给你生下的一个小孩？或者是你自己现在走上了行窃之道，你这个恶人的同伙？"——

真的，我的兄弟！查拉图斯特拉说，那是别人送给我的一件宝贝：我怀里揣的是一个小小的真理。

可是它却像个小孩那样难以管束；如果我不捂住它的嘴，它就会非常大声地叫嚷。

今天当太阳快要下山时，我独自走我的路，这时我遇见一个年老的妇人，她这样对我的灵魂说：

"查拉图斯特拉也对我们女人谈了很多，可是他从来不跟我们谈论女人。"

我回答她说："人们应该只对男人谈论女人。"

"你也对我谈谈女人吧，"她说，"我年纪够大了，很快就会把你说的都忘了。"

我顺从这位老年妇女的愿望，对她如是说：

女人的一切是个谜，女人的一切只有一个答案：这个答案叫做怀孕。

对于女人来说，男人只是一种手段：目的始终是小孩。可是，对于男人来说，女人是什么呢？

真正的男人想要两种不同的东西：危险和游戏。所以他要把女人当作最危险的玩具。

应该教育男人去打仗，教育女人去慰问和勉励士兵；其他一切都是愚蠢的。

所有太甜的果子——士兵不喜欢。因此他喜欢女人；最甜的女人也还是苦的。

女人比男人更了解小孩，但是男人比女人更像孩子。

在真正的男人身上隐藏着一个小孩：小孩想要玩。

来吧，你们这些妇女，为我找出男人身上的孩子吧！

女人是一件玩具，像宝石一样纯洁、精美，被还没有到来的一个世界的道德所照耀。

让一颗星的光芒在你们的爱情中发光吧！你们的希望就是："但愿我生出超人！"

让你们的爱情中有勇敢的行为！你们应该用你们的爱情去回击引起你们恐惧的男人！

你们的荣誉就在你们的爱情中！女人通常对荣誉懂得甚少。可是，与你们被爱相比，更多地去爱才是你们的荣誉，而且要把这种爱放在首位。

如果女人在爱，就会让男人害怕她：这时她会做出一切牺牲，其他任何事情对她都没有意义。

如果女人在恨，就会让男人害怕他：因为男人在灵魂深处只有恶，而女人在灵魂深处则是坏。

女人最恨谁？——铁对磁石如是说："我最恨你，因为你有吸引力，但是要吸引我，你还不够力。"

男人的幸福叫做：我想要。女人的幸福叫做：他想要。

"你看，现在的世界才变得完美！"每个女人都会这样想，当每个女人出于完全的爱心顺从男人时，都会这样想。

女人必须顺从，必须为她的表面寻求深度。女人的情感是表面的，是浅水表面飞快流动的一层薄膜。

可是，男人的情感是深沉的，他们思想感情如河水在地下的洞穴里发出哗哗的响声；女人预感到他的力量，但是不理解它。——

这时年老的妇女回答我说："查拉图斯特拉说了许多恭维的话，这些话特别是对那些够年轻的女人说的。

这是很奇特的，查拉图斯特拉不甚了解女人，可是他对女人的论述却很有道理！之所以这样，因为在女人那里没有什么事情是不可能的吗？

现在作为回报，请你接受一个小小的真理！我已够老，才得出这个真理！

请你把它裹住，捂住它的嘴：不然它会非常大声地叫嚷，这个小小的真理！"

"女人，请把这个小小的真理给我吧！"我说。于是年老的女人如是说：

"你要到女人那里去？别忘了带鞭子！"

查拉图斯特拉如是说。

被毒蛇咬伤

有一天，查拉图斯特拉在一棵无花果树下睡着了，因为天气很热，他把手臂放在脸上。这时来了一条毒蛇，在他脖子上咬了一口，查拉图斯特拉痛得叫喊起来。当他把手臂从脸上拿开时，他看着这条蛇：这时毒蛇认出了查拉图斯特拉的眼睛，就迟钝地转过身，想要逃跑。"别跑，"查拉图斯特拉说，"你还没有接受我的感谢呢！你及时唤醒了我，我要走的路还很漫长呢。""你要走的路不长了，"毒蛇悲伤地说，"我的毒汁会杀死你的。"查拉图斯特拉微笑着。"什么时候有过一条龙死于蛇的毒汁呢？"——他说。"可是，请把你的毒汁拿回去吧！你还没有富裕到可以给我赠礼。"于是，毒蛇重新盘住他的脖子，并且舔他的伤口。

有一次，查拉图斯特拉将这事告诉他的学生，他们问道："哦，查拉图斯特拉，你这个故事的道德含义是什么？"于是查拉图斯特拉这样回答道：

善者和正义者称我是道德的破坏者：我的故事是不道德的。

可是，如果你们有个敌人，那么，你们对他不要以德报怨：因为这会使他感到羞愧。你们反而要表示出，他为你们做了一点好事。

你们与其使对手感到羞愧，倒不如对他发怒！如果你们被咒骂，然后反而想对人家说感激的话，我不喜欢这样做。宁可用咒骂回敬他！

如果你们受到非常不公正的待遇，我认为，你们应尽快以五个小的不公正予以回击。单独受到不公正的压迫，使人看了会感到厌恶。

这一点你们已经知道了吗？平分的不公正是半个公正。能够承受不公正的人，应当把不公正承担起来！

一个小的报复比根本不报复更合乎人情。如果惩罚对违法者来说也不是一种公正和一种荣誉，那么，我也不喜欢你们的惩罚。

承认自己不公正，比坚持公正更高尚，特别当你有道理的时候。只是你必须有足够的道理。

我不喜欢你们冷酷的公正；我总觉得，从你们法官的眼睛里露出刽子手的神色及其冰冷的钢刀的影子。

你们说，在哪里可以找到具有明察眼光之爱的公正呢？

请你们为我创造出这样的爱：它不仅承担所有的惩罚，而且也承担所有的罪过！

请你们为我创造出这样的公正：除了法官以外，它宣判所有人无罪！

你们也还想听听这件事吗？对于想要完全公正的人来说，甚至谎言也会变成对人类的友爱。

可是，我怎么会想要完全的公正呢！我怎样才能把每个人应有的公正给予他们自己呢？我把我的公正给每个人，这样我就满足了。

最后，我的兄弟们，你们要避免对所有的隐居者做出不公正的事！隐居者怎么会忘记使他蒙受的不公平呢！他怎么会报复不公正的事呢！

一个隐居者如同一口深井。往井里扔进一块石头很容易；可是，如果石头沉到井底，你们说，谁还愿意再把它取出来呢？

你们要当心，不要去伤害隐居者！可是，如果你们已经这样做了，那么，就干脆杀了他吧！

查拉图斯特拉如是说。

孩子与婚姻

我的兄弟，我单独给你提一个问题：我把这个问题像一个铅锤一样投进你的灵魂，我想知道，你的灵魂有多深。

你年轻，想要孩子和婚姻。可是，我问你：你是一个允许有孩子的人吗？

你是胜利者，自我克制者，意识的命令者，你自己的道德的主人吗？我这样问你。

或者从你的愿望中说出是兽性和需要？或者是孤独？或者是与你自己不和？

我想，你的胜利和你的自由渴望生一个孩子。你应该为你的胜利和你的解放建造一个活生生的纪念牌。

你应该超越自己。可是，我认为，首先你必须把自己的内心建造好，肉体和灵魂都必须是正直的。

你不仅应该继续生育，而且要让下一代超越你。为此婚姻的乐园会帮助你！

你应该创造一个更高级的身体，这是创造生命的第一步和原动力，——你应该创造一个创造者。

婚姻：我认为，两个人都有意愿要创造一个超过他们的后代。具有这种意愿的愿望者，彼此相敬如宾，我称之为婚姻。

这也许就是你的婚姻的意义和真理吧。可是，那些多数人，那些多余的人所说的婚姻，——啊，我称它什么呢？

啊，这两个人的灵魂多么贫乏！啊，这两个人的灵魂多么肮脏！啊，这两个人的舒适多么可怜！

他们称这一切是婚姻；他们说，他们的婚姻是在天国缔结的。

那么，我不喜欢天国，这多余的人的天国！不，我不喜欢他们，这些被缠绕在天国之网里的动物！

让上帝也远离我吧，他跛行走来，要给不是他凑合的对象送上祝福！

你们不要取笑这样的婚姻！哪个孩子没有理由为他的父母哭泣呢？

我觉得这个男人是值得尊重的，他是成熟的，能理解大地的意义；可是，当我看到他的女人时，我觉得大地似乎是一座疯人院。

是的，当一个圣人和一个蠢女人结合时，我想，大地会在抽搐中震动。

这个人像英雄一样去追求真理，最终他获得一个小小的被装饰的谎言。他称之为他的婚姻。

那个人很难接近，不善交际，好选择，爱挑剔。可是，他突然就永远毁坏了他的社交关系：他称之为他的婚姻。

再有一个人在寻找一个具有天使美德的婢女。可是他一下子就变成一个女人的婢女，现在他有必要让自己变成天使。

现在我发现所有的买家都很谨慎，大家都有一双狡猾的眼睛。可是，甚至最狡猾的人也是盲目地买了妻子。

短时间里做的许多蠢事——你们把这叫做爱情。你们的婚姻，作为一件长期的蠢事，而结束了许多短期的蠢事。

你们对女人的爱和女人对男人的爱：啊，但愿这种爱是对受苦、蒙面的神的同情！可是，通常都是两只动物互相猜疑。

可是，即使你们的最浓郁的爱情，也只是一种使人入迷的比喻和一种痛苦的激情。这种爱会是照耀你们走向更高之前程的火炬。

你们将来应该超越自己去爱！因此，首先要学习如何爱！为此你们必须喝下你们的爱情的苦酒。

在最浓郁的爱情的杯子中也有苦酒：因此爱情使人渴望成为超人，使你这个创造者产生渴望！

创造者的渴望、爱神之箭和渴望成为超人：我的兄弟，你说，这是你想结婚的意愿吗？

我认为，这样的意愿和这样的婚姻是神圣的。——

查拉图斯特拉如是说。

自愿的死亡

许多人死得太晚，而有些人死得太早。这样的教导听起来还很陌生："在适当的时候死去！"

在适当的时候死去：查拉图斯特拉这样教导。

可是，从未在适当的时候出生的人，怎么能叫他在适当的时候死去呢？但愿他根本就没有出生！——我这样劝说多余的人。

可是，即使多余的人也还以他们的死亡来炫耀自己，即使最空心的胡桃被敲开时也想发出喀嚓喀嚓的响声。

所有的人都认为死亡是一件大事：可是，死亡还不是庆典。人们还没有学会怎样举办这最美好的庆典。

我告诉你们圆满的死亡，这种死亡对活着的人来说是一种激励和一种许愿。

圆满完成者胜利地完成他的死亡，四周站着许多希望者和许愿者。

因此，人们应该学会死亡；在垂死者还没有对生者发誓时，就不该举行庆典！

这样的死亡是最高尚的死亡；而其次则是：在战斗中死亡，并献出了一个伟大的灵魂。

可是，对于战斗者和胜利者来说，你们那狞笑的死亡是可憎恨的，他像小偷一样悄悄地走过来，——却装作主人那样到来。

我向你们赞美我的死亡，自愿的死亡，它向我走来，因为我愿意死。

我什么时候愿意死？——一个人有一个目标和一个继承人，他就愿意为目标和继承人在适当的时候死去。

由于对目标和继承人的敬畏，他不会把枯萎的花环挂在生命的圣地上。

真的，我不愿意像搓绳索的人那样：他们把绳索搓长，同时自己却总是往后退。

有些人活得太老了，也无法获得他的真理和胜利；一张没牙的嘴对任何真理都没有权利。

每个想获得荣誉的人，必须及时告别荣誉，并且练就高难度的本领，在适当的时候离去。

当吃到美味的东西时，就必须停止再吃：那些想长期被爱的人知道这一点。

当然，也有酸的苹果，它们的命运想要它们等到秋季的最后一天：与此同时，它们成熟了，变黄了，皮也皱了。

有些人首先心态变老，有些人精神先老。还有一些人在年轻时就像老人：然而，青春迟到者却长久保持青春。

有些人的人生是失败的：毒虫侵蚀他们的心。但愿他们能看到，他们可以越来越顺利地死去。

有些人像果子一样永远不会变甜，他们在夏季时已经腐烂。胆怯使他们还挂在树枝上。

许多人活得太长，而且他们挂在树枝上的时间太长了。但愿刮来一阵暴风，把所有这些烂果和虫蛀的果子从树上吹落下来！

但愿说教者前来宣讲速死！我认为，他们是生命之树的适时的风暴和摇撼者！但是我只听到宣讲缓死和对整个"尘世"的容忍。

啊，你们宣讲对尘世的容忍吗？可是，这个尘世已经对你们做出太多的忍耐了，你们这些诽谤者！

的确，那个希伯来人死得太早了，宣讲缓死的说教者很尊重他：由于他死得太早，从此以后，这成了许多人的不幸。

他只知道希伯来人的眼泪和忧伤，还有善者和正义者的仇恨，——这位希伯来人耶稣：这时他忽然产生对死亡的渴望。

他要是待在荒漠里，远离善者和正义者就好了！也许他就学会了生存，学会了热爱大地——还学会了为此大笑！

我的兄弟们，请相信我！他死得太早了；要是他活到我这个年纪，他自己会收回他的教义！他的高贵足以让他这样做！

但是他还不成熟。这个青年不成熟地去爱，也不成熟地去恨人类和大地。他的心情还很沉重，精神翅膀还被束缚。

可是，成年人比少年更加幼稚，更少忧郁：他对生与死理解得更好。

自愿地去死，死了就自由了，如果他不再有时间去肯定，那么他就是一个神圣的否定者：他就是这样理解生与死。

我的朋友们，你们的死应该不是对人类和大地的亵渎：我从你们心灵的甜美养分中得出这个看法。

在你们死后，应该还有你们的精神和美德在发光，就像围绕着地球的晚霞一样：不然，你们的死就是失败的。

因此，我愿意自己死去，你们这些朋友为了我的缘故应该更爱大地；我愿意重返大地，我要在生我的大地上安息。

真的，查拉图斯特拉有一个目标，他抛出他的球：现在你们这些朋友应该是我的目标的继承人，我把金球传给你们。

我的朋友们，我特别想看到你们抛出金球！因此，我还要过些时候才会从大地上消失：请原谅我！

查拉图斯特拉如是说。

赠予的道德①

1

查拉图斯特拉告别那座他喜欢的名叫"彩牛"的城镇之后，许多自称是他弟子的人跟随着他，为他伴行。于是，他们来到一个十字路口：这时查拉图斯特拉对他们说，他现在想单独行走；因为他喜欢一个人走路。告别时他的弟子送给他一根手杖，金制的手杖柄上刻着一条绕着太阳的蛇。查拉图斯特拉很喜欢这根手杖，就拄着它；然后他对他的弟子如是说。

请告诉我：金子怎么会具有最高的价值呢？因为它是非同一般的，无用的，闪光的，光泽柔和的；它总是奉献自己。

金子只有作为最高道德的写照才具有最高价值。赠予者的目光就像金子一样闪闪发光。金子的光辉缔结了月亮和太阳之间的和平。

最高道德是非同一般的，无用的，闪光的，光泽柔和的：赠予的道德是最高的道德。

---

① 呼唤世人抛弃天国的幻想，忠于大地，用自己的道德力量和知识提升自己，做一个新价值的评估者。

的确，我的弟子们，我也许猜得出你们的想法：你们像我一样追求赠予的道德。你们与猫和狼有什么共同之处？

使自己成为牺牲品和赠品：这是你们的渴望，因此，你们渴望把所有的财富都累积在你们的灵魂里。

你们的灵魂永不知足地追求宝藏和珍品，因为你们的道德在赠予的愿望方面也是永不知足的。

你们迫使万物流向你们，流到你们的身心里，然后让它们从你们的源泉里涌流出来，作为你们的爱的赠品。

确实，这种赠予的爱必然成为一切价值的掠夺者；可是我将这种自私自利称为健全的和神圣的。

还有另外一种自私自利，一种极为贫困的、饥饿的、总是想偷窃的自私自利，那是病人的自私自利，病态的自私自利。

这种自私自利以贼眼注视所有的闪光者；它用饥饿的贪婪打量着享用丰盛食物的人；它总是悄悄地溜到赠予者的食桌周围。

疾病源于这种欲望，疾病说明了看不见的退化；这种自私自利像贼一般的贪婪，表明了身体久病不愈。

我的兄弟们，请告诉我：对我们来说，什么是坏的和最坏的？难道不是退化吗？——我们总是猜测，退化就是缺乏赠予的灵魂。

我们的道路通往高处，从我们这一类到超人那一类。可是，对我们来说，退化的意识是令人恐惧的，它说："一切为我。"

我们的意识向上飞越：因此，这种意识是我们肉体的一种比喻，是一种升高的比喻。这些升高的比喻是道德的名称。

于是，肉体作为成长者和战斗者，贯穿历史向前进。而精神——它对肉体而言是什么呢？精神是肉体在斗争和胜利时的消息发布者、战友和反响。

善与恶的所有名称都是比喻：它们不明说，只是示意。只有傻瓜才想从比喻中了解它们。

我的兄弟们，留意你们的精神想用比喻来说话的每个时刻：这时便有了你们道德的源泉。

这时，你们的肉体在上升，在复活；肉体以它的喜悦使精神陶醉，使精神成为创造者、评价者、爱的奉献者和万物的行善者。

当你们的心胸像大河那样宽广，波涛翻腾，这对于住在两岸的居民来说既是一种恩赐，又是一种危险：这时便有了你们道德的源泉。

当你们超然于赞美和责备之上，你们的意志作为爱的奉献者的意志想对万物发出命令：这时便有了你们道德的源泉。

当你们蔑视舒适和软床，而唯恐把自己安顿在离软床不够远的地方：这时便有了你们道德的源泉。

当你们是一种意志的希望者，而所有的困难出现转折在你们看来是必然的：这时便有了你们道德的源泉。

真的，你们的道德是一种新的善与恶！真的，这是一种新颖而深沉的淙淙声，一种新的源泉的声音！

这种新的道德便是权力；它是一种统治的思想，围绕着这种思想的是一个聪明的灵魂；一个金色的太阳，环绕着太阳的是一条知识之蛇。

2

说到这里，查拉图斯特拉沉默了一会儿，慈爱地看着他的弟子。然后他继续如是说：而他的声音已经变了。

我的兄弟们，以你们道德的力量忠于大地吧！让你们赠予的爱和你们的知识为大地的意义服务吧！我这样请求你们，恳求你们了。

不要让你们的道德飞离大地，用翅膀拍击永恒之墙壁吧！啊，总是有那么多的道德飞离！

像我那样，你们把飞离的道德引回大地吧！——是的，回归肉体，回归生命：让道德赋予人类吧！

迄今为止，精神和道德一样已成百次飞错方向而失误。啊，现在所有这些妄想和失误还留在我们的肉体里：它们在那里已变成了肉体和意志。

迄今为止，精神和道德一样已成百次尝试过，偏离过。是的，人类就是这样尝试。啊，许多无知和谬论已变成了我们的肉体！

不仅是千年来的理性——而且还有千年来的疯狂，从我们的体内爆发出来。成为继承人是危险的。

我们还要逐步地与偶然这个巨人做斗争，至今，统治全人类的还是荒谬和无意义。

我的兄弟们，你们的精神和你们的道德也许能为大地的意义服务：万物的价值也许由你们重新来制定！因此，你们应该成为战士！因此，你们应该成为创造者！

肉体以知识来纯洁自己：肉体尝试以知识提升自己；对认知者而言，一切本能都化为神圣；对提升者而言，其灵魂是愉快的。

医生，医治一下你自己吧：这样你也医治了你的病人。病人亲眼见到医生治好了自己，这是对病人最好的帮助。

有成千条小路还从来没有人走过；有成千种健康和隐藏的生命之岛。人类和人类的大地还始终未被利用和发现。

你们这些孤独者，醒醒吧，倾听一下吧！带着悄无声息的振翅的微风从未来吹来，向灵敏的耳朵发出了好消息。

你们这些今日的孤独者，你们这些遁世者，你们有一天应该成为一个民族：从你们这些自己挑选出来的人当中，应该产生一个精选的民族：——再从挑选出的民族中产生超人。

确实，大地还应成为康复的地方！大地四周已笼罩着一种新的气息，这种气息带来了拯救，——和新的希望！

3

查拉图斯特拉说完这段话，沉默了下来，就像一个还没有说完最后一句话的人那样；他犹豫了很久，手里摇晃着他的手杖。终于他如是说：——他的声音又变了。

现在我要单独走，我的弟子们！现在你们也走吧，独自走吧！我希望如此。

真的，我劝你们：离开我吧，你们要提防查拉图斯特拉！最好是：你们为他感到羞愧吧！他也许欺骗了你们。

有识之士不仅必须爱他的敌人，而且也能恨他的朋友。

如果一个人老是当学生，那是对老师不好的回报。你们为什么不愿扯掉我的花冠呢？

你们崇拜我：但是，如果有一天你们改变了信念，那又怎么办呢？你们要当心，不要让雕像压扁你们！

你们说，你们信仰查拉图斯特拉？但是，查拉图斯特拉对你们有什么用！你们是我的信徒，但是，当信徒对你们有什么用！

你们还没有去寻找自己，这时，你们却发现了我。所有的信徒都是如此；因此，所有信仰都是微不足道的。

现在我要你们舍弃我，去寻找你们自己；只有当你们通通否定我时，我才愿意重回到你们中间去。

真的，我的兄弟们，然后我将用不同的眼光去寻找我失去的人；然后我将用另一种爱来爱你们。

有朝一日，你们还会成为我的朋友，成为怀有同一个希望的孩子：然后我会第三次来到你们中间，和你们一起庆祝伟大的正午。

这是伟大的正午：这时候人类站在动物和超人之间的道路的中间点上，庆祝他走向夜晚作为他最高的希望之路：因为这条路是通往一个新的黎明。

那时，没落者将祝福自己成为跨越者；对他而言，他的知识的太阳将高悬在正午的天空。

"所有的神都死了：现在我们希望超人活着。"让这个愿望在将来某一天的伟大的正午，成为我们最后的意愿吧！——

查拉图斯特拉如是说。

查拉图斯特拉如是说

一本为所有人，也不为任何人写的书

 第二部

——只有当你们统统否定我时，我才愿意重回到你们中间去。

　　真的，我的兄弟们，然后我将用不同的眼光去寻找我失去的人；然后我将用另一种爱来爱你们。

　　《查拉图斯特拉如是说》第一部《赠予的道德》

拿着镜子的孩子

然后，查拉图斯特拉又回到山里，回到他的山洞的孤独中，躲避人群：就像一个播种人，他撒完种子后，在等待着。可是他心里很不耐烦，想念着他过去爱过的人们：因为他还有许多东西要赠给他们。因为出于爱，把打开的手又合上，作为赠予者还要保持羞愧之心，这是最难的事。

就这样，这个孤独者度过了几许春秋；但是，他的智慧增加了，由于大脑充满智慧，胀得他发痛。

有一天早晨，他在朝霞升起之前已经醒来，他躺在床上沉思了很久。他终于对他的内心说：

"为什么我在梦中如此惊恐，以致醒过来？不是有个孩子拿着一面镜子向我走来吗？

'哦，查拉图斯特拉，'——这个孩子对我说——'照照镜子，看看你自己吧！'

但是，当我照镜子时，我大声叫嚷起来，我的心大为震惊：因为我在镜子里看到的不是我，而是一个魔鬼狰狞和讥讽的面目。

真的，我非常理解这个梦的预兆和提醒：我的教义处在危险之中，杂草想冒充麦苗！

我的敌人变得强大了，他们歪曲了我的教义的形象。因此，我最亲爱的人不得不为我给他们的赠礼感到羞愧。

我失去了我的朋友；我觉得，寻找我失去的人的时刻到了！"——

查拉图斯特拉说完这番话跳了起来，但是，与其说他像一个受惊者那样想喘口气，不如说他像一个精神遭受打击的先知和歌手。他的鹰和蛇吃惊地望着他：因为即将来到的幸福就像朝霞一样映照在他的脸上。

我怎么了，我的动物？——查拉图斯特拉说。我不是变样了吧！永恒的幸福不是像暴风那样向我袭来吗？

我的幸福是愚蠢的，它会说愚蠢的话：它还太年轻——因此对它要有耐心。

我被我的幸福伤害：对我而言，所有的受苦者都应该是医生！

我可以再次下山，到我的朋友那里去，也可以到我的敌人那里去！查拉图斯特拉可以重新讲演、赠予和为亲爱者做些最喜爱的事！

我那无耐性的爱泛滥成河，奔流而下，流向日出和日落的地方。我的灵魂从沉默的群山和痛苦的雷雨中呼啸而出，奔向山谷。

我渴望了太久，我眺望着远方。我孤独了太久：因此我忘却了沉默。

我完全变成了一张嘴，一条溪流从高岩上飞流而下：我要让我的讲演奔流到山谷中去。

我的充满爱的河流也许会奔向没有通路的地方！一条河流怎么会最终找不到通往大海的道路呢！

我的心中也许有个湖，一个僻静的、自足的湖；但是，我的充满爱的河流带着它一起往下奔流到大海！

我走新的道路，我的心中涌起新的言论；像所有的创造者一样，我对陈词滥调已感到厌倦。我的精神不想再踩着磨穿的鞋底走路。

对我来说，所有的言论都显得太缓慢：暴风啊，我要跳上你的马车！我甚至想以我的恶毒来鞭打你！

我想如同叫喊和欢呼那样快速地越过辽阔的大海，直到我找到幸福岛，那是我的朋友们逗留的地方：——

我的敌人也在他们中间！现在我多么爱只要允许我跟他说话的任何一个人！甚至我的敌人也属于我永恒的幸福的一部分。

当我想骑上我的野性最大的马时，我的长矛总是轻而易举地帮我骑上马：它是随时供我的脚使唤的仆人：——

我投向我的敌人的这支长矛！我多么感谢我的敌人，我终于可以投掷我的长矛了！

我的云充满了极大的压力：在闪电的笑声中，我想把阵阵落下的冰雹投入深渊。

这时我的胸膛强烈地挺起，它将它的风暴猛烈地吹到群山去：这样它就轻松了。

真的，我的幸福和自由就像风暴一样来临！可是，我的敌人还以为，是恶魔在他们头顶上方怒号。

是的，我的朋友们，甚至你们也会由于我的粗野的智慧而吃惊；也许你们也会跟我的敌人一起逃走。

啊，我也许能用牧笛把你们吸引回来！啊，我智慧的母狮已学会温和地叫喊！我们已经互相学习了很多东西！

我的粗野智慧在寂寞的山上怀胎了；它在粗糙的石头上产下了它的幼狮，最小的幼狮。

现在它傻里傻气地在坚硬的沙漠里乱跑，不断地寻找柔软的草地——我的古老而粗野的智慧！

我的朋友们，柔软的草地在你们的心里！——它想把它最喜爱的小狮子安顿在你们的爱巢里！

查拉图斯特拉如是说。

在幸福的岛屿上

无花果从树上掉落下来，它们新鲜而甜美：它们掉落时，鲜红的外衣裂开了。对于成熟的无花果来说，我是北风。

因此，我的朋友们，就像无花果一样，这些学说的果子是为你们落下的：现在请你吮吸那芳香的果汁，品尝那甜美的果实吧！此时正是秋色盈盈。晴空万里的下午。

看，我们的周围是多么地富饶！从这富饶的地方向远方的大海眺望是多么地美好啊！

当人们眺望远方的大海时，从前人们就会说到上帝；但是，现在我教你们说：超人。

上帝是一种假想：但是我希望你们的假想不要远远超过你们创造的意志。

你们能创造一个神吗？——不能，那么你们就不要跟我谈所有的神了！但是，你们也许能创造超人。

我的兄弟们，也许不是你们自己创造超人！但是，你们可以把自己改造成超人的父辈和祖先：这也许是你们最出色的创造！——

上帝是一种假想：但是我希望你们的假想只局限于可想象的范围内。

你们能想象出一个上帝吗？——但是这意味着你们追求真理的意志，让一切事物变为人类能想象到的，人类能看到的，人类能感觉到的！你们应该彻底思考你们自己的意义！

你们把世界称作什么，这首先应该由你们来创造：你们的理性，你们的形象，你们的意志，你们的爱，这些应该成为世界！真的，这应该成为你们的幸福，你们这些有识之士！

如果没有这种希望，你们想如何忍受人生呢，你们这些有识之士？你们既不可能来到不可理解的世界之中，也不可能来到非理性的世界之中。

可是，你们这些朋友，我向你们完全敞开心扉：如果有神，我如何甘心不做神！可见神不存在。

也许我得出这个结论；但是，现在这个结论吸引着我。——上帝是一种假想：可是谁能受尽这种假想的痛苦而不死呢？可以剥夺对创造者的信仰吗？可以剥夺鹰在远方翱翔的权利吗？

上帝是一种思想，它使一切直的变为弯的，使一切站立的变为转动的。是不是呢？时光消逝，一切非永恒的都只是谎言？

想想这些，令人头晕目眩，反胃作呕：真的，这样的假想，我称之为眩晕病。

一切有关唯一的、完全的、不动的、充足的和永恒的教义，我都称之为恶的和非人性的！

所有永恒的东西——都只是一种比喻！诗人说谎太多。——

可是，谈论时间和变化应该是最好的比喻：这种比喻应该是对所有的非永恒之物的赞颂和辨明！

创造——这是痛苦的大解脱，使生活变得轻松。可是，要成为创造者，自己需要为此受苦和尽力改变自己。

是的，你们这些创造者们，在你们的一生中肯定有许多痛苦的死亡！因此，你们是所有的非永恒之物的代言人和辩护者。

创造者本身也许是新生的婴儿，为此他也要当产妇，也要受产妇之痛苦。

真的，我经历过上百个灵魂，上百个摇篮和分娩之痛。我已经告别过多次，我了解这个令人心碎的最后时刻。

可是，我的创造的意志，我的命运，希望如此。或者，我更坦率地告诉你们：这种命运正是——我的意志所希望的。

我所有的感情都在受苦，都被禁锢；可是，我的意愿永远是我的解放者和送来喜悦的人。

意愿解放了人：这是意志和解放的真正教义——查拉图斯特拉这样教导你们。

不再要求，不再评价，不再创造：啊，这种巨大的厌倦情绪任何时候都要远离我！

在认识中，我只感觉到我具有生育欲和生成欲的意志；如果我的认识是纯真的，那是因为在认识中还有生育的意志。

这种意志吸引我离开上帝和诸神：如果有诸神存在，还要创造什么呢？

但是，我炽热的创造意志总是促使我重新走向人类；就像驱使锤子敲打石头一样。

啊，你们这些人，在石头中藏着我的一个形象[①]，我的许多形

---

① 指超人的形象。

象中的一个！啊，这个形象肯定藏在最坚硬、最丑陋的石头中！

现在我的锤子无情地捶打它的牢房。碎块从石头上飞向四方：这和我有什么关系？

我要完成我的意志：因为有个影子向我走来，——这个万物中最安静和最轻快者曾经向我走来！

超人的美丽形象像个影子向我走来。啊，我的兄弟们！诸神与我有何相干！——

查拉图斯特拉如是说。

同情者①

　　我的朋友们，在你们的朋友那里我听到一句挖苦的话："你们看看查拉图斯特拉吧！他走在我们中间，不就像走在动物中间一样吗？"

　　可是这样说更好些："有识之士在人中间走，就好比在动物中间走。"

　　可是，对于有识之士来说，人本身就是：红面颊的动物。

　　人怎么会脸红呢？不是因为人必须经常地感到羞耻吗？

　　哦，我的朋友们！有识之士这样说：羞耻，羞耻，羞耻——这是人类的历史！

　　因此，高贵者要求自己不要使别人感到羞耻：他要求自己在所有受苦者面前感到羞耻。

　　真的，我不喜欢他们，这些慈悲者，他们的幸福在于同情别人：他们太缺乏羞耻之心。

　　如果我必须同情别人，那我也不想被称为同情者；如果我要

————————

① 抨击基督教所散播的怜悯意识。

同情别人，那也要在远处同情别人。

在我被认出来之前，我甚至还乐意蒙住头逃走：因此我希望你们这样做，我的朋友们！

但愿我的命运永远把像你们一样的无痛苦者领上路，也要把那些能与我共享希望、饮食和蜂蜜的人领上路！

真的，我也许为受苦者做了种种事情：可是，如果我学会使自己更加愉快，那么我始终都会把事情做得更好一些。

自从有人类以来，人类就很少高兴过：我的兄弟们，仅仅这一点就是我们的原罪！

如果我们学会使自己更加愉快，那么我们最好不要给别人制造痛苦，不要有折磨别人的念头。

因此，我洗净曾经帮助过受苦者的手，因此，我甚至还擦干净自己的灵魂。

因为我看到受苦者忍受痛苦，我也为他的知耻而感到羞愧；当我帮助他时，我也残酷地伤害了他的自尊。

不要让人感谢大恩大德，而要让人产生报复心；如果记住小恩小惠，由此就会变成蛀虫。

"你们接受赠予时要采取冷淡的态度！你们接受赠予应有赞扬对方的态度！"——我这样劝告那些无以赠予的人。

可是，我是个赠予者：我乐意赠予，作为朋友赠送给朋友们。可是，要让陌生人和穷人自己从我的树上摘果子：这样就会使他们不那么感到羞耻。

可是，应该完全赶走乞丐！确实，给他们施舍，你会生气，不给他们施舍，你同样也会生气。

对于罪人和坏良心的人也要采取同样的办法！我的朋友们，

请你相信我：坏良心会做坏事。

可是狭隘的思想是最恶劣的。真的，做坏事还比有狭隘的思想好些！

虽然你们说："对小恶意感兴趣可以避免一些大的恶行。"但是这里不应该去谈什么避免的事。

恶行就像一个脓包：发痒，瘙痒，溃烂，——它说的是真话。

"你看，我是疾病。"——恶行这样说：这是它的诚信。

可是，狭隘的思想就像真菌一样：它爬行，潜伏，无处不在——小小的真菌直到最后使你的全身腐烂，干瘪。

可是，我凑近魔鬼附身的人的耳朵说这句话："你最好把你的魔鬼抚养大！即使对你自己，也有一条通往伟大的道路！"——

啊，我的兄弟们！我们对每个人了解的情况太多了！在我们看来，有些人看上去很透明，可是我们看得再久，还是看不透他。

与人生活在一起是很困难的，因为沉默是如此之难。

我们对人采取最不公正的态度，不是对我们厌恶的人，而是对与我们毫不相干的人。

可是，如果你有一个受苦的朋友，那么，为了免除他的痛苦，你就为他提供一个休息的地方吧，这个休息的地方似乎就是一张硬板床，一张行军床：这样你对他是最有用处的。

如果一个朋友对你做了坏事，那你就说："你对我所做的事，我原谅你；可是，你对自己做的事，——我怎能原谅呢！"

所有伟大的爱都如是说：这种爱甚至超越了原谅和同情。

人应该牢牢地抓住自己的心：因为对它放任了，很快他的头脑也就失去控制了！

啊，世界上哪里还有比同情者所做的蠢事更为愚蠢呢？世界上还有什么比同情者所做的蠢事造成更多的痛苦呢？

一切有爱心者如果还没有达到超越其同情的高度，那么，他们真是不幸啊！

魔鬼曾经对我如是说："甚至上帝也有他的地狱：那就是他对人类的爱。"

最近我听到魔鬼说这句话："上帝死了；上帝死于他对人类的同情。"——

因此，我告诫你们不要同情：还有一片沉重的乌云降落到人类头上！真的，我熟悉天气征兆！

可是，你们也要铭记这句话：一切伟大的爱都超越所有的同情：因为伟大的爱还想创造被爱者！

"我要把我自己献给我的爱，也要把我的邻人像我一样献给我的爱。"——一切创造者都这样说。

可是，一切创造者都是无情的。——

查拉图斯特拉如是说。

教士

有一次，查拉图斯特拉给他的弟子做了一个手势，对他们说了这些话：

"这里有几个教士：虽然他们是我的敌人，但是你们也悄悄地从他们身旁走过，不要拔出剑来！

他们当中也有英雄；他们中间许多人受过太多的苦——：因此，他们也想让别人受苦。

他们是凶恶的敌人：没有什么比他们的恭顺更具有报复心了。接触他们的人很容易被玷污。

可是，我的血和他们的血有亲属关系；而我还想证实我的血也在他们的血中受到敬重。"——

当他们走过去后，查拉图斯特拉突然感到痛苦；他跟痛苦斗争了不久，就开始这样说：

这些教士使我觉得可怜。他们的趣味跟我相反；可是，自从我来到人群中间，这对我来说是微不足道的事。

可是，我跟他们一样，现在和过去都受苦：我觉得他们是囚犯，被打上烙印。他们称之为拯救者的人给他们戴上镣铐：——

在虚假的价值和妄想的语言的枷锁中！啊，也许有人还能从他们的拯救者手中把他们拯救出来！

有一次当大海把他们翻倒时，他们还以为登上了一个岛；可是，你看，这个岛竟然是个沉睡的庞大怪物！

虚假的价值和妄想的语言：这对于凡人来说是最凶恶的庞大怪物，——厄运在他们身上长久地沉睡着，等待着。

可是，怪物终于降临了，它醒过来了，把建在它身上的小屋吃掉，并吞噬下去。

哦，你们看看这些教士为自己建造的小屋吧！他们把自己飘着清香的洞穴称作教堂。

哦，这虚假的光，这沉闷的空气！在这里，灵魂不能向它们的高处飞去！

而他们的信仰却发出这样的命令："跪下，跪着上台阶，你们这些罪人！"

真的，我宁愿看见无耻之徒，也不愿见到他们流露出羞愧和虔诚的扭曲的眼神！

谁创造了这种洞穴和忏悔的台阶呢？难道不是那种想隐藏自己和在纯洁的上天面前感到羞愧的人吗？

只有当纯洁的上天又透过毁坏的屋顶往下望，看到断墙旁的绿草和红罂粟时，——我才想重新把我的心转向这上帝的圣堂。

他们把反对他们的，而且使他们感到痛苦的，称为上帝：真的，在他们的崇拜中还有许多英雄气概！

除了把人钉在十字架上，他们不懂得怎样爱上帝！

他们想作为死尸那样活着，他们用黑袍裹着他们的活尸首；我甚至从他们的说教中闻到从陈尸室里散发出来的令人恶心的气味。

住在他们附近的人，就像住在黑水池旁边一样，从池子里传来铃蟾甜蜜而深沉的歌声。

他们应该为我唱更动听的歌，让我学会相信他们的拯救者：我觉得，他的弟子看上去更像需要拯救的人！

我想看看他们赤裸的身体：因为只有美才有资格宣讲忏悔。可是这种伪装的哀伤能说服谁！

真的，他们的拯救者本身不是从自由中来，不是从自由的第七重天国中来！真的，他们本身从来没有走过知识的地毯！

这些拯救者的精神中有许多空白；可是，他们将自己的妄想填进每个空白里，他们把这些填进去的妄想称为上帝。

他们的精神淹死在他们的同情中；要是他们的精神充满了同情之水，并且漫溢出来，浮在水面上的总是大的愚蠢。

他们叫喊着，竭力驱赶他们的羊群走过他们的小路：好像只有一条小路通往未来！真的，这些牧羊人还是羊群的一部分！

这些牧羊人具有狭窄的思想和广博的灵魂：但是，我的兄弟们，至今为止，甚至最广博的灵魂也是多么狭窄啊！

他们在他们走过的路上写下血的记号，他们的愚蠢教导我们，用血可以证明真理。

可是，血是真理的最拙劣的证据；血毒化了最纯洁的教义，使之成为内心的妄想和憎恨。

如果一个人为了自己的教义而赴火海，——这能证明什么！确实更能证明：自己的教义是从自己的火海中来的！

压抑的心情和冷静的头脑：两者碰在一起，这时就会产生狂风似的人物——"拯救者"。

真的，有一种人比民众称作拯救者的令人着迷的狂风似的人物更伟大，更能胜任崇高的使命！

　　我的兄弟们，如果你们想找到通往自由的道路，那么，必须由比一切拯救者更伟大的人来拯救你们！

　　从来还没有出现过一个超人。我见过赤裸裸的两个人，最伟大的人和最渺小的人：——

　　他们之间太相像了。真的，我认为，即使最伟大的人——也太人性化了！

　　查拉图斯特拉如是说。

有道德的人

要用雷声和天火对无活力的和困倦的感官说话。

可是，美的声音说话很温柔：它只是轻轻地走进清醒的灵魂。

今天我的护盾轻微地颤动，并对着我笑；这是美的神圣的微笑和颤动。

今天我的美在笑你们，笑你们这些有道德的人。于是，它的声音传到我的耳朵里："他们还想要——报酬！"

你们还想要报酬，你们这些有道德的人！你们想为道德索取报酬，为大地索取天空，为今天索取永恒吗？

现在你们对我发怒，是因为我教导说，世上不存在报酬主管和付款主管吗？真的，我从来没有教导说，道德就是它自己的报酬。

啊，这是我的悲伤：人们把报酬和惩罚的谎言放进万物的底部——现在甚至将其置于你们的灵魂深处，你们这些有道德的人！

可是，我的话应该像猪鼻子那样拱开你们的灵魂深处；我愿称你们为犁头。

你们灵魂深处的一切秘密都应该曝光；如果你们被翻掘，被打碎，晒在太阳底下，那么你们的谎言也会被你们的真理排除出来。

因为这是你们的真理：对于报仇、惩罚、报酬、报答这些肮脏的字眼来说，你们太纯洁了。

你们爱你们的道德，就像母亲爱她的孩子；可是，你们什么时候听过，一个母亲想为她的爱得到报酬呢？

这是你们最爱的自我，你们的道德。你们的内心渴望圆圈：每个圆圈都拼命地转动着，转动自己，都是为了重新达到自我。

你们道德的每一个行为就像隐没的星星：它的光总是在途中，在游移着——什么时候它会不再在途中呢？

因此，即使你们道德的行为完成了，你们道德的光仍然还在途中。如果你们道德的行为现在被忘却，甚至消逝了：那么它的光芒还存在，还在游移着。

你们的道德就是你们本身，不是外来物，不是皮肤，不是装饰：这是来自你们灵魂深处的真理，你们这些有道德的人！——

可是，也许有这种人，他们认为道德是在鞭子下产生的抽搐：在我看来，你们太多地听信了他们的叫喊声！

也有另一种人，他们把变得懒散的恶习称为道德；当你们有一天放弃了仇恨和嫉妒，他们的"正义"就会醒来，揉揉惺忪的眼睛。

还有另一种人，他们被向下拖去：他们的魔鬼拖住他们。可是，他们越往下沉，他们的眼睛就越发光，对上帝的渴望就越强烈。

啊，甚至他们的喊声也灌进你们的耳朵，你们这些有道德的人："我认为，这并非我，而是上帝和道德！"

还有另一种人，他们沉重地、嘎嘎作响地来了，就像运载石头往下行驶的车子：他们大谈尊严和道德，——他们把制动器称作道德！

还有另一种人，他们就像每天上好发条的钟表；他们滴答滴答地走着，他们想把这种滴答声称作道德。

真的，我对这种钟感兴趣：只要我找到这种钟，我就会用我的讽刺给它们上发条，我看，它们应该同时发出嗡嗡的声音！

还有另一种人为他们不多的正义而自豪，为了这一点点正义，他们对万物犯下罪行：就是说，世界将溺死在他们的非正义之中。

啊，从他们嘴里说出来的"道德"这个词是多么令人恶心！当他们说："我是公正的。"听起来好像在说："我复仇了！"

他们试图用自己的道德把他们的敌人的眼睛挖出来；他们抬高自己，以便贬低别人。

还有这样一种人，他们坐在他们的泥坑里，用芦苇管吹出他们说的话："道德——就是静静地坐在泥坑里。

我们不咬任何人，我们要躲避想咬人的人；总之，我们接受别人给我们提的意见。"

还有这样一种人，他们喜欢摆姿态，并认为：道德是一种姿态。

他们的膝盖总是跪拜道德，他们总是拱手赞美道德，但是，他们的心对道德却毫无所知。

还有这样一种人，他们认为，讲"道德是必要的"就是道德；可是，他们内心里只相信警察是必要的。

有些人不可能看到别人的高贵之处，却太近地看到别人的庸俗之处，并称之为道德：于是，他们把自己恶意的目光称为道德。

有些人想得到开导，想振作起来，他们称之为道德；另外一些人想彻底改变自己——他们也称之为道德。

这样，几乎所有的人都认为，自己参与了道德的工作；至少每个人都想成为有关"善"与"恶"的专家。

可是，查拉图斯特拉来这里，不是为了对所有这些说谎者和小丑说："关于道德你们知道什么！你们怎么可能懂得道德！"——

我的朋友们，你们也许对你们从小丑和说谎者那里学来的陈词滥调感到了厌倦。

"报酬"、"报答"、"惩罚"、"出于正义的报仇"——这些词语也许令人厌烦。

人们也许会厌烦地说："无私的行为就是好的。"

啊，我的朋友们！你们的自我大概在行为中，就像母亲在孩子的心中一样：我认为，这也许是你们谈论的道德吧！

真的，我也许从你们那里听到上百句话，拿走了你们最喜爱的玩具——道德；现在你们就像小孩一样生我的气了。

他们喜欢在海边玩耍，——这时一个海浪打来，卷走了他们的玩具，并沉入深处：现在他们哭了。

可是，这个海浪会给他们带来新的玩具，会把多彩的新贝壳撒在他们面前！

这样他们就会得到安慰；就像他们一样，我的朋友们，你们也会得到安慰——以及多彩的新贝壳！——

查拉图斯特拉如是说。

无赖

生命是快乐的源泉；可是，有水井的地方，若无赖来共饮，泉水都会被毒化。

我喜爱一切纯洁的东西；可是，我不喜欢看到庸俗者的奸笑和不洁者的干渴。

他们把目光投入水井里：现在我看到，他们那令人厌恶的微笑从水井里反射上来。

他们用他们的贪婪毒化了神圣的水；当他们把卑鄙的梦想称作快乐时，他们也毒化了语言。

当他们把潮湿的心靠近炉火时，火焰也会生气；当无赖走近炉火时，精神甚至沸腾而冒烟。

果子到了他们手里就会变得过甜，随后腐烂；他们的目光投向果树时，果子就会被风吹落，树梢就会干枯。

有些人抛弃人生，只是抛弃了无赖：他们不想与无赖共享泉水、火焰和果子。

有些人走进沙漠，和野兽一起忍受干渴，他们只是不想和肮脏的骑骆驼者一起坐在蓄水池周围。

有些人像破坏者，又像打在谷物田地上的冰雹，他们来了，他们只想把脚伸进无赖的咽喉里，使他窒息。

懂得生命本身需要敌意、死亡和受折磨的十字架，这并不是通常哽住我的食物：——

而是有一次我提出的问题，我几乎被自己的问题噎得透不过气来：怎么？难道生命也需要无赖吗？

有毒的泉水、散发臭气的火焰、卑鄙的梦想和生命的面包里的蛆虫，难道这些都是必需的吗？

不是我的憎恨，而是我的恶心，像饿狼似的吞噬我的生命！啊，当我发现无赖也富有精神时，我常常对精神感到厌倦！

当我看清统治者现在所认为的统治是什么时，我就避开他们：他们的统治就是为了权力，跟无赖做黑市交易和讨价还价！

我住在语言不通的民族之中，耳朵闭塞：我对他们做的黑市交易的语言和他们对权力的讨价还价不熟悉。

我捏住鼻子，不满地经历了昨天和今天的一切事情：确实，昨天和今天的一切事情都散发出文人无赖的恶臭！

我变得像一个又聋又瞎又哑的残废人一样：我这样活了很久，我没有与权力无赖、文人无赖和作乐无赖混在一起。

我的精神艰难而谨慎地登上台阶；快乐的施舍使人神清气爽；生活像盲人拄着拐杖慢慢地熬过去。

我到底怎么了？我怎样才能摆脱厌恶感？谁能使我的眼睛返老还童？我怎样才能飞到高处，在那里再也没有无赖坐在井旁？

我的厌恶感本身已经为我增添了翅膀和预见源泉的力量了吗？真的，我必须飞到最高处，重新找到快乐之泉！

啊，我的兄弟们！我已经找到了这口快乐之泉。在这高高的顶峰上，快乐之泉为我喷涌而出！这里有一种新的生活，在这种生活中没有无赖坐在井旁！

快乐之泉，你几乎是过于迅猛地向我奔腾而来！你常常一饮而尽，以便再斟满酒杯！

我还要学会更加谦虚地接近你：我的心还是太猛烈地向着你涌动！——

我的夏日在我心中燃烧，这短暂、炎热、郁闷、快乐的夏天；我这颗夏天的心是多么渴望你的清凉！

在春天，我那迟迟不去的忧郁消失了！在六月，我那邪恶的雪花融化了！我完全变成了夏天和夏天的中午！

高山之巅的夏天，有清凉的泉水和令人陶醉的宁静：啊，我的朋友，你们来吧。这宁静将变得更加令人陶醉！

因为这是我们的山峰，我们的家园：我们住在这里，这对一切不纯洁的人和他们的渴望来说，是太险峻了。

朋友们，把你们纯洁的目光投向我那快乐之泉吧！这泉源怎能因不纯洁的人而变得混浊呢？它应该以自身的纯洁微笑着去迎接你们。

在未来这棵树上，我们建筑自己的巢：鹰要以它们的喙为我们这些孤独的人送来食物！

真的，这不是不洁者可以一起进餐的食物！他们会以为可以食火，而火却烧伤他们的嘴巴。

真的，我们这里没有为不洁者准备的居所！他们的身体和思想在冰窖里冻僵了，那就是我们的幸福！

我们要像疾风那样生活，高高地处在他们的上空，与雄鹰为邻，与白雪为邻，与太阳为邻，疾风就是这样生活的。

有朝一日，我要像一阵风从他们中间吹过，我要以我的精神窒息他们的精神：这就是我将来想干的事情。

　　对于所有卑贱者来说，查拉图斯特拉就是一阵疾风，这是千真万确的！他劝告他的敌人和一切吐唾沫者："你们要当心，不要对着这阵风吐唾沫！"

　　查拉图斯特拉如是说。

毒蜘蛛①

看，这是塔兰图拉毒蜘蛛的洞穴！你想亲自看看它吗？这里挂着毒蜘蛛的网：你碰碰它，让它颤动。

这时它高兴地来了：欢迎，塔兰图拉毒蜘蛛！在你的背部上黑黑地印着你的三角形标记；我也知道，在你的灵魂中隐藏着什么。

在你的灵魂中隐藏着报仇：你咬过的地方，就会长出黑色的痂；你的毒素连同复仇的欲望使你的灵魂眩晕转向！

我这样打个比方对你们说，你们这些使灵魂眩晕转向的人，你们这些平等的说教者！我认为，你们就是塔兰图拉毒蜘蛛，就是隐藏的报仇者！

但是，我要把你们的隐藏处曝光：因此，我要当你们的面从高处发出我的笑声。

所以，我要扯掉你们的网，让你们发怒，把你们从谎言的洞穴里引出来，让你们的复仇从你们的"正义"的措词后面跳出来。

_____

① 反对基督教的平等论。

因为要从复仇中拯救人类：对于我来说，这是通往最高希望的桥梁，这是长时间暴风雨后的彩虹。

可是，毒蜘蛛的愿望却不同。"让世界充满我们复仇的暴风雨，这正是我们所认为的正义。"——它们互相之间如是说。

"我们要报复和辱骂所有跟我们不同的人。"——毒蜘蛛的心这样发誓。

"'争取平等的意志'——这本身今后应该成为道德的名称；反对一切拥有权力的人，我们要大声叫喊！"

你们这些平等的说教者，无权势的独裁狂，就这样从你们的心底里喊出争取"平等"：于是，你们最秘密的独裁欲就以道德这个措词做伪装！

内心痛苦的狂妄，难以抑制的嫉妒，也许是你们父辈传下来的狂妄和嫉妒：作为火焰和复仇的疯狂，从你们的心里爆发出来。

父亲不说的东西，从儿子嘴里说出来；我常常发现儿子揭示了父亲的秘密。

他们像是满怀激情的人：但是使他们充满激情的不是内心，——而是复仇。如果他们变得文雅和冷静，那不是由于精神，而是由于嫉妒。嫉妒使他们变得文雅和冷静。

他们的嫉妒也可以引导他们走上思想家之路；这是他们嫉妒的标志——他们总是走得太远：他们由于过度疲劳最后不得不躺在雪地上睡去。

从他们每一句怨言中都发出复仇的声音，从他们每一句赞词中都会给人带来刺痛；当法官似乎是他们的永恒幸福。

可是，我这样劝告你们，我的朋友们：不要相信所有惩罚欲望太强的人！

这是本性恶劣的民族和血统；从他们的脸上露出刽子手和密探的目光。

不要相信一切高谈阔论他们的正义的人！真的，他们的灵魂缺少的不只是蜂蜜。

如果他们自称是"善人和正义者"，那么请你们不要忘记，他们做法利赛人①什么都不缺，只缺少权力！

我的朋友们，我不想被掺和，被混淆。

有一种这样的人，他们宣讲我的关于人生的学说；同时他们又是平等的说教者和塔兰图拉毒蜘蛛。

这种毒蜘蛛，虽然他们待在自己的洞穴里，背离人生，却大谈什么人生的意志；这样做，他们想借此刺痛别人。

他们想借此刺痛的是那些现在掌权的人；因为，在这些人当中，死亡的说教还是最内行的。

如果不是这样，毒蜘蛛的说教就不一样；恰恰是他们，曾经是最厉害有力的诽谤世界者和烧死异端者。

我不想和这些平等的说教者掺和在一起，混淆不清。因为正义这样对我说："人类是不平等的。"

而且人类也不应该变得平等！如果我说得不一样，那么我对超人的爱又是什么呢？

人类应该在成千座大桥和小桥上涌向未来，应该有越来越多的战争和不平等在他们之间发生；我的伟大的爱让我这样说！

他们应该在互相敌视中成为影像和魔鬼的发明者，他们还应

---

① 指伪君子。

该利用影像和魔鬼相互之间进行最高的斗争！

善与恶，富与贫，高与低，以及价值的所有名称：它们应该成为武器，应该成为表明生命必须反复地超越自己的铿锵有力的标志！

生命本身想利用柱子和台阶登上高处建造自己：它要眺望远方，观看天堂之美，——因此它需要高度！

因为它需要高度，所以它需要台阶，也需要台阶和攀登者之间的矛盾！生命要登高，在登高时要超越自己。

你们看看吧，我的朋友们！这里是塔兰图拉毒蜘蛛的洞穴，在这里高高地耸立着一个古寺庙的废墟，——你们睁开明亮的眼睛看看吧！

真的，谁曾经在这里用石头高高地垒起他的思想，为了像大智者那样探究一切生命的秘密！

甚至在美之中也有斗争和不平等，也有为了权力和优势而进行的战争：他在这里用最明确的比喻教导我们。

在这里，穹顶和圆拱在拼搏中是怎样神圣地战胜对方：它们怎样用光和影互相进行对抗，这些神圣的追求向上的人。

让我们可靠而出色地成为敌手吧，我的朋友们！我们要神圣地互相对抗！——

唉！这时，塔兰图拉毒蜘蛛咬了我一口，我的宿敌！它神圣地、可靠而出色地咬了我的手指！

"必须有惩罚和正义，"——它这样想，"他不能徒劳地在这里为敌手唱赞歌！"

是的，它报了仇！唉！现在它要用报仇使我的灵魂眩晕转向！

可是，不要让我晕头转向吧，我的朋友们，请你们把我牢牢地绑在这根柱子上吧！我宁愿成为柱子上的圣徒，也不要做复仇的漩涡！

真的，查拉图斯特拉不是旋风和飓风，即使他是一个舞者，也绝不是塔兰图拉毒蜘蛛舞者！——

查拉图斯特拉如是说。

著名的智者

你们所有著名的智者，都是为民众和民众的迷信服务的！——而不为真理服务！正因为如此，人们向你们表达敬意。

因此，人们也能容忍你们无信仰，因为无信仰对民众而言是一种玩笑和计谋。犹如主人对他的奴隶不加约束，甚至还对他们的放肆行为感到洋洋得意。

可是被民众憎恨的人，就像狼被狗憎恨一样：他是自由的精神，枷锁的敌人，拒绝崇拜的人，林中居住者。

把他从他的藏身地赶走，——这一直被民众称为"正义感"：民众总是带着他们牙齿最尖利的狗去追捕他。

"因为民众所在的地方，就是真理所在之处！哎，探求者多么不幸啊！"——自古以来都发出这样的声音。

你们崇敬民众，愿意为他们的正义辩护，你们称之是"追求真理的意志"，你们这些著名的智者！

你们的心总是对自己说："我来自民众：我觉得，上帝的声音也是从那里来的。"

你们像驴一样固执，聪明，你们总是作为民众的代言人。

有些有权势的人，想跟民众和睦相处，就在他坐骑的马前面还套上——一头驴：一个著名的智者。

你们这些智者，现在我想，你们最终会把披在你们身上的狮子皮完全扔掉！

这斑驳陆离的猛兽皮，这位研究者、探求者、征服者的毛！

啊，要让我学会相信你们的"诚实"，对此，你们首先必须打破你们崇拜的意志。

我称这样的人是诚实的：他走进无神的荒漠，打破了自己的崇拜之心。

在黄沙地里，赤日炎炎似火烧，他渴望着泉水涌流的绿岛，在那里，生物在浓密的树荫下休憩。

但是，他的干渴无法说服他变得像这些养尊处优的人那样：因为有绿洲的地方，也有偶像。

挨饿，残暴，孤独，不信神：狮子的意志就要这样。

从奴仆的幸福中解放出来，从神和崇拜中解脱出来，无所畏惧而令人生畏，伟大而孤独：这是诚实者的意志。

自古以来，诚实者住在荒漠之中，他们是具有自由思想的人，是荒漠中的主人；可是，居住在城市里的却是养尊处优的著名的智者，——这些役畜。

因为他们作为驴总是拉着——民众的大车！

我并不因此生他们的气：可是，我觉得，他们仍然是奴仆和被驾驭者，尽管他们被金色的挽具照得闪闪发光。

他们常常是好的奴仆，并且值得称赞。因为道德这样说："如果你一定要当奴仆，那么就去寻找你的服务对其最有用处的人！

你主人的精神和道德会由于你当他的奴仆而成长：这样你本身也随着他的精神和道德得到成长！"

真的，你们这些著名的智者，你们这些民众的奴仆！你们自己同民众的精神和道德一起成长——而民众也通过你们得到成长！为了向你们表示尊敬，我说了这番话！

可是，我认为，从你们的道德来看，你们也还是民众，视力不好的民众，——不懂得精神是什么的民众！

精神就是剖析自己生命的生命：它在自己的痛苦中增长自己的知识，——这点你们是否知道？

精神的幸福在于：涂上圣油，在泪水中做供奉的牺牲品，——这点你们是否知道？

盲人的盲目性以及他的寻求和摸索应该还能证明他张望到的太阳的威力，——这点你们是否知道？

有识之士应该学会用大山搞建设！精神移山是罕见的，——这点你们是否知道？

你们只知道精神散发出来的火花：但是你们没有看到精神本身是铁砧，没有看到它的铁锤的残酷！

真的，你们不知道精神的高傲！可是，如果精神的谦虚一旦想说话，你们就更不能忍受它的谦虚了！

你们决不可以把你们的精神抛进雪坑：你们还没有足够的热量这样做！所以你们也不知道雪的寒冷多么令人陶醉。

可是，我认为，你们在各个方面与精神过于亲密；你们经常用智慧为拙劣的诗人建造贫民院和医院。

你们不是鹰：因此你们也不知道精神在惊恐中的快感。你若不是鸟，就不应该在深渊上空筑巢栖息。

在我看来，你们像温水；可是，每一个深刻的认识都在寒冷的流水中。精神最深处的泉水是冰冷的：这股清泉对灼热的双手和火热的行动者是一方清凉剂。

我看你们端庄地、拘谨地、腰板笔直地站在那里，你们这些智者！——没有强劲的风和意志能够驱赶你们。

难道你们从未见过风帆驶过大海，被猛烈的飓风吹得隆起，鼓鼓地，抖动着？

我的智慧——我疯狂的智慧，像风帆一样越过大海，被疯狂的精神吹得颤抖着！

可是，你们这些民众的奴仆，你们这些著名的智者，——你们怎么能够与我同行！——

查拉图斯特拉如是说。

夜之歌

夜已降临：现在全部的喷泉都在更大声地说话。而我的心灵也是一口喷泉。

夜已降临：现在一切爱者的歌声才响起。而我的心灵也是一位爱者的歌。

我心中有一种不平静的、不能平静的东西；它要变得响亮起来。我心中有一种对爱的渴望，它诉说着爱的言语。

我是光：啊，如果我是黑夜就好了！但是，我被光包围着，这正是我的孤独。

啊，如果我是黑暗和黑夜就好了！我多么想汲取光的泉源！

我还要祝福你们，你们这些闪烁的小星斗和空中的荧火虫！——得到你们赠与的光，我感到幸福。

但是，我生活在自己的光之中，我要把我身上折射出去的光焰吮吸回来。

我不知道索取者的幸福；我常常梦想，窃取肯定比索取更快乐。

我的手不停地赠与，这是我的贫穷；我看见期待的眼光和被照亮的渴望之夜，这是我的嫉妒。

啊，一切给予者的不幸！啊，我的太阳变得昏暗！啊，对欲望的渴求！啊，饱食中的异常饥饿！

他们向我索取：但是我触及他们的心灵了吗？在给予和索取之间有一道鸿沟；最终要在最狭窄的鸿沟上面架桥。

在我的完美之中产生了一种欲望：我想让我所照亮的人感到痛苦，我想抢劫我所赠与的人，——所以我渴求恶毒。

如果有人把手伸向我，我就把手缩回来；就像瀑布一样，它在飞流直下时还犹豫了一下：——所以我渴求恶毒。

我的丰富引起了这样的复仇，这样的险恶从我的孤独中冒出。

我从给予中得到的幸福，又在给予中消失，我的道德因其过剩而对它自己感到厌倦！

谁不停地给予，谁就有失去羞耻的危险；谁不停地分配，谁的手和心就会由于单纯的分配而起老茧。

我的眼睛不再为乞求者的羞耻而落泪；我的手变得又厚又硬，感觉不到索取者的双手在颤动。

我眼中的泪水和我心中的柔软到哪里去了？啊，所有给予者的寂寞！啊，所有发光者的沉默！

许多太阳环行在荒凉的地带：它们用自己的光芒对黑暗的万物说话——而对我却沉默不语。

啊，这是光对发光者的敌视，光毫不留情地改变自己的轨道。

在内心深处不能公正地对待发光者，对太阳冷漠——每个太阳只好都这么运行。

许多太阳就像风暴一样在自己的轨道上飞行，这就是它们的运行。太阳遵循着自己的无情的意志，这就是太阳的冷酷。

啊，你们这些黑暗和黑夜，只有你们才能从发光者那里获取热量！啊，只有你们才能从光源中吸取乳汁和养料！

啊，我的周围都是冰，我的手在冰上冻伤了！啊，我的心中充满着渴望，渴望着你们的企盼。

夜已降临：啊，我必须是光！渴望着黑夜！渴望着孤独！

夜已降临：现在我的要求像喷泉般从我心里涌出，——要求我说话。

夜已降临：现在全部的喷泉都在更大声地说话。而我的心灵也是一口喷泉。

夜已降临：现在一切爱者的歌声才响起。而我的心灵也是一位爱者的歌，——

查拉图斯特拉如是说。

舞之歌

有一天傍晚，查拉图斯特拉和他的弟子们穿过树林；当他在寻找泉水时，看，他来到了一片绿色的草地上，许多大树和灌木丛静静地环绕着草地：在草地上姑娘们聚在一起跳舞。她们一认出查拉图斯特拉，就停止跳舞；可是查拉图斯特拉却打着友好的手势向她们走去，说出这一番话：

"你们这些可爱的姑娘，不要停止跳舞！向你们走来的不是带着恶意的目光的扫兴者，更不是姑娘们的敌人。

在魔鬼面前，我是上帝的代言人：可是，魔鬼是重压之魔①。你们这些轻盈的姑娘，我怎么会与神圣的舞蹈为敌呢？或者，怎么会与有着美丽踝骨的少女之足为敌呢？

我无疑是树林，是幽暗的树木造成的黑夜：可是，谁要是不畏惧我的黑暗，他也会在我的柏树下找到开满玫瑰花的山坡。

他可能也会找到深受姑娘们喜爱的小爱神：他静静地、闭着眼睛躺在泉水旁边。

---

① 重压之魔给人沉重的负担，束缚人，妨碍人的自由行动。

真的，在我看来，他在大白天睡着了，这个懒鬼！也许他是太频繁地去追逐蝴蝶了吧？

你们这些美丽的舞者，如果我惩罚一下这个小爱神，请你们不要生我的气！他也许会叫喊，会哭泣——可是，他在哭泣时还会让人发笑！

他会眼含泪水邀请你们跳一支舞；而我自己也想为他的舞蹈唱一首歌：

一支舞蹈的歌曲，一支讽刺重压之魔的歌曲，我的至高无上的、最强大的魔鬼，人们称之为'世界之王'。"——

当丘比特和姑娘们一起跳舞时，查拉图斯特拉唱的就是这首歌：

啊，生命，我最近凝视你的眼睛！我好像沉入深不可测的地方。

可是，你用金色的钓竿把我钓上来；当我说你深不可测时，你嘲讽地笑了。

"这是所有的鱼说的话，"你说，"它们探究不到的东西，就是深不可测的。

但是，我只是多变的，野性的，总而言之，是一个女人，不是有道德的女人；

虽然我称你们男人是'深奥者'或者'忠诚者'、'永恒者'、'神秘者'。

但是，你们这些男人总是把自己的道德赠给我们——啊，你们这些有道德的人！"

于是她笑了，这个不可相信的人；可是，当她生气地说到自己时，我绝不相信她和她的笑。

当我私下跟我的疯狂的智慧谈话时，它愤怒地对我说："你愿意，你渴望，你喜爱，为此，你才赞美生命！"

我几乎是恼火地回答它，并把真话告诉这位愤怒者；人们回答问题时，没有比对自己的智慧"说真话"时更加恼火了。

我们三者之间的情况就是这样。从根本上说，我只爱生命——而且，真的，当我恨它时，我也最爱它。

但是我喜欢智慧，经常过于喜欢：因为智慧使我十分强烈地想起生命！

智慧有眼睛，会微笑，甚至有金色的钓竿：两者如此相似，我有什么责任呢？

有一次生命问我：智慧究竟是谁？——这时我热情地说："啊，是这样的！智慧！

人们渴望智慧，对它不会感到厌倦，会透过面纱看它，会用网捕捉它。

智慧美丽吗？我怎么知道！但是用智慧作钓饵，连最老练的鲤鱼也会上钩的。

智慧是多变的，倔强的：我常常看见它咬紧嘴唇，反方向梳理头发。

智慧也许是恶毒的，虚假的，总之它是一个女人；但是当它谈到自己的坏处时，反而最具诱惑力。"

当我对生命说完这番话后，它狡黠地笑了，并闭上了眼睛。"你到底说谁呢？"它问，"也许说我吧？

即使你说得对，——怎么当着我的面说呢！不过，现在你也说说你自己的智慧吧！"

啊，现在你又睁开眼睛，哦，可爱的生命！我好像又沉入深不可测的地方。——

查拉图斯特拉这样唱着。可是当舞蹈结束了，姑娘们离去时，他变得很悲伤。

"太阳早已下山了，"他终于说，"草地湿漉漉的，凉风从树林那边吹来。

一种不认识的东西围绕着我，它沉思地望着我。怎么！你还活着，查拉图斯特拉？

为什么？为何？因何？去哪里？在哪里？怎么样？还活着，不是很愚蠢吗？——

啊，我的朋友们，这是傍晚，傍晚从我内心里这样发问。请原谅我的悲伤！

傍晚已来到了：请原谅我，傍晚已来到了！"

查拉图斯特拉如是说。

坟之歌①

"那里是坟墓的岛屿，寂静的岛屿；那里也是我青春的坟墓。我要带一个生命的常青花环到那里去"。

于是，我内心做出决定，乘船越过大海。——

啊，你们，我青春的幻境和幻影！啊，你们所有爱的目光，你们神圣的瞬息时光！你们怎么这样匆匆逝去！今天我纪念你们，就像纪念我的先人一样。

我最亲爱的死者，从你们那里向我传来一阵芳香的气息，这是慰藉心灵、化解悲伤的气息。真的，这种气息深深地感动和宽慰了孤独的航海者之心。

我始终是最富有的，最被人嫉妒的人——我这个最孤独的人！因为我曾经拥有你们，你们现在还拥有我：你们说吧，这样的红苹果从树上落到我的身上，除了我，还能落到谁的身上？

我始终是你们的爱的继承者和爱的土壤，为了纪念你们，盛开着五颜六色的野生的道德之鲜花，啊，你们，最亲爱的人！

---

① 哀叹青春时代各种理想的破灭，而坚强的意志冲破坟墓得以复活。

啊，我们被塑造成生来是亲密无间的，你们这些可爱的异地的奇迹；你们不像胆怯的小鸟那样向我走来，向我的渴望走来——不，而是作为信任者走向信任者。

是的，像我一样，你们是为了忠诚，为了永恒的爱而生的：现在我不得不给你们取名为不忠诚，你们神圣的目光和瞬息的时光：我还没有学会其他的名称。

真的，我觉得，你们消逝得太快，你们这些逃亡者。可是，你们躲避不了我，我也躲避不了你们：我们互相不忠，我们都是无辜的。

为了杀死我，人们扼杀你们，你们是为我的希望而鸣叫的鸟儿！是的，你们这些最亲爱的人，恶毒之箭总是射向你们——为了射中我的心！

箭射中了！但是你们始终是我最爱慕的，是我拥有的人和拥有我的人：因此，你们不得不青春早逝，死得太早！

人们把箭射向我拥有的、最易受伤的人：这正是你们，你们的皮肤像绒毛，更像瞬间即逝的微笑！

可是，我想对我的敌人说这句话：与你们对我做的事相比，所有杀人的事算得了什么！

比起所有杀人的事，你们对我做的事更为恶毒；你们从我这里夺走的是不可取代的人：——我对你们这样说，我的敌人们！

你们扼杀了我的青春的幻像和最可爱的奇迹！你们夺走了我的游伴，那些极乐的精灵！为了纪念他们，我留下了这个花环和这句诅咒。

这是对你们的诅咒，我的敌人们！你们使我的永恒缩短，就像一个声音在寒夜里被打破一样！永恒来到我面前只有瞬息时光，几乎不及神圣的眼光之闪烁！

我的纯洁曾经在美好的时光中如是说："我认为，一切存在都应该是神圣的。"

那时候，你们伙同肮脏的幽灵袭击我；唉，现在那个美好的时光逃到哪里去了！

"我认为，每一天应该都是神圣的。"——我青春的智慧曾经这样说：真的，这是快乐的智慧的话语！

可是那时，你们这些敌人偷了我许多夜晚，把它们卖给失眠的痛苦：唉，现在那个快乐的智慧逃到哪里去了！

我曾经渴望鸟儿幸福的预兆：那时，你们却给我带来一只猫头鹰①，——一只讨厌的怪鸟。唉，那时我可爱的渴望逃到哪里去了？

我曾经发誓放弃一切厌恶：那时你们就把我的邻人和我周围的人变成脓包。唉，那时我最高贵的誓言逃到哪里去了？

我作为盲人曾经走过快乐的路：那时你们把垃圾倒在盲人走的路上；现在，盲人旧的步行道还使盲人感到恶心。

当我完成我最艰难的工作，庆祝我战胜困难取得的胜利时：你们就让那些爱我的人大声叫嚷，说我给他们造成最大的痛苦。

真的，这始终是你们的作为：你们使最适宜我食用的蜂蜜变苦，使我最辛勤的蜜蜂采摘的蜂蜜不能食用。

你们总是派遣那些最无耻的乞丐来接受我的善行；你们总是催促那些不可救药的无耻之徒求得我的同情。这样你们就伤害了我的道德的自信心。

---

① 不祥之鸟，象征黑夜和地狱。

如果我把我最神圣的物品作为祭品献上去：那么，你们的"虔诚"就会立即把它的油腻的供品放在一旁：于是，我最神圣的供品会在你们供品的油腻气味中窒息。

　　我曾经想要跳个我从未跳过的舞：我想跳个超越天外的舞。那时候你们说服了我最亲爱的歌手。

　　现在我的歌手唱出一支令人不快的郁闷的曲子：唉，他对着我的耳朵就像吹起阴森森的号角！

　　残忍的歌手，恶毒的工具，最无辜的人！我已经站起来准备跳最美的舞蹈：这时你用你的歌声毁灭了我的陶醉！

　　只有在跳舞中我才懂得说出最高级的事物的比喻：——现在我最高级的比喻没有说出来而留在我的肢体里！

　　我最高的希望仍然留在心中，没有说出来，没有实现！我青年时代所有的幻境和安慰全部破灭了！

　　只是我怎么忍受得了？我怎么克服和战胜这种创伤？我的灵魂如何从这种坟墓中复活？

　　是的，在我的内心里有一种不受伤害的、不被掩埋的东西，一种可摧毁岩石的东西：那就是我的意志。它默默地、不变地穿过时空，向前迈进。

　　我的经久不变的意志，它要用我的脚走它的路；它的性格是坚强的，不受伤害。

　　我只有脚跟不会受伤。最坚忍的我的意志，你始终存在于我的脚跟上，经久不变！你总是要从一切坟墓中冲出来！

　　在你心中还存在着我青年时代没有实现的东西；你作为生命和青春满怀希望地坐在这里黄色的墓地废墟上。

　　是的，我认为，你还是一切坟墓的破坏者：万岁，我的意志！只要有坟墓的地方，就有复活。——

查拉图斯特拉如是说。

超越自我

你们这些最有智慧者，你们把那种激励你们、使你们激动的东西称为"追求真理的意志"吗？

对一切存在的事物加以思考的意志：我这样称呼你们的意志！

你们首先要使一切存在的事物成为可想象的对象：因为你们抱着十分不信任的态度，怀疑这些事物是不是可想象的。

可是一切存在的事物应该顺从你们，屈从你们！你们的意志就是这样想的。它应该变得光滑，应该听命于精神，作为精神的镜子和映像。

你们这些最有智慧者，这就是你们的整个意志，称作追求强力的意志；即使你们谈论善与恶，谈论价值评估时，也是这样。

你们还想创造一个让你们可以跪拜的世界：因此这就是你们最终的希望和陶醉。

当然，那些没有智慧的人，民众——他们就像河流，一条小船在河上漂流：船上坐着庄严的、伪装的价值评估。

你们把你们的意志和你们的价值放在变化的河流上；民众认

为善与恶的东西，向我透露出古老的追求强力的意志。

你们这些最有智慧者，就是你们把这些客人放在船上，给它们豪华的衣着和骄傲的名称，——你们和你们统治的意志！

现在河流载着你们的小船向前驶去：河流不得不载着小船前行，尽管浪花飞溅，愤怒地拍打着龙骨，但也没什么用！

你们这些最有智慧者，你们的危险和你们的善恶的终止，不在于这条河流：而在于那种意志本身，那种追求强力的意志，——那种不断产生的生命意志。

可是，为了让你们理解我的关于善与恶的名句：对此，我还想给你们说我对生命和一切有生命者的本性的看法。

我跟随着有生命者，为了认识它们的本性，我走过最宽阔的路和最狭窄的路。

当有生命者闭嘴时，我就用百面镜子截住他的目光：为了让他的眼睛对我说话。于是他的眼睛就对我说了话。

可是，只要我找到有生命者的地方，在那里我也会听到关于服从的话题。一切有生命者都是服从者。

我听到的第二句话：不能服从自己的人，就要服从他人。这是有生命者的本性。

我听到的第三句话：命令比服从更难。不仅命令者要承担所有服从者的重负，而且这些重负很容易把他压垮。——

我觉得，在一切命令中存在尝试和风险；当有生命者发出命令时，他对此总是要敢于承担风险。

是的，甚至它在命令自己时：也必须为自己的命令受到惩罚。它必须为它自己的法则当法官、复仇者和牺牲品。

这是怎么回事呢！我这样自问。是什么说服有生命者，他既要服从，又要命令，而且命令时还要服从？

你们这些最有智慧者，现在你们听我说！你们要认真检查一下，我是否钻进生命本身的心脏里，是否直到它的心脏的深处？

在我找到有生命者的地方，在那里我就会发现追求强力的意志；即使在奴仆的意志中，我也发现他有想当主人的意志。

弱者要为强者效劳，为此，弱者的意志劝说弱者，他要成为更弱者的主人：他唯独不想放弃这种乐趣。

就像小人物献身于大人物一样，小人物能从最小的人物那里得到乐趣和强力；因此，最大的人物也有献身的时候，他为了强力的缘故，要用生命冒险。

这是最大的人物的献身：冒险、危险和以死孤注一掷。

哪里有牺牲、效劳和爱的目光：那里也有要当主人的意志。这时，弱者悄悄地通过秘密的通道潜入城堡，直入强者的心脏——在那里窃取了权力。

生命本身把这个秘密告诉了我。"你看，"它说，"必须永远超越自己的，就是我。

当然，你们称之为生育的意志，或者称之为追求目标的动力，追求更高、更远和更多样化的动力：可是，这一切是完整的，是一个秘密。

我宁愿毁灭，也不愿放弃这个秘密；真的，哪里有毁灭和落叶，你看，哪里就有牺牲生命——为了强力！

我必须是斗争、生成、目的和目的之间的矛盾：啊，谁猜得出我的意志，他一定也猜得出，我的意志必须走怎样曲折的道路！

无论我创造什么，无论我怎样爱它，——很快我必须成为它的对手，我的爱的对手：我的意志要求这样。

有识之士啊，甚至你也只是我的意志要经历的一条小路和脚印：真的，我追求强力的意志也会转变为你追求真理的意志的足下脚印。

向真理射去'追求存在的意志'这支箭的人，他当然射不中真理：这个意志——并不存在！

因为：不存在的东西，就不能有意志；可是，已存在的东西，怎么可能成为追求存在的意志呢！

只有有生命的地方，才有意志：可是，不是追求生存的意志，而是——我这样教你——追求强力的意志！

对于生存者来说，许多东西的价值高于生命本身；可是，从这种评价本身表达出来的意思是——追求强力的意志！"——

就是说，生命曾经这样教导我：由此，我解开了你们心中的谜，你们这些最有智慧者。

真的，我告诉你们：永恒不变的善与恶——是不存在的！它也必须反复地不断战胜自己。

你们这些价值评估者，你们以你们的价值和善与恶的言论来行使你们的权力：这是你们的秘密之爱，你们的灵魂之闪光、颤抖和洋溢。

可是，一种更加强大的力量从你们的价值内部生长出来：因为一种新的超越，必然把蛋和蛋壳打碎了。

在善与恶方面，谁要成为创造者：真的，他首先必须成为毁灭者，打破各种价值。

就是说，最大的恶是最大的善的一部分：可是，这种最大的善是创造性的。——

你们这些最有智慧者，虽然有些事情是严重的，我们还是把它说出来。沉默更糟糕，一切隐瞒的真理都是有毒的。

　　可以被我们的真理毁掉的东西，就让它们全都毁灭吧！还有好些房屋要建造呢！

　　查拉图斯特拉如是说。

崇高者

我的海底是寂静的：谁能猜得到它隐藏着诙谐的怪兽！

我的深处是坚不可摧的：可是，漂浮的谜和笑声让它闪烁着光芒。

今天我看见一个崇高者，一个庄重者，一个精神的忏悔者：啊，我的灵魂无比嘲笑他的丑恶！

他挺起胸膛，像在做深呼吸：他这样站在那里，这个崇高者，一声不吭：

他身上挂着许多令人厌恶的真理，他的猎获物，穿着几件破烂的衣裳；他的身上也披着许多荆棘——可是我还没有看见玫瑰花。

他还没有学会笑和美。这个猎人阴沉沉地从知识的森林中回来。

他同野兽搏斗后归来：可是从他严肃的表情中，也显露出一只野兽的目光——一只难以制服的野兽！

他像一只想要跳起来的老虎一直站在那里；可是，我不喜欢这种紧张的精神，我的趣味厌恶所有这种退缩者。

朋友们，你们告诉我，不应该去争论口味和品味的问题吗？可是，一切生命都是为口味和品味而争论！

口味：这是砝码，又是秤盘和称量者；一切有生命者想不为砝码、称盘和称量者进行争论而生存下去，他们一定会倒霉的！

这个崇高者，当他对自己的崇高感到厌倦时：然后，他才会想到美——那时候我才想品味他，找出他的趣味。

只有当他抛开自己时，他才能跳过自己的阴影——真的！他才能进入他的阳光里。

他在阴影中坐得太久了，面色苍白得像精神的忏悔者；他等待得快要饿死了。

他的目光中还显露出蔑视的神色；他的嘴角上隐藏着厌恶的表情。虽然现在他在休息，可是，还不是躺在阳光里休息。

他应该像公牛那样做事；他的幸福应该散发出大地的气味，而不是发出蔑视大地的气味。

我想看到他当一头白色的公牛，看它如何呼哧呼哧地喘着气，吼叫着，拉着犁前进：它的吼叫应该是赞美大地上的万物！

他的脸色还是暗黑的；手的阴影浮现在脸上。他眼睛的神色还蒙上阴影。

他的行为本身给他蒙上了阴影：他的手使这个行动者暗淡。他还没有克服他的行为。

我也许爱他的牛脖子：但是我现在也还想看看天使的眼睛。

他甚至还必须忘掉他的英雄意志：我认为，他应该成为一个高雅者，而不仅仅是一个崇高者：——苍天本身应该将他高举起来，这个无意志的人！

他战胜了怪兽，猜出了谜语：但是，他也应该拯救他的怪兽，解开他的谜语，他应该使它们变成上天的孩子。

他的认识尚未学会微笑，尚未抛弃嫉妒；他奔放的激情还没有在美中变得平静。

真的，他的欲望不应该在满足中，而应该在美中沉默，并隐藏起来！优雅属于伟大思想家的高尚品格。

把手臂放在头上：英雄应该这样休息，他也应该这样超越他的休息。

可是，所有事物中美对于英雄来说正是最难的。对于一切强烈的意志，美是不可能得到的。

多一点，少一点：在这里恰好是多，在这里是最多。

松弛肌肉，松懈意志：这对于你们所有的人，对你们这些崇高者是最难的事！

当强力变得宽容，下降到可见的事物中时：我称这种下降为美。

你这位强力者，正是在美的方面，我对你的要求甚于其他任何人：你的善就是你最后战胜自我。

我相信你会作一切的恶：因此，我要求你行善。

真的，我常常嘲笑懦弱者，他们以为自己是善良的，因为他们走路一瘸一拐的！

你应该以柱子的美德为榜样：柱子愈是向上升高，就变得愈加美丽，优雅，但是它的内部也变得更加坚硬，更具有承受力。

是的，你这个崇高者，有一天你也会变美，你应该在镜子里照出自己的美。

然后，你的灵魂会因为神圣的欲望而颤抖；在你的沾沾自喜中也会有崇拜！

这就是灵魂的秘密：只有当英雄离开灵魂时，超英雄才会在梦中接近灵魂。

查拉图斯特拉如是说。

文化之邦①

我飞向未来，飞得太远了：一种恐惧向我袭来。

我环视周围，瞧！只有时间是我的唯一的同伴。

这时我向后飞，飞回故乡——越飞越快：于是我来到你们这里，你们这些现代人，我来到了文化之邦。

我第一次有能力观察你们，并怀着善良的欲望：真的，我心里是怀着渴望而来的。

可是，我到底怎么了？虽然我也感到害怕，——但我不得不发笑！我的眼睛从来没有见过如此色彩斑斓的东西！

我一再发笑，而我的脚和我的心却在颤抖："这里真是各种颜料罐之乡！"——我说。

在脸上和四肢上画上五十块彩色图样：你们就这样坐在那里，使我感到十分惊讶，你们这些现代人！

在你们周围摆着五十面镜子，它们奉承并模仿你们的颜色变幻！

① 对资本主义商业文化现状的抨击。

真的，你根本不可能戴上比你们自己的脸更好的面具了，你们这些现代人！谁能够——认出你们！

写满了过去的符号，又在这些符号上面写上新的符号：于是你们在所有符号解读者面前巧妙地掩饰了自己！

虽然有肾脏检察员来到：但有谁会相信你们有肾脏！从脸色来看，你们似乎是由涂料烘烤的，纸条糊成的人。

一切时代和民族五彩缤纷地从你们的面纱里透露出来；一切风俗和信仰多姿多彩地从你们的举止中表达出来。

谁要是去掉你们的面纱、罩衫、颜料和手势：那么，剩下的东西恰好够用来恐吓飞鸟。

真的，我自己就是受惊吓的鸟儿，我有一次看到你们赤裸裸的，身上没涂颜料：当那副骨架向我传递爱意时，我吓跑了。

我宁可在阴间、在过去的幽灵那里做临时工！——阴间的幽灵比你们更肥胖，更丰满！

是的，这对于我的内脏来说，是痛苦的事，我既不能忍受你们的裸体，也不能忍受你们穿衣，你们这些现代人！

未来一切令人害怕的东西，曾经使迷失方向的鸟儿感到恐怖的东西，的确比你们的"现实"更神秘，更惬意。

因为你们这样说："我们是非常现实的，我们没有信仰，没有迷信"：于是你们自鸣得意地挺起胸膛——啊，而且也没有胸膛！

是的，你们应该怎样才能有信仰呢，你们这些色彩斑斓的人！你们是曾经被信仰过的一切事物的画像！

你们是对信仰本身有力的否定，是与一切思想脱节。不可信任的人：我这样称呼你们，你们这些现实的人！

所有时代在你们的思想中相互对抗，空发议论；所有时代的梦想和空谈都比你们清醒时更实际！——

你们不会生育：因此你们缺乏信仰。但是，谁必须进行创造，谁就始终有着他的预言的梦想和占星的预兆——并且相信信仰！——

你们是半开的门，掘墓人在门外等候。这是你们的真实情况："一切走向毁灭都是值得的。"

啊，你们给我看到的是什么样子，你们这些不会生育的人，你们骨瘦如柴！你们当中有些人也许看透了自己。

他说："当我睡着时，也许有一个神悄悄地在我身上偷了点什么？真的，偷来的东西足够为自己造一个女人！

我的肋骨瘦得出奇！"有些现代人已经这样说了。

是的，你们使我发笑，你们这些现代人！特别是当你们对自己感到惊奇时！

如果我对你们那种惊讶的样子不会发笑，而且一定要喝下你们钵头里一切令人恶心的东西，那我就要倒霉了！

可是我要更轻松地承担你们，因为我必须负载重荷；如果甲虫和飞虫停在我的担子上，又有什么关系呢！

真的，我不会因此觉得更重一点！你们这些现代人，我的巨大疲劳不是来自你们。——啊，我怀着我的渴望现在还要向哪里攀登呢！我从所有的山峰眺望父母之故乡。

但是，我在哪个地方都找不到故乡：我在所有的城市都不得安身，只能在所有的城门口开始新的旅程。

最近，我的心把我推向现代人那里去，对我来说，这些现代人是陌生的，这是个讽刺：我被从父母之故乡驱赶了出来。

因此，我只爱我的孩子们的故乡，在遥远的海上，尚未被发现的地方：我让我的帆船不断地去寻找它。

为了我的孩子们，我作为父辈的孩子，要对我的孩子们做出补救：对一切未来做出补救——为了这个现在。

查拉图斯特拉如是说。

无暇的认识

昨天当月亮升起时，我以为，它要生出一个太阳：它圆鼓鼓地挺着大肚子躺在地平线上。

可是，我觉得，它说自己怀孕那是撒谎，我宁愿相信月亮里的是男人而不是女人。

当然，它也不大像男人，这个羞怯的夜游神。真的，它好像做了什么亏心事似的从屋顶上溜走。

因为它贪婪并且妒忌，这个月亮僧侣，它渴望大地，渴望情侣的一切快乐。

不，我不喜欢它，这个屋顶上的雄猫！我厌恶一切绕着半掩的窗户悄悄地溜掉的家伙！

它虔诚而沉默地向星形地毯上走去：——可是我不喜欢一切悄悄地行走的男人的脚步，他的脚步声连踢马刺的响声都不如。

每个诚实的人走路都会发出声音；但是猫可以偷偷从地面上溜走。看，月亮就像猫一样悄悄地走来了。——

我把这个比喻送给你们这些善感的伪善者，送给你们，"纯粹的有识之士"！我称你们为——贪婪者！

你们也爱大地和人间：我肯定猜对了！但是，在你们的爱中也含有羞愧和内疚，——你们就像月亮一样！

有人劝说你们的精神去蔑视人间，而你们的内脏却不听劝说：内脏倒是你们身上最强大的部分！

现在你们的精神感到羞耻，因为它要听从你们的内脏的意愿，为了躲避自己的羞耻而走隐蔽小径和谎言之路。

"我最高尚的就是，"——你们好撒谎的精神这样对自己说——"毫无欲望地去观察生活，不像狗那样伸出垂涎的舌头：

在观察中得到幸福，消磨了意志，没有自私自利的欲望和贪婪——全身冰凉，苍白，但都具有陶醉的月亮般的眼睛！"

"我最喜爱的就是，"——被诱骗者这样诱骗自己说——"爱大地，就像月亮爱大地一样，只是仅仅用眼睛去感受大地的美。

我称这点为对万物的无暇的认识，就是我对万物没有任何要求：除了允许我躺在万物面前，像一面镜子有一百只眼睛那样。"——

啊，你们这些善感的伪善者，你们这些贪婪者！你们的欲望中缺少纯洁：现在你们因此而诽谤欲望。

真的，你们不是作为创造者、生育者和快乐成长者去爱大地！

纯洁在哪里？就在有生育意志的地方。想超越自己而进行创造的人，我认为，这种人具有最纯粹的意志。

美在哪里？就在我必须以全部意志去追求的地方；就在我想爱想死、让形象不仅仅保留在原来的形象上的地方。

爱和死：长久以来就相互做伴。追求爱的意志：就是说，心甘情愿地去死。我这样告诉你们这些懦弱者。

可是现在，你们的没有男子气的斜视要自称为"沉思"！而怯懦的目光触及的东西要被称作"美"！啊，你们这些高贵名称的玷污者！

可是，这应该是对你们的诅咒，你们这些无暇者，你们这些纯粹的有识之士，你们永远不会生育：即使你们也圆鼓鼓地挺着大肚子躺在地平线上！

真的，你们说的尽是金玉良言：我们应该相信，心是属于你们的吗，你们这些惯于撒谎的家伙？

但是，我的话是无足轻重的、被蔑视的和卑屈的话：我乐意拾起你们在进餐时掉在桌下的东西。

我始终还能用这些话——对伪善者们说说真理！是的，我应该用鱼刺、贝壳和针叶——去搔那些伪善者的鼻子！

在你们和你们的餐桌周围总是弥漫着乌烟瘴气：你们的贪婪的思想、你们的谎言和隐秘都散发在空气中！

首先你们要敢于相信自己——相信你们和你们的内脏！不相信自己的人总是在说谎。

你们在你们面前戴上一个神的面具，你们这些"纯粹的人"：你们那令人害怕的环形虫爬进神的面具里。

真的，你们在欺骗，你们这些"沉思者"！甚至查拉图斯特拉也曾经被你们神圣的外表所欺骗；他没有猜出外表里面塞着的盘蛇。

我曾经以为在你们的镜子里我看到一个神的灵魂在表演，你们这些纯粹的有识之士！我曾经以为没有什么艺术比你们的艺术更高明！

远距离使我没有发现蛇的污秽和恶臭：狡猾的蜥蜴贪婪地在这里爬来爬去。

可是，我走近你们：这时白天向我走来，——现在白天也向你们走去，——最后月亮的爱情结束了！

看那边！月亮被抓住了，脸色苍白地待在那里——在曙光面前！

因为它已经来了，这火红的太阳，——它对大地的爱来了！纯洁和创造者的欲望是太阳的全部的爱！

看那边！它是多么急切地来到大海的上空！你们没有感觉到太阳之爱的焦渴和火热的气息吗？

太阳要在海上吮吸，要把深海的水吸到高空：这时大海的欲望挺起成千个乳房。

大海愿意让太阳的焦渴亲吻和吮吸；大海愿意化作空气、高空、光的道路和光本身！

真的，我像太阳一样热爱生命和一切深海。

这就是我的认识：一切深度都应该上升——到我的高度！

查拉图斯特拉如是说。

学者

当我躺着睡觉时，这时一只羊在吃我头上的常青藤花冠，——它边吃边说："查拉图斯特拉不再是学者了。"

它说着，笨拙而傲慢地走了。一个小孩告诉我这件事。

我喜欢躺在孩子们游玩的地方，靠近断墙旁边，在飞廉和红色的罂粟花丛底下。

对孩子们来说，甚至对飞廉和红色的罂粟花来说，我还是一位学者。他们是纯洁的，即使他们怀着恶意也还是纯洁的。

可是，对于羊来说，我不再是学者：这是我的命运所希望的——为我的命运而祝福吧！

因为这是真实的：我已经搬出学者之家；我还猛地关上了我背后的门。

我的灵魂忍饥挨饿在学者的餐桌旁坐得太久；我不像他们那样针对这种认识进行训练，就像针对砸开胡桃壳那样。

我热爱自由，喜欢清新的大地上的空气；我宁愿睡在牛皮上，也不愿睡在学者的荣誉和尊严上面。

我感到太热了，被自己的思想燃烧：我常常气喘吁吁。我只好到户外去，离开所有蒙上尘埃的房间。

可是，他们却冷淡地坐在凉爽的背阴处：他们只想在一切事物中当个旁观者，避免坐在太阳火热地照射在台阶上的地方。

就像那些站在大街上盯着来往行人的人：他们也是这样等待着，盯着别人已经想到的主意。

如果有人伸手抓他们，他们就会不知不觉地在自己周围扬起粉尘，像面粉袋散落的粉尘一样；但是，谁能猜到他们的粉尘是来自麦粒，来自夏季欢乐的金色的田野呢？

当他们摆出有智慧的样子时，他们的微不足道的格言和真理使我感到不寒而栗：他们的智慧好像是从沼泽地中来的，常常散发出一种气味：真的，我甚至已经听到了从这种智慧中发出的呱呱的蛙声了！

他们做事很熟练灵巧，手指灵活：比起他们的多样性，我的单一性能做什么！他们的手指善于各种穿针、打结和编织；因此，他们在编织精神的袜子。

他们是精密的钟表机器：你只要细心地给它们上好发条就行了！然后它们会准确无误地报钟点，同时发出微小的响声。

他们就像磨粉机和杵那样工作：你只要给它们添加麦粒就行了！——它们就会把麦粒碾碎，磨成面粉。

他们互相监视，互不信任。他们精于耍小聪明，他们在等候知识偏缺的人，就像蜘蛛一样在等候。

我看见他们总是小心谨慎地准备毒药；这时他们手上总是戴着透明的手套。

他们甚至会用欺骗手段掷色子；我发现他们玩得很火热，以致满头大汗。

我们互相不认识，他们的道德比起他们的奸诈和虚假的色子更令我恶心。

当我住在他们那里时，我住在他们楼上。因此他们怨恨我。

他们不想听到有一个人在他们头顶上行走；于是他们就把木头、泥土和垃圾放到我和他们的头顶之间。

这样他们就降低了我的脚步声：至今我的声音是最难被最渊博的学者听到。

他们把所有人的缺点和弱点都放到我和他们之间：——他们称之为他们家里的"违章建筑"。

可是，尽管如此，我还是随同我的思想在他们的头顶上面走动；即使我想在我自己的错误上面行走，我也还是在他们之上，在他们的头顶之上。

因为人是不平等的：正义这样说。而且我想要的，他们没有资格想要！

查拉图斯特拉如是说。

诗人

"自从我更好地了解肉体以来，"——查拉图斯特拉对他的一个弟子说——"我认为，精神仿佛只是精神而已；一切'不朽的'——也只是一个比喻。"

"我已经听你这样说过一次，"这个弟子答道，"当时你还补充说：'但是，诗人说谎太多。'不过，你为什么说诗人撒谎太多呢？"

"为什么？"查拉图斯特拉说，"你问为什么？我不属于那种你可以问他为什么的人。

难道这是我昨天的经历吗？我这种看法是有理由的，我很久以来就已经体会到了。

如果我也要随身带着我的理由，我不是非得成为一个记忆桶了吗？

我保留我自己的看法，这对我来说已经太多了；有些鸟儿已从中飞走了。

有时我在我的鸽子棚里发现一只外来的鸟儿，这只鸟儿我没见过，当我把手放在它身上时，它颤抖了。

可是，查拉图斯特拉曾经对你说过什么？说诗人撒谎太多？但是，查拉图斯特拉也是一位诗人。

现在你相信他当时讲的是实话吗？你为什么相信这句话呢？"

弟子回答说："我相信查拉图斯特拉。"但是查拉图斯特拉摇摇头，微笑了。

信仰不会使我幸福，他说，尤其是信仰我。

但是，假设有人十分严肃地说，诗人撒谎太多：那么他是正确的，——我们撒谎太多。

我们知道得也太少，是不合格的学生：所以我们必须撒谎。

我们诗人当中有谁没有在他的葡萄酒里掺假呢？有些有毒的混合物出现在我们的地窖里，有些难以置信的事情就发生在那里。

因为我们知道得少，所以我们从内心里喜欢精神贫乏的人，特别是年轻的女子。

我们甚至还渴望听到老年妇女在晚上相互间讲述的事情。在我们中间，我们称这种事情为永恒的女性。

好像有一条通向知识的特别的秘密通道，它堵死那些只学到点滴东西的人的路：因此，我们相信民众和他们的"智慧"。

但是，所有的诗人都相信这一点：谁要是躺在草地上或者寂静的山坡旁，竖起耳朵仔细听，他就会体验到天地之间的一些事情。

如果一股温情向诗人袭来，他们就总是认为，大自然本身恋上了他们：

大自然悄悄地对着他们的耳朵，说起秘密的事情和迷人的奉承话：他们以此向一切凡人炫耀一番，自吹自擂！

啊，天地之间有这么多的事情，只有诗人才会梦想到！

特别在天上：因为所有的神都是诗人的比喻，都是诗人的骗局！

真的，我们总是被往上拉——也就是说，被拉到白云王国：我们把我们的五彩缤纷的傀儡安置在白云上，然后称他们为神和超人：——

他们确是够轻巧的，很适合坐在云端上！——所有这些神和超人。

啊，我是多么厌倦把所有贫乏的东西说成绝对是不寻常的事情！啊，我是多么厌倦诗人！

当查拉图斯特拉这样说时，他的弟子对他很生气，但却一言不发。查拉图斯特拉也沉默不言；他的目光转向内心，好像看着遥远的远方。最后他叹息着，并吸了一口气。

我是属于今天和以前的，然后他说；但是在我的内心里，有些东西是属于明天、后天和将来的。

我厌倦了诗人，不管是老诗人还是新诗人：我认为，他们全都是浅薄的，都是浅海。

他们思考得不够深：因此他们的感情无法深入到底部。

有一些情欲，有一些烦恼：这就是他们最深刻的思考。

你们弹奏的竖琴发出叮咚声，我听起来就像魔鬼的吐气声和掠过声；迄今，他们知道什么是音调的热情！——

我觉得他们也不够纯洁：他们把他们的水流全部搞得混浊，使它显得好像很深。

因此他们很喜欢做出当调解人的样子：但是，我觉得他们始终是中间人和调和者，半斤对八两，不够纯洁！——

啊，我曾经把我的网撒进他们的海里，想捕捉些好鱼；可是，我拉上来的始终是一个古老之神的头。

于是，大海给饥饿者一块石头。而诗人本身可能源于大海。

无疑，人们在诗人身上找到了珠宝：这样他们自己就更像硬壳动物了。我常常在他们的身体里发现含盐的黏液，而没有发现灵魂。

而且他们也从大海那里学到了它的虚荣：大海不是孔雀中的孔雀吗？

大海甚至还会在最丑陋的水牛面前开屏，它会不知厌倦地展开它由银丝和丝绸织成的最美的扇形之屏。

水牛对此蔑视地张望着，水牛的灵魂近似沙滩，更近似灌木丛，可是最近似沼泽地。

对于水牛来说，美、大海和孔雀之屏算得了什么！我把这个比喻告诉诗人们。

真的，诗人们的精神本身就是孔雀中的孔雀，就是虚荣的大海！

诗人的精神希望有观众：即使观众是水牛也好！——

可是我已厌倦这种精神：我看到，这种精神也会厌倦它本身。

我已看到诗人在改变，他们把目光投向自己。

我看到精神的忏悔者来了，他们从诗人中成长起来。

查拉图斯特拉如是说。

大事件①

　　海上有一个岛——离查拉图斯特拉的幸福岛不远——岛上有一座火山不断冒烟；民众谈论这个岛，特别是民众中的老年妇女说，这个岛像一块巨大的岩石被置于地狱的门口：但是有一条狭窄的路向下通向火山，到达地狱之门。

　　当查拉图斯特拉在幸福岛上停留时，发生了这样一件事，一只船停泊在那座有活火山的岛旁；船员们上岸打兔子去了。可是，接近中午时分，船长和他的船员又聚集在一起，这时他们突然看到有一个人从空中向他们走来，一个声音清晰地说："是时候了！时间紧迫！"可是，当这个人临近他们时——却像影子般掠过，往火山方向飞去——这时他们十分惊讶地认出，这是查拉图斯特拉；因为除了船长，他们所有人都见过他。他们都爱他，就像民众爱他一样：也就是说，爱和胆怯等量共存。

　　"你们瞧！"年老的舵手说，"查拉图斯特拉向地狱走去！"——

---

① 指永恒回归的思想逐渐成熟。

当这些船员登上火山岛时，谣言也传开了，说查拉图斯特拉失踪了；有人问他的朋友，他们说，他夜里乘船走了，没有说他想去哪里旅行。

因此发生了不安；可是三天后，船员们带来的消息增添了这种不安的情绪——现在所有的民众都说，魔鬼把查拉图斯特拉叫走了。他的弟子对这种传言只是笑笑而已；有个弟子甚至说："我宁可相信查拉图斯特拉把魔鬼抓获了。"但是，他们内心里还是充满着忧虑和渴念；到了第五天，当查拉图斯特拉在他们中间出现时，他们十分高兴。

以下讲述查拉图斯特拉与火狗的对话。

他说，大地有一层皮；这层皮有许多疾病。比如说，这些疾病中有一种叫做："人"。

另外有一种病叫做"火狗"：关于这种火狗，人们撒了许多谎，并且大家都听信了谎话。

于是我渡海去探索这个秘密：我看到了赤裸裸的事实，真的！从头到脚赤裸裸的。

火狗是什么东西，我现在知道了：同所有的喷发魔鬼和颠覆魔鬼一样，害怕它们的不仅仅是老年妇女。

"你出来，火狗，从你的深洞里出来！"我喊道，"你要坦白，这个洞有多深！你喷出来的火球是从哪里来的？

你喝了大量的海水：这从你含盐太多的、能言善辩中透露出来！真的，对一只身处深洞的狗来说，你从海面摄取的养分太多了！

我充其量认为你是大地上的腹语表演者，每当我听到颠覆魔鬼和喷发魔鬼说话时，我总觉得它们像你一样：带有咸味、撒谎和浅薄。

你们善于吼叫，善于用灰遮盖！你们是一流的自吹自擂者，擅长把烂泥煮得滚烫的技术。

你们所在的地方，附近总是有烂泥，有许多海绵状的、空心的和被挤压的东西：它们要自由。

你们最喜欢吼叫'自由'：可是，只要在'大事件'的周围充满着吼叫和烟雾，我就不再相信'大事件'了。

请相信我吧，大声喧哗的朋友！最大的事件——不是我们最大声叫喊的时刻，而是我们最宁静的时刻。

世界不是围绕着新的喧嚷的发明者转动：而是围绕着新的价值的发明者转动；世界静悄悄地转动着。

你承认吧！当你的喧嚷和烟雾消散时，事情就会少发生一些。一座城市变成了木乃伊，一尊柱形雕像倒在烂泥之中，这有什么关系呢！

我还要对推倒雕像者说这句话。把盐撒到海里，把雕像推倒在烂泥中，这也许是最大的蠢事。

雕像倒在你们蔑视的烂泥中：但是，这正是它的规则，它从蔑视中重新焕发出生命和生机蓬勃的美！

雕像现在以更神圣的特性站立起来，由于那种苦难更富有魅力；真的！它还要对你们说声谢谢，感谢你们推倒了它，你们这些推翻者！

我要对国王、教会和所有年龄衰老和道德衰退的人建议：让别人推翻你们吧！这样你们可以重生，道德也可以回归到你们身上！"——

我在火狗面前这样说：这时它生气地打断我的话，并问道：

"教会？它究竟是什么？"

"教会？"我答道，"它是国家的一种形式，而且是最会撒谎的。可是，别说了，你这虚伪的狗！你肯定最了解你的同类！

就像你本身一样，国家是一条虚伪的狗；就像你一样，它说话喜欢用烟雾和吼叫，——就像你一样，它使人相信，它说出了事物内在的东西。

因为它无论如何要成为大地上最重要的动物——国家；人们也相信它说的。"——

我说完这些话，火狗由于嫉妒做出疯狂之态。"什么！"它喊道，"大地上最重要的动物？人们也相信它说的？"从它的喉咙里吐出这么多的烟雾和令人恐怖的声音，以至于我认为它会因为恼怒和嫉妒而窒息。

它终于平静下来了，它的喘气也平稳了；但是，它一平静下来，我就笑着说：

"火狗，你生气了：所以，我对你的看法说对了！你听听另一只火狗的故事吧，这也说明我说得没错：它说的话真正是从大地的内心里传出来的。

它呼吸喷出来的是金子和金雨①：这是它内心里所希望的。而灰烬、烟雾和灼热的岩浆对它又算得了什么！

笑声像彩云般从它嘴里飞出来；它对你的咽喉、呕吐和内脏的怒火深感厌恶！

可是，金子和笑声：它是从大地的内心里取出来的：因为你知道，——大地的内心是金子做的。"

* * * * * * * * * *

---

① 象征最高价值。

火狗听完这番话，忍受不了，就不再听我说。它羞愧地夹紧尾巴，小声地叫道：汪！汪！然后就钻进它的洞里去了。——

查拉图斯特拉这样讲述着。可是，他的弟子几乎没有听他细说：他们十分渴望向他讲述有关船员、兔子和飞人的事。

"我对此会怎么想呢！"查拉图斯特拉说，"难道我是一个幽灵吗？

可是那是我的影子。你们也许听过一些有关漂泊者及其影子的事吧？

可是，这是肯定的：我必须很快抓住它，——不然它会毁坏我的名声。"

查拉图斯特拉再次摇摇头，觉得很惊奇。"我对此会怎么想呢！"他又说了一遍。

"为什么幽灵这样喊道：是时候了！时间紧迫！它要干什么呢——时间紧迫！"——

查拉图斯特拉如是说。

预言者

"——我看到一个巨大的悲哀降临到人类的头上。最优秀的人已经厌倦了他们的工作。

一种学说产生了，一个信仰相伴而行：'一切皆虚无，一切皆相同，一切都存在过！'

从所有的山丘上传来回响：'一切皆虚无，一切皆相同，一切都存在过！'

我们的确已经收获了：可是，为什么我们所有的果实都腐烂了，都变成了棕色？什么东西昨天夜里从邪恶的月亮上面掉落下来？

我们的一切劳动都是白费力气，我们的葡萄酒变成有毒的，邪恶的目光把我们的田野和心田烤焦。

我们大家都干枯了；如果火落到我们身上，我们就会像灰一样到处飞扬：是的，我们已经使火本身疲劳不堪。

我们所有的泉水都已干涸了，海水也退了。所有的土地都要断裂，但是深深的断层并不想吞噬我们！

'啊，哪里还有能淹死人的大海'：我们的悲叹声响起来——飘过浅浅的沼泽地。

真的，对于死亡我们已经感到十分厌倦了；现在我们还醒着，并且继续活下去——在墓穴里！"——

查拉图斯特拉听到一个预言者①这样说；他的预言说到他的心里去了，并且改变了他。他伤心地走来走去，感到疲倦了；他变得像预言者谈到的那种人一样。

真的，他这样对他的弟子说，过不了多久，这个长期的昏暗就要来临。啊，我该如何保存我的光到那边去！

但愿我的光不会在悲伤之中熄灭！我的光应该成为照耀更遥远的世界之光，还要照耀最远的黑夜！

查拉图斯特拉就这样怀着忧虑的心情走来走去；三天之久，他不吃不喝，不睡觉，不说话。终于，他陷入沉睡之中。但是，他的弟子在漫长的守夜中坐在他的周围，忧心忡忡地等候他是否会醒过来，重新说话，从悲哀中恢复过来。

但是，当查拉图斯特拉醒过来后，说了下面一番话；他的声音传到他的弟子的耳朵里，却像来自遥远的地方。

"你们这些朋友，听听我做的梦，帮我猜猜这个梦的意思！这个梦对我来说还是一个谜；它的意思隐藏在梦中，被关闭在里面，还不能张开自由的翅膀从梦中飞出去。

我在梦中，我抛弃了所有的生活。在寂静的山上的死亡城堡里，我变成了守夜人和守墓人。

在山上我守护着这些死神的棺材：这些有霉味的墓窖全是死

---

① 指叔本华。

神的胜利标志。被征服的生命从玻璃棺材里注视着我。

我呼吸着落满灰尘的永恒者的气味：我的灵魂也蒙上灰尘，沉闷地躺着。谁能在那里让他的灵魂透透气呢！

午夜的光亮始终照在我的周围，孤独伴随在它的旁边；还有第三个，喉中发出喘息的死亡的寂静，我的女友中最坏的一个。

我带着钥匙，所有钥匙中生锈最严重的钥匙，我懂得用它打开所有大门中响声最大的那扇。

当门扇打开时，它的声音就像乌鸦发出的暴躁的噪音响遍长廊：这只鸟恶意地尖叫着，它不乐意被吵醒。

可是当响声停下来，四周又是一片寂静时，这里更可怕，更令人揪心，而我却独自坐在这潜伏着危险的寂寞中。

时间就这样悄悄地从我身旁溜走，如果我还有时间：对此我怎么知道！但是，最终发生了一件事，把我吵醒了。

三次敲门声，像打雷一样，墓窖发出三次回响和哀号：这时我向大门走去。

哎呀！我喊道，谁把他的骨灰送到山上？哎呀！哎呀！谁把他的骨灰送到山上？

我把钥匙插进去，推门，使尽力气。但是连一点门缝都没有推开。

这时一阵怒吼的风刮来把门扇吹开：它呼呼地、刺耳地尖叫着，把一口黑色的棺材扔到我面前：

在呼呼的、刺耳的尖叫声中，棺材裂开了，爆发出成千个笑声。

成千张面孔，有小孩的、天使的、猫头鹰的、傻瓜的、还有像小孩那样大的蝴蝶的面孔，对着我发出大笑、讥讽和怒吼。

对此我吓得要命：我被抛在地上。我恐惧得尖叫起来，我从来都没有这样尖叫过。

可是，我被自己的尖叫声惊醒了：——我清醒了。——”

查拉图斯特拉如是讲述了他的梦，然后一声不吭：因为他还不知道怎样解释他的梦。但是他最喜欢的一个弟子很快站起来，握着查拉图斯特拉的手，说道：

“啊，查拉图斯特拉！你本身的生活给我们解释了这个梦！

你本身不就是吹开死神城堡之门的呼啸的疾风吗？

你本身不就是充满生活中的各种恶意和天使面孔的棺材吗？

真的，查拉图斯特拉就像成千种的小孩大笑一样走进所有的墓地，他嘲笑那些守夜人和守墓人以及那些手拿阴沉的钥匙弄得叮当作响的人。

你将以你的笑声震惊他们，打倒他们。昏厥和苏醒将证明你的力量超过了他们。

即使漫长的昏暗和极度的疲劳到来，你也不会从我们天上消失，你这位生命的代言人！

你让我们看到新的星星和新的夜晚美景；真的，你撒开你的笑声，就像在我们上方张开一个五彩的帐篷。

现在将有小孩的笑声不停地从棺材里传出来；现在将有疾风不断地迅猛地吹向极度的疲劳：你本身就是这疾风的保证人和预言者！

真的，你梦见了他们本人，你的敌人：这是你最恐怖的梦！

可是，就像你被他们惊醒，恢复知觉一样，他们自己应该被自己惊醒——并且向你走来！”——

弟子这样说，这时，所有其他的弟子都挤到查拉图斯特拉周围，握住他的手，想劝他离开床榻，告别悲伤，回到他们中间来。可是查拉图斯特拉却挺起腰，坐在他的床上，流露出奇特的目光。就像一个长期居住在外地的归客一样，他凝视着他的弟子，打量着他们的面孔；他还是认不出他们。可是，当他们扶他起来，让他站在地上时，看，这时他的目光一下子变了：他明白了所发生的一切事情，捋了捋胡子，以响亮的声音说：

"好吧！现在这件事结束了；可是，我的弟子们，你们替我安排一下，做一顿美餐，尽快吧！我打算为这场噩梦进行补偿！

可是，那位预言者应该坐在我旁边一起吃喝：真的，我想让他看看他会在那里面淹死的大海！"

查拉图斯特拉如是说。可是，随后他望着那个释梦的弟子，长久地看着他的脸，然后摇摇头。——

拯救

有一天，当查拉图斯特拉走过一座大桥时，残疾人和乞丐围住了他，一个驼背人对他如是说：

"瞧，查拉图斯特拉！连民众都向你学习，并且信仰你的学说：可是，要让民众完全信仰你，还需要做一件事——你首先必须让我们残疾人信服！这里现在有一个好机会，真的，你要抓住时机！你可以医好盲人，使跛子奔跑；对于驼背的人，你也能帮他抚平一些：——我认为，这是使残疾人信仰查拉图斯特拉的好办法！"

可是，查拉图斯特拉这样回答刚才说话的那个人："如果替驼背人拿掉他背后凸出的部分，那就拿走了他的才智——民众如是教导说。如果治愈了盲人的眼睛，他就会看见世上太多丑恶的东西：于是他就会咒骂那个治好他眼睛的人。而使跛子奔跑的那个人给跛子带来极大的损害：因为他刚刚会奔跑，恶习就随之而来——民众谈到残疾人如是教导说。如果民众向查拉图斯特拉学习，为什么查拉图斯特拉不应该也向民众学习呢？

可自从我来到群众中以来，我看到：'这个人缺一只眼睛，那个人缺一个耳朵，第三个人缺一条腿，还有另一些人失去舌头或鼻子或脑袋。'可是，这对于我来说是微不足道的。

我现在见到，以前也见过一些更严重的事情，以及各种丑恶的行为，我不想什么都说，而有些事也不想沉默不言：也就是说，有些人什么都缺，唯独有一个部分多余出来——这些人什么也没有，只有一只大眼睛，或者一张大嘴，或者一个大肚子，或者某个部分特别大，——我称这些人为与残疾人相反的人。

当我从孤独中走出来，第一次走过这座桥时：这时我不相信自己的眼睛，我反复地看，最后说：'这是一只耳朵！像一个人那么大的耳朵！'我再认真地看看：真的，耳朵下面还有个什么东西在动，这东西细小，寒酸，瘦削，样子真可怜。实际上，这个大耳朵支在一根细长的杆子上，——这杆子却是一个人！谁要是戴上眼镜细看，甚至还可以认出一张嫉妒者的小面孔；也可以看到一个浮肿的小灵魂在杆子上晃动。可是民众对我说，这个大耳朵不仅是一个人，而且还是一个伟人，一个天才。可是，当民众谈到伟人时，我从来不相信他们说的——我坚持我的信念，这是个与残疾人相反的人，他各个部分都太小，有一个部分却多余出来。"

查拉图斯特拉对驼背人以及让驼背人当辩护人和代言人的那些残疾人说完这番话后，十分不满地转过身来对他的弟子说：

"真的，我的朋友们，我在群众中行走，就像踩在人的碎块和四肢上一样！

我发现民众被肢解成碎块，散落各处，就像在战场和屠宰场上一样，这对于我的眼睛是十分可怕的事。

要是我的目光从现在转移到过去：看到的情况始终是一样

的：碎块、四肢和可怕的偶然——但是没有人！

大地上的现在和过去——啊！我的朋友们——这是我最难以忍受的事情；如果我还不是一个能预知什么事情必将来到的先知者，那我就不懂得该如何生活。

一个预言者，一个希望者，一个创造者，一个未来本身和一座通往未来的桥——啊，似乎也还有这座桥边的驼背人：查拉图斯特拉就是这一切。

你们也经常自问：'对我们而言，查拉图斯特拉是什么人？他应该怎样称呼我们？'像我一样，你们也给自己提出要解答的问题。

他是一个许诺者？或者是一个实践者？一个征服者？或者是一个继承者？一个收获着？或者是一个耕耘者？一个医生？或者是一个康复者？

他是一个诗人？还是一个诚实的人？一个解放者？还是一个驯养者？一个善人？还是一个恶人？

我行走在人类未来的片段中：我遥望那个未来。

我搜集那些片段、谜和可怕的偶然，并完整地写成诗，这就是我所有的诗和追求。

如果人不是诗人，也不是解谜者和偶然的拯救者，我怎么能忍受做人呢！

拯救过去，把一切'过去是'改变为'我要这样'！——这对于我来说才是拯救！

意志——这就是解放者和带来欢乐者的名称：我曾经这样教导过你们，我的朋友们！现在还要学会这一条：意志本身还是一个囚犯。

意志要解放：但是还把解放者用链条拴住的东西叫什么呢？

'过去是'：这就是意志的切齿之恨和最孤寂的悲伤。对过去做过的事无能为力——意志对所有过去的事情来说只是一个愤怒的旁观者。

意志不可能想往回走；意志不可能打断时间和时间的欲望，——这就是意志最孤寂的悲伤。

意志要解放：意志本身想出什么办法脱离它的悲伤，嘲笑它的监狱？

啊，每个囚犯都会变成傻瓜！被囚禁的意志也愚笨地去拯救自己。

时光不会倒流，这就是意志的愤怒；'这是过去的东西'——这就是意志不能撼动的石头。

于是意志出于气愤和恼怒而推动石头，并且对那些不像它那样感到气愤和恼怒的事物进行报复。

因此，意志，也就是解放者，就成了痛苦制造者：它因为不能往回走，而对所有能忍受痛苦的东西进行报复。

这一点，是的，仅仅这一点就是报复本身：就是意志对时间和时间的'过去是'的厌恶。

真的，在我们的意志中包含一个大愚蠢；这个愚蠢学到了才智，就变成对全部人性的诅咒！

报复的精神：我的朋友们，迄今为止，这是人类最出色的思考；哪里有痛苦，那里始终就该有惩罚。

'惩罚'，即报复的自称：它用谎言把自己伪装成问心无愧。

因为意欲者心中有痛苦，他又不可能往回走，——因此，意志本身和全部生命，都应该——成为惩罚！

现在精神上面一层层云彩在翻滚：终于，疯狂来宣讲：'一切都要逝去，所以一切都应该消逝！'

'时间必须吃掉它的孩子，这是时间的法则，这本身是公正的。'疯狂如是宣讲。

'事物是按照正义和惩罚来安排道德的秩序。啊，哪里有对事物之流动和惩罚之"存在"的拯救呢？'疯狂如是宣讲。

'如果有永恒的正义，还会有拯救吗？啊，"过去是"之石头是推不动的：因此，一切惩罚也必须是永恒的！'疯狂如是宣讲。

'没有什么行动可以被消灭：行动怎么能由于惩罚而不发生呢！存在也必然永远重复成为行动和罪过，这，这就是惩罚之"存在"的永恒性！

除非意志最终自我拯救，意欲成为无意欲——'可是，我的兄弟们，你们知道，这是疯狂的愚言之歌！

我曾教导你们说：'意志是一个创造者。'当时我带领你们远离这愚言之歌。

一切'过去是'都是片断、谜和可怕的偶然——直到创造的意志对此说：'但是我曾经愿意它这样！'

——直到创造的意志对此说：'但是，我现在愿意它这样！我将来愿意它这样！'

可是，意志已经这样说过了吗？这是什么时候发生的？意志已经脱离它自己的愚蠢了吗？

意志本身已经变成拯救者和带来欢乐者了吗？它已经忘记报复的精神和所有切齿之恨了吗？

谁教会意志与时间和解以及高于一切和解的东西呢？

意志是强力意志，它必然会要求高于一切和解的东西——：可是，它是怎么发生的呢？谁还会教它往回想呢？”

——可是查拉图斯特拉说到这里，突然停住，看上去完全像个极度受惊的人。他用惊恐的眼光望着他的弟子；他的目光像箭一样穿透了他们的思想和内心的想法。可是，过了片刻，他又笑起来，平心静气地说：

“与人相处是很难的，因为沉默寡言是如此困难。特别对一个好饶舌的人来说更是如此。”——

查拉图斯特拉如是说。可是，驼背人倾听着他说话，同时捂住了自己的脸；当他听到查拉图斯特拉大笑时，好奇地抬头看，慢吞吞地说：

“可是，为什么查拉图斯特拉对我们说的话不同于对他的弟子说的话呢？”

查拉图斯特拉答道：“这有什么奇怪呢！跟驼背人说话可以用驼背的方式！”

“好，”驼背人说，“跟弟子说话可以泄露秘密。

可是，为什么查拉图斯特拉对他的弟子说的话——不同于对他自己说的话呢？”——

人生的智慧

不是山峰，而是山坡才是可怕的！

在山坡上，目光往下看，而手却要向上抓。这时，心面临它的双重意志而感到眩晕。

啊，朋友们，你们也许已猜测出我心里的双重意志了吧？

我的目光望着山峰，而我的手却想在低处抓着，支撑着。这，这就是我的山坡，我的危险！

我的意志紧紧抓住人，我用链条把我和人拴在一起，因为要把我往上拉到超人那里去：因为我的另一个意志要到那里去。

对此，我盲目地生活在世人中间；就像不认识他们似的：为了我的手不至于完全失去对坚实之物的信念。

我不认识你们世人：这种昏暗和安慰常常弥漫在我的周围。

我坐在每个无赖必经的通道旁边，问道：谁愿意来骗我？

这是我的第一种人生的智慧：我让别人来骗我，为了不用去提防骗子。

啊，如果我提防世人：世人怎能做牵制我的气球的铁锚呢！那样就太容易把我拉上去，拉走！

这是支配我命运的天意，我必须去掉戒心。

在世人中间谁不想渴死，就必须学会从所有的杯子里喝水；在世人中间谁想保持清洁，就必须懂得用脏水也能洗澡。

于是，我经常自我安慰说："好吧！好吧！我年老的心！你没有遇到不幸，就把不幸当作你的幸福来享受吧！"

可是，这是我第二种人生的智慧：比起高傲者，我更宽容虚荣者。

受伤害的虚荣心不是所有悲剧之母吗？但是，在高傲受伤害的地方，那里还会生出比高傲更好一点的东西来。

为了能够很好地观看人生，人生这场戏必须演好；但是，为此需要好演员。

我发现所有的虚荣者都是好演员：他们表演，并且希望人们喜欢观看他们，——他们的全部精神都集中在这种意志上。

他们虚构情节，尽情表演；我喜欢在他们周围观看人生这场戏，——它可以治疗忧郁。

因此我宽容虚荣者，因为他们是医治我的忧郁的医生，并且使我紧紧地依附民众，犹如留恋戏剧一样。

然后：谁能测出虚荣者身上的谦虚有多深！我喜欢虚荣者，同时对于他的谦虚深感惋惜。

他想从你们那里学会自信；他从你们的目光中吸取营养，从你们的手里享用赞美。

如果你们巧妙地对他说谎，他也相信你们的谎言：因为他在内心里叹息："我算得了什么！"

如果说真正的道德就是不了解自己本身：那么，虚荣者就是不了解自己的谦虚！——

可是，这是我的第三种人生的智慧：我不会由于你们的恐惧而使自己失去注视恶人的模样的兴趣。

我非常高兴看到炎热的太阳所孵化的奇迹：老虎、棕榈树、响尾蛇。

甚至在人世间也有炎热的太阳所孵化的美丽的后代，还有许多令人惊讶的恶魔。

更确切地说，正如你们的最有智慧者在我看来也不那么聪明一样，我也发现世人的恶毒也没他们的名声那么坏。

我常常摇摇头问道：你们这些响尾蛇，为什么还一直发出啪嗒啪嗒的声响？

真的，对于恶人来说也还有一个未来！而对于世人来说最酷热的南方还没有被发现。

有些东西现在称为极度的邪恶，可是它只不过十二英尺宽，三个月大的长度！可是，总有一天还有巨龙出生。

因为超人不能缺少他的龙，那种与他相称的超龙：对此需要炎热的太阳多多照射到潮湿的原始森林里！

你们的野猫必须先演变为老虎，你们的毒蛤蟆必须演变为鳄鱼；因为好猎手应该有好猎物！

真的，你们这些善良人和正义者！你们有许多可笑的东西，特别是你们对至今被称为"恶魔"的恐惧！

你们的灵魂对伟大的事物如此陌生，因此超人的善使你们感到恐惧！

你们这些智者和学者，你们也许会躲避智慧之烈日，可是超人却快乐地在烈日下裸体沐浴！

你们这些我的目光所遇到的最高级的人！这是对你们的怀疑

和窃笑：我猜测，你们也许会称我的超人为——魔鬼！

啊，我已厌倦这些最高级的人和上等人：我要求自己离开他们的"高处"，向上，向外，直奔超人！

当我看到这些上等人赤身裸体时，一种恐惧向我袭来：这时我生出翅膀继续飞往遥远的未来。

飞往比任何艺术家梦想过的更遥远的未来，更南的南方：飞往神仙们都以一切衣裳为耻的地方！

可是，你们这些邻人，同胞们，我想看到你们装扮起来，好好打扮一下，像"善人和正义者"那样爱虚荣，那样有尊严。——

我自己也想装扮一下坐在你们中间，——使我认不出你们和我：这是我最后的人生智慧。

查拉图斯特拉如是说。

最宁静的时刻①

我的朋友们，我怎么了？你们看见我不知所措，紧紧张张，勉强服从，准备走路——啊，要离开你们！

是的，查拉图斯特拉必须再一次回到他的孤寂中：但是，这一次这头熊不乐意回到他的洞里去！

我怎么了？这是谁下的命令？——啊，是我生气的女主人想这样做，她曾经对我说：我曾经对你们说过她的名字吗？

昨天傍晚，我的最宁静的时刻对我说：这是我可怕的女主人的名字。

事情是这样发生的——因为我必须把一切告诉你们，使你们的心不会由于我突然的离开而变得冷酷起来！

你们知道入睡者的惊恐吗？——

他惊恐万状，因为他脚下的地面消失了，梦幻开始了。

我用比喻告诉你们这件事。昨天，在最宁静的时刻，我脚下的地面消失了：梦幻开始了。

---

① 最宁静的时刻命令查拉图斯特拉宣告永恒回归的真理。

指针在移动，我生命的时钟在呼吸——我从来没有听过我的周围如此寂静：因此我的内心感到惊慌。

然后，有人无声地对我说："你知道它^①吧，查拉图斯特拉？"——

听到这轻声低语，我吓得惊叫起来，脸色变得苍白：但是我默不出声。

但是那个人再次无声地对我说："你知道它，查拉图斯特拉，但是你不说！"——

我最终像个固执的人那样答道："是的，我知道，但我不想说！"

这时，那个人又一次无声地对我说："你不想说，查拉图斯特拉？这是真的吗？不要装作固执的样子！"——

我像小孩一样哭了，颤抖着，并且说："啊，我本来愿意说，但是我怎么能做得到呢！就免了吧！这是我力所不能及的事！"

这时，那个人再一次无声地对我说："这跟你有什么关系呢，查拉图斯特拉！把你的话说出来，伤透脑筋了吧！"——

我答道："啊，这是我说的话吗？我是谁呢？我等待更值得尊敬的人；我也不配为他伤脑筋。"

这时，那个人又一次无声地对我说："这跟你有什么关系呢？我看你还不够谦卑。谦卑的皮是最硬的。"——

我答道："我谦卑的皮没有什么不能承受的！我住在高山的脚下：我的顶峰有多高？还没有人告诉过我。但是我很熟悉我的

---

① 指永恒回归的思想。

山谷。"

这时，那个人再一次无声地对我说："啊，查拉图斯特拉，谁能移山，他也能移山谷和低地。"——

我答道："我的话还没有移动过什么山，我说的话也没有传到世人那里去。我确实要去世人那里，但是还没有到达他们中间。"

这时，那个人又一次无声地对我说："你对此知道什么！当夜里最寂静时，露水降落到草地上。"——

我答道："当我找到我自己的路，并走自己的路时，他们就嘲笑我；其实，当时我的脚在颤抖。

于是他们就对我说：你曾经忘记了要走的路，现在你也忘记了怎样走路！"

这时，那个人再一次无声地对我说："这跟他们的嘲笑有什么关系呢！你是一个已忘记服从的人：现在你应该下达命令！

你不知道，谁是大家最需要的人？就是发布命令做伟大事业的人。

完成伟大事业是困难的：但是更难的是发布做伟大事业的命令。

这是你最不可宽恕的地方：你有权力，而你却不愿统治。"——

我答道："我缺少狮子的声音去下达所有的命令。"

这时，那个人又一次对我窃窃私语："最宁静的说话招来暴风雨。悄悄而来的思想引导世界。

哦，查拉图斯特拉，你应该作为必将来到者的影子行走：这样你将发布命令，可以发号施令走在最前头。"——

我答道："我感到羞愧。"

这时，那个人再一次无声地对我说："你还必须变成小孩，不要有羞愧感。

你的身上还有青春的高傲，你很迟才变得年轻；但是谁想变成小孩，他也必须超越他的青春。"——

我思考了很久，并且在颤抖着。但是，我终于说出了我最初说的话："我不愿意。"

这时，在我周围响起了一阵笑声。哎呀，这一阵笑声是怎样撕开我的内脏，使我心碎欲裂啊！

那个人最后一次对我说："哦，查拉图斯特拉，你的果实已经成熟了，但是你还没有成熟到可以去收获你的果实！

因此，你必须再回到孤寂中去：因为你还应该变得更成熟些。"——

又是一阵笑声，然后笑声消失；随后我周围变得寂静，双倍寂静。可是我躺在地上，汗水从我的四肢流出。

——现在你们听到了这一切，就明白我为什么必须回到我的孤寂中去。我对你们毫无隐瞒，我的朋友们。

但是，你们也从我这儿听说了，谁始终是所有世人当中最严守秘密的人——而且愿意成为这样的人！

啊，我的朋友们！我本该还有一些话要对你们说，我本该还有一点东西要给你们①！我为什么不给予呢？难道我是一个吝啬的人吗？——

① 指永恒回归的思想。

可是当查拉图斯特拉说完这些话后，一阵剧烈的痛苦向他袭来，即将与他的朋友们告别使他放声大哭；谁也无法安慰他。可是，夜里他一个人走了，离开了他的朋友们。

查拉图斯特拉如是说

一本为所有人，也不为任何人写的书

 第三部

如果你们渴望升高，你们就向上仰望。而我是向下俯视，因为我已经升高。

　　你们当中谁能够同时大笑和升高呢?

　　谁登上最高的山峰，谁就嘲笑所有的悲剧和真实的悲剧。

　　《查拉图斯特拉如是说》第一部《阅读与写作》

漂泊者

午夜，查拉图斯特拉行路越过这个岛的山梁，他要在清晨抵达对面的海岸：因为他要在那里乘船。那里有个不错的码头，外国船也喜欢在那里停泊；这些船只运送那些想从幸福岛渡海过去的乘客。现在当查拉图斯特拉登上山路时，他途中回忆起自己从青年时期起就经常孤独地漂泊，攀登过多少山脉、山梁和山峰。

"我是一个漂泊者和登山者，"他对自己的内心说，"我不喜欢平原，似乎我不能长久静静地坐着。

无论我遇到什么样的命运和经历，——其中都会有漂泊和登山①：一个人最终只是体验自己。

我还能遇到机缘的时代已经过去了；现在还有什么是我尚未拥有的东西，还会降临到我的身上呢！

我只有回来，我终于回家——我自己的自我，自我中的东西长期漂泊在异乡，飘落在万物和机缘中间。

我还知道一件事：我现在站在我的最后的山峰之前，这是我

---

① 以登山比喻要不懈地超越自己，达到自己的顶峰。

逗留最久的山峰。啊，我必须登上我的最艰难的道路！啊，我开始了我的最孤寂的漂泊！

可是，谁与我是同类型的人，他就无法逃避这样一个时刻，这个时刻会对他说：'现在你才走上你的伟大事业之路！高峰和深渊——现在它们已经合为一体了！

你走你的伟大事业之路：向来被称为你的最后的危险的地方，现在成了你的最后的庇护所！

你走你的伟大事业之路：现在你后无退路，这肯定给你最大的勇气！

你走你的伟大事业之路：这里不会有人偷偷地尾随着你！你的脚已毁坏了你身后的道路，路面上写着：不可能。

如果从现在起你缺少所有的梯子，那么你必须懂得，你还可以登上你自己的头顶：你还能想其他的办法向上攀登吗？

登上你自己的头顶，越过你自己的心！现在你身上最温柔的东西还必须变成最坚强的。

谁过分爱惜自己，他最后会由于自己过分的爱惜而生病。去赞美使人坚强的东西吧！我不会赞美流出奶油和蜂蜜的地方！

必须学会不考虑自己，才能看得多：——这种坚强对于每个登山者都是必要的。

可是，谁作为有识之士以目光逼人，那么他对于万物，除了看见表层的东西外，怎么能看得更多呢！

可是你，哦，查拉图斯特拉，你想看到万物的根本和背景：那么你就必须超越自己向上登，——向上登，直到你看见你的星群在你脚下！

是的！俯视我自己，还有我的星群：这才是我的顶峰，留给我的最后的顶峰！——'"

查拉图斯特拉在登山时对自己如是说，用坚定的言辞安慰他的心：因为他的心还从未受过如此伤痛。当他登上山梁的高处时，瞧，另一边大海展现在他面前：他停下脚步，沉默了很久。可是，高山之夜寒冷，晴朗，星光灿烂。

我认清我的命运，他最终悲伤地说。好吧！我已准备好了。我最后的孤寂才开始。

啊，这片黑沉沉的、悲伤的海在我脚下！啊，这个充满哀愁的黑夜！啊，命运和大海！现在我必须降落到你们那里去！

我站在我的最高的山面前，面临我的最长久的漂泊：因此我首先必须降落到我从未到达过的深处：

——降落到我从未经受过的更深的痛楚，直到它最黑暗的洪流！这是我命运的要求：好吧！我已经准备好了。

最高的山是从何处来的？我曾经这样问道。后来我知道了，它们来自大海。

这个证据写在它们的岩石上，写在它们的顶峰的石壁上。最高的岩石必须从最深处升起，才能达到它的高度。——

查拉图斯特拉在寒冷的山顶上如是说；可是，当他来到大海附近，最终独自站在峭壁之间时，他途中感到疲劳，比以前更加充满渴望之情。

现在一切都还在沉睡，他说；大海也在酣睡。它的眼睛睡意蒙眬地茫然地望着我。

但是我感觉到，它的呼吸是温和的。我也感觉到，它在做梦。梦中它在坚硬的枕头上辗转反侧。

听啊！听啊！它是如何因为不愉快的回忆而呻吟！也许是怀着不愉快的期待吧？

啊，我与你一同悲伤，你这黑茫茫的怪物，甚至还因为你，而怨恨我自己。

啊，我的手没有足够的力量！真的，我乐意把你从噩梦中解救出来！——

查拉图斯特拉一边如是说着，一边忧郁而痛苦地嘲笑自己。"你当真！查拉图斯特拉！"他说，"你还想对大海唱安慰之歌吗？

啊，查拉图斯特拉，你这个充满爱的傻瓜，你这个对人信任的乐天派！可是，你一向如此：你总是非常信任地走近一切可怕之物。

你还想去抚摩一下每一只怪物。一丝温暖的呼吸，一撮前爪上柔软的茸毛——：你马上就准备爱它，诱惑它。"

最孤独者的危险是爱，是对一切有生命之物的爱！真的，在我的爱中愚蠢和谦卑是可笑的！——

查拉图斯特拉如是说，再次笑起来：可是，这时他想起了他离弃的朋友们——，他对这种想法感到生气，就好像他有这种想法就是对他们犯罪似的。随后，这位发笑的人哭了：查拉图斯特拉因愤怒和渴望悲伤地痛哭起来。

幻象与谜①

1

当船员中间流传查拉图斯特拉在这条船上时，——因为有个从幸福岛来的人跟他同时上船——一时间产生了巨大的好奇和期待。可是，查拉图斯特拉沉默了两天，因为忧伤显得冷漠，凡事充耳不闻，不理睬投来的目光，不回答询问的问题。可是，到了第二天晚上，他又竖起耳朵听，尽管仍然沉默不语：因为这条船从远处开来，又要驶向远方，船上可以听到许多奇特的和惊险的故事。可是，有一种人喜欢远游，不冒险就活不下去，查拉图斯特拉正是所有这种人的朋友。瞧！他最后在倾听时，他的舌头动弹了，心里的冰块溶解了：这时他开始如是说：

你们这些勇敢的探索者和尝试者，你们曾经驾着轻巧的帆船在惊涛骇浪的大海上航行，——

你们这些陶醉于谜的人，欢呼曙光的人，你们的灵魂被笛声

①指永恒回归的预感。

引诱到每个令人困惑的深渊：

——因为你们不想用怯懦的手去探索一根线索；在你们能够猜对的地方，你们就会憎恨推断——

我仅仅对你们讲述我看见过的这个谜——这是这个孤独者的幻象。——

最近我阴郁地走过死尸色的朦胧之中，——闷闷不乐，冷酷无情，嘴唇紧闭。我觉得，这不仅是一个太阳沉落了。

一条碎石铺成的山路倔强地向上延伸，一条险恶而孤寂的山路连杂草和灌木也不再搭理它：一条山路在我倔强的脚下嘎嘎作响。

默默地踏过发出嘲弄般的沙拉沙拉响的小石子，踩着滑脚的石头：我的脚就这样强迫自己向上。

向上：——不管那个将我的脚往下拉、往深渊拉的精灵，那个重压之魔，我的魔鬼和大敌。

向上：——不管他坐在我身上，那个半侏儒，半鼹鼠；那个瘸子；那个使人跛行的瘸子；那个把铅滴进我的耳朵里，把铅滴一样的思想滴入我的大脑里的家伙。

"哦，查拉图斯特拉，"他以讽刺的口吻低声地说出一个个字眼，"你是智慧之石头！你把自己抛上高处，但是，每一块抛上去的石头必定会——掉落下来！

哦，查拉图斯特拉，你这智慧之石，你这弹弓上的石头，你这星球破坏者！你把自己抛得那么高，——但是，每一块抛上去的石头——必定会掉落下来！

谴责你自己吧，谴责你的投石行为吧：哦，查拉图斯特拉，你把石头抛得远远的，——可是，它会回落到你自己身上！"

侏儒说到这里就沉默不语；他沉默了很久。可是，他的沉默使我很压抑；两个人这样待在一起，确实比单独待着还要孤寂！

我登高，我登高，我梦想，我思考，——可是，一切压迫着我。我像一个病人，被严重的病痛折磨得疲惫不堪，又被噩梦从酣睡中惊醒。——

可是，我身上有某种东西，我称之为勇气：直到现在，它为我横扫一切烦恼。最后，这种勇气命令我停下脚步，并说："侏儒！你！或者我！"

勇气是最佳的战士，——勇气发起进攻：因为在每一次进攻中都吹响军号。

但是，人是最英勇的动物：因此人战胜任何动物。人用军号声还可以战胜任何痛苦；可是，人的痛苦是最深重的痛苦。

勇气也克服面临深渊时的眩晕：人站在何处才不会面临深渊呢！观察本身不就是——观察深渊吗？

勇气是最佳的战士：勇气也可以制胜同情。可是，同情是最深的深渊：人们观察人生有多深，观察痛苦就有多深。

勇气是最佳的战士，勇气发起进攻：勇气还能战胜死亡，因为它说："这就是人生吗？好吧！再来一次！"

可是，在这样的格言中常常吹起响亮的军号。谁长有耳朵，请听吧。——

2

"站住，侏儒！"我说，"我！或者你！可是，我们两人中我是强者——：你不懂得我深不可测的思想！这种思想——你无法承受！"——

这时发生了一件事，使我轻松了一点：因为侏儒从我肩上跳下来，这个好奇的家伙！他蹲到我面前的一块石头上去。可是在我们停下来的地方刚好有一条门道。

"看这条门道，侏儒！"我继续说，"它有两个朝向。两条路在这里会合在一起：还没有人在这两条路上走到底。

这条长路向后：它延伸到永恒。那条长路向前：它延伸到另外一个永恒。

这两条路反向而行；它们刚好在顶头相接：——在这里，在这条门道旁边，它们会合在一起。这条门道的名字写在上面：'瞬间。'

可是，谁要是从两条路中选择一条继续行走——那么他会越走越远：侏儒，你相信这两条路永远是反向而行的吗？"——

"一切成直线，这是说谎，"侏儒蔑视地嘟哝着，"一切真理都是弯曲的，时间本身是个圆周。"

"你这重压之魔！"我愤怒地说，"你不要太轻率了！或者我让你一直蹲在你现在蹲着的地方，瘸子，——我把你扛得太高了！"

"瞧，"我接着说，"瞧，这个'瞬间'！从这个'瞬间'门道开始，一条永恒的长路向后延伸：在我们背后延伸着一条永恒。

万物中能走的，不是想必在这条路上走过一次了吗？万物中能发生的事不是想必发生过，完成过，在这条路上走过一次了吗？

如果这一切都已经存在过：你这个侏儒对这个瞬间有什么看法呢？这条门道不是想必已经——存在过了吗？

万物不都是这样紧密地结合在一起，以致这个瞬间也要吸引住一切要发生的事物吗？因此——它也要吸引住自己吗？

因为，万物中能行走者：也必须在这条长路上向前——再走一次！——

这个在月光中缓慢爬行的蜘蛛，还有月光本身，还有在这条门道上一起低语、交谈永恒事物的我和你——我们不是想必都存在过了吗？

——归来，走到我们面前向前延伸的那另一条路上，在这条漫长而可怕的路上——我们不是想必永恒地归来吗？——"

我如是说，声音越来越低：因为我担心我自己的思想和内心的想法。这时，我突然听到一只狗在附近吼叫。

我曾经听过一只狗这样吼叫吗？我的思想回忆起从前。是的，当我还是小孩时，在遥远的儿童时期：

——当时我听过一只狗这样吼叫，我也看到它，它竖起毛来，昂着头，颤抖着，在那极其寂静的午夜，连狗也相信有鬼：

——于是这使我产生了怜悯心。正好那时，一轮满月死寂地在屋顶上空升起，正好一个圆圆的火球停在那里，——静静地停在平坦的屋顶上空，就像停在别人的财产上：

因此，当时狗也吓坏了：因为狗以为有贼和鬼。当我又听到它吼叫时，我再次对它产生了怜悯心。

现在侏儒到哪里去了？那条门道呢？蜘蛛呢？还有所有的窃窃私语呢？我在做梦吗？我醒着吗？突然间，我孤单地寂寞地站在荒芜的礁石之间，站在最寂寞的月光里。

可是，那里躺着一个人！那里！这只狗跳起来，竖起毛来，哀鸣着，——现在它看到我来了——这时它又吼叫起来，在那里吼叫起来：——我可曾听过一只狗如此大声地呼救吗？

真的，我所见的，同样的情况是我从来没有看见过的。我看到一个年轻的牧羊人，他蜷缩着，哽塞着，颤抖着，面孔扭曲了，他的嘴边悬挂着一条粗大的黑蛇。

我可曾在一张面孔上见过如此令人恶心和惊恐失色的表情吗？他也许睡着了吧？那时蛇爬进了他的咽喉——并紧紧地咬住了那里。

我用手去拉那条蛇，再拉：——徒劳！我没有把蛇从咽喉里拉出来。这时，我脱口喊道："咬住！咬住！"

"咬掉它的头！咬住！"——我这样脱口喊道，我的恐惧，我的憎恨，我的厌恶，我的怜悯，所有我的善和恶，以一个喊声从我内心里冲出去。——

你们，我周围的勇敢者！你们这些探索者，尝试者，以及你们当中驾着轻巧的帆船在玄妙莫测的大海上航行的人！你们这些谜团爱好者！

那么，你们就给我猜一下我当时见到的谜吧，给我解释一下最孤独者的幻象吧！

因为那是一个幻象，一个预言：——我当时使用比喻见到了什么？总有一天肯定要来的人是谁？

咽喉里爬进蛇的那个牧羊人是谁呢？一切最沉重、最黑暗的东西将要爬进他的咽喉里的那个人是谁呢？

——可是，牧羊人咬了，就像我的喊声劝告他的那样；他猛地咬下去！他把蛇头吐得远远的——：并且跳了起来。——

不再是牧羊人，不再是人，——而是一个变形者，一个大笑着的照耀者！人世间还从来没有过一个人像他那样笑过！

哦，我的兄弟们，我听到一种笑声，这不是人的笑声，——

这时一种渴望侵袭着我，一种渴望，一种永不停止的渴望。

我对这种笑的渴望侵袭着我：哦，我如何能忍受再活下去！我如何能忍受现在就去死！——

查拉图斯特拉如是说。

违背意愿的幸福

查拉图斯特拉心里带着这样的谜和苦涩渡海去了。可是，当他离开幸福岛和他的朋友们航行了四天之后，他已经克服了他全部的痛苦——：他充满胜利地以坚定的步伐重新站在他的命运之上。当时，查拉图斯特拉对他喜悦的良心如是说：

我又是独自一人，我愿意孤独，愿意单独跟纯洁的天空和自由的大海在一起；又是午后的时光陪在我的周围。

以前，在下午，我第一次找到我的朋友，第二次也是在下午：——此刻，一切的光都变得更加宁静。

因为幸福还在天地之间的途中，它正在为自己寻找一个光明的灵魂作为住宿地：一切的光由于幸福现在变得更加宁静。

啊，我人生的下午！我的幸福曾经也降到深谷为自己寻找住宿地：在那里它找到了坦诚而好客的灵魂。

啊，我人生的下午！我什么没有付出过，为了得到一件东西：我的思想这个生气勃勃的园地，以及我的最高希望的这种曙光！

曾经，创造者寻找过伙伴和他的希望的孩子们：瞧，结果发现，他不可能找到他们，除非，他先把他们本身创造出来。

于是，我正忙于我的工作，向我的孩子们走去，又从他们那里回来：为了他的孩子们，查拉图斯特拉必须使自己尽善尽美。

因为从根本上说，人只爱他的孩子和事业；对自己本身怀着伟大的爱，这种爱就是妊娠的象征：我是这样认为的。

我的孩子们还在他们的第一个春天里就已经抽芽变绿，他们互相紧挨着站在一起，共同在风雨中摇曳，我园中的树木，最优质土壤上的树木。

真的，有这样的树木生长在一起的地方，那里就是幸福之岛！

可是，有一天，我想把它们挖出来，将它们每一棵单独种植：让它们学会孤寂、顽强和谨慎。

让它们长满节疤，弯弯曲曲，柔中带刚，屹立在海边，成为不可征服的生命的活灯塔。

在风暴猛烈吹向大海的地方，在群山之长鼻饮水的地方，每一棵树总有一天在那里日夜站岗，让人们去检验它，认识它。

它应该接受检验，应该让人们去认识它，看它是否和我同类同族，——看它是否能支配一种长久的意志，即使它说话，也是沉默寡言，并且能伸能屈，在给予时也能索取：——

——有一天它将成为我的伙伴，成为查拉图斯特拉的共同创造者和共同庆祝者——：这样一种人，它要把我的意志写在我的碑铭上：使万物达到尽善尽美的高度。

为了它和它的同类，我必须完善自己：因此，我现在要回避幸福，愿意为一切不幸而献身——为了对我进行最后的检验和认识。

真的，是时候了，我要走了；漂泊者的影子、最长久的逗留和最寂静的时刻——这一切都劝告我："时间很紧迫了！"

风从钥匙孔里向我吹来，说："来吧！"门巧妙地打开了，说："走吧！"

可是，我躺着，对我的孩子们的爱使我脱不了身：渴望对我下了圈套，渴望爱使我成了我的孩子们的牺牲品，为了他们而失去自我。

渴望——这对我意味着：失去自我。我拥有你们，我的孩子们！在这种拥有中，一切都应该是自信而有把握的，不存在任何渴望。

我的爱之阳光蒸晒在我的身上，查拉图斯特拉只思考自己的事——这时，影子和怀疑从我身上飞走。

我已经渴望严寒和冬天："哦，但愿严寒和冬天再次让我在冰层上踩踏吧！"我叹息着：——这时冰冷的雾气从我的内心里升腾起来。

我的过去为痛苦冲破了坟墓，有些被活埋的痛苦苏醒过来了——：它们只是藏在裹尸布里酣睡了一场。

于是，一切以预兆的方式对我喊道："是时候了！"——但是我没有听到：直到最后我的深渊被触动了，我的思想咬住了我。

啊，深渊的思想，你就是我的思想！什么时候我才具有这种力量，听到你挖掘的声音而不再颤抖？

当我听到你挖掘的声音，我的心一直跳到了嗓子眼儿！你的沉默还会勒住我的脖子，你这深渊般的沉默者！

我还从来不敢呼唤你上来：我拥有你就够了！我还没有足够的力量达到最后的狮子的傲慢和恶意。

对我而言，你的重压始终是十分可怕的：可是，总有一天，我还会获得力量，发出狮子的吼声，把你叫喊上来！

当我首先在这方面战胜了自己，然后我还想在更重大的方面战胜我自己；胜利会成为我的完美的印记！——

这期间我还在茫茫的大海上漂流；偶然在奉承我，这个说恭维话的家伙；我向前看又向后望——，我还是看不到尽头。

我最后战斗的时刻还没有到来，——或许它正在到来？真的，大海和人生以阴险之美在周围注视着我！

哦，我人生的下午！哦，傍晚前的幸福！哦，深海的港口！哦，隐隐约约的和平！我是多么不信任你们！

真的，我不信任你们的阴险之美！我就像恋人一样，不相信太妩媚的微笑。

就像嫉妒者从他面前推开他至爱的人一样，——尽管他刚中带柔——，我也把幸福时刻从我面前推开。

你走吧，你这幸福的时刻！与你同来的是违背意愿的幸福！我站在这里，乐意接受我最深重的痛苦：——你来得不是时候！

你走吧，你这幸福的时刻！宁可在那里留宿——在我的孩子们那里！赶快吧！在傍晚前还以我的幸福祝福他们！

这时已接近傍晚：太阳落下。到那儿去吧——我的幸福！——

查拉图斯特拉如是说。他整夜在等候他的不幸：可是，他的等待是徒劳的。夜晚一直是明亮而寂静的，幸福本身离他越来越近。可是拂晓时，查拉图斯特拉对着自己的内心发笑，并且讽刺地说："幸福追求我。这是由于我不追求女人。而幸福是一位女性。"

日出之前

哦，我头顶上方的天空，你这纯洁者！深邃者！你这光之深渊！我仰望着你，由于神圣的渴望而颤抖。

把我自己抛到你的高空。——这是我的深邃！把我自己藏进你的纯洁里——这是我的清白！

他的美遮掩了上帝：你也隐藏了你的群星。你不说话：你却因此向我揭示了你的智慧。

今天，你为我默默地高悬在波涛汹涌的大海上空，你的爱和你的羞愧，向我汹涌的灵魂吐露心声。

你隐藏在你的美之中，优雅地向我走来，你默默地对我说话，显示出你的智慧。

哦，我怎么会猜测不出你的灵魂的一切羞愧！在日出之前你向我走来，走向这个最寂寞的人。

我们从一开始就是朋友：我们有共同的忧伤、恐惧和大地；我们还共同拥有太阳。

我们互相不交谈，因为我们知道得太多了——：我们相对无言，我们微微一笑，彼此心领神会。

你和我，不是光与火的关系吗？你洞察我，不是因为姐妹的心灵相通吗？

我们曾经共同学习一切；我们曾经共同学习攀登超越自我和灿烂地微笑。

——当强制、目的和罪过在我们下面像雨雾般弥漫时，我们睁开明亮的眼睛，开朗地微笑着，从远处往下看。

我独自漂泊：在夜间，在迷途，我的灵魂为谁忍饥挨饿？我登山，我在山上要是不找你，还能找谁呢？

我的一切漂泊和登山：只是不得已而为之，是笨拙者的一种应急措施：——我的全部意志只是想飞行，飞到你里面去！

比起漂浮的云和玷污你的一切，我更厌恶什么呢？我更厌恶我自己的怨恨，因为我的怨恨玷污了你！

我讨厌浮云，这悄悄行走的山猫：它们从你和我这里抢走属于我们共有的一切，——巨大无限的同意和阿门。

我们厌倦这些中介者和混合者，这些漂浮的云：这些半心半意的东西，既不懂得祝福，又不懂得彻底诅咒。

我宁愿在云彩密布的天空下坐在木桶里，宁愿坐在看不见天空的深渊里，也不愿看到你这明净的天空被浮云玷污！

我常常渴望用锯形的闪电金丝把浮云捆绑住，以便我像雷那样在它们鼓起的肚子上打鼓：——

——一个愤怒的鼓手，因为它们从我这里夺走了对你的同意和阿门，你，我头顶上方的天空，你这纯洁的天空！你这明净的天空！你这光的深渊！——因为它们从你那里夺走了我的同意和阿门。

因为我宁愿要喧哗、雷声隆隆和暴风雨的诅咒，也不要那种谨慎而多疑的猫的安静；在世人中间我也最厌恶一切谨小慎微者、半心半意者和狐疑而犹豫不决的浮云般的人。

"谁不会祝福，他就应该学会诅咒！"——这句响亮的教谕从明亮的天空落到我的心田里，这颗星甚至在黑夜里也镶在我的天空上。

可是，只要你围绕着我，你这纯洁的天空！明净的天空！你这光的深渊！我就是祝福者和赞同者——我要把我的祝福和赞同的言辞带到一切深渊里去。

我变成了祝福者和赞同者：为此我奋斗了很久，并成为奋斗者，有朝一日我也许可以放手去祝福。

而这就是我的祝福：凌驾在万物之上，作为它自己的天空，作为它的圆形屋顶，它的蓝色大钟和永恒的安全：谁这样祝福，他就幸福了！

因为万物在永恒的泉边和善恶的彼岸接受洗礼；可是善恶本身只是一闪而过的影子、两眼湿润的忧伤和浮云。

真的，如果我教导："在万物之上高悬着偶然的天空、清白的天空、无意的天空、傲慢的天空。"那么，这是祝福而不是亵渎。

"偶然"这是世界上最古老的贵族，我把它还给万物，我把万物从有目的的奴役状态中解救出来。

当我教导，没有什么"永恒的意志"要凌驾在万物之上，要穿过万物之中时，我就将这种自由和天空的晴朗像蓝色的大钟一样笼罩在万物之上。

当我教导："在一切事物中有一点是不可能的——合乎理性！"我就用这种傲慢和这种愚蠢取代那种意志。

也就是说，一点点理性，一粒智慧的种子，从这颗星播撒到那颗星，——把这种酵母与万物混合在一起：为了愚蠢之故，把智慧与万物混合在一起！

一点点智慧是有可能的：可是，我在万物之中发现这种幸福的自信：它们宁愿以偶然的脚步——跳舞。

哦，我头顶上方的天空，你这纯洁的天空！你这高尚的天空！现在我认为，这就是你的纯洁：没有永恒的有理性的蜘蛛和蜘蛛网：——

——我认为，你是为神圣的偶然设置的舞池，你是为神圣的骰子和掷骰子的赌徒设置的神桌！——

可是你脸红了？我说了什么不该说的话？我本来想祝福你，反而中伤你了吗？

或者这是两个人的羞愧，这种羞愧使你脸红？——你叫我走，叫我沉默不语，因为现在——白天来到了？

世界是深邃的，——：比白天曾经想象过的更加深邃，不是一切事情都可以在白天说的。可是白天来到了：因此，我们现在分手吧！

哦，在我头顶上方的天空，你这羞愧的天空！你这火红的天空！哦，你是我日出之前的幸福！白天来到了：因此，我们现在分手吧！——

查拉图斯特拉如是说。

矮化的道德①

1

当查拉图斯特拉又踏上陆地时，他没有直接回到他的山上和他的洞里，而是兜了许多路，问了许多问题，东问西问，因此，他跟自己开玩笑说："看看一条河流吧，它弯弯曲曲地流过许多地方，又流回源头上来了！"因为他想了解，这期间世人发生了什么变化：他们是变得伟大了，还是更渺小了。有一次，他看到一排新房子；这时他感到很惊奇，并说道：

"这些房子意味着什么呢？真的，不是伟大的灵魂把它们建在这里来比喻自己！

也许是一个愚蠢的小孩把它们从他的玩具箱里拿出来吧？但愿另一个小孩重新把它们放回玩具箱里去！

而这些房间和斗室：大人们可以在那里进进出出吗？我认为它们是为丝绸玩具娃娃造的；或者是为那些也会让人与其共享美

① 抨击现代人的精神的渺小。

食的馋猫们造的。"

查拉图斯特拉站住，并思考了一下。最后他忧伤地说："一切都变渺小了!

我到处都看到门比较低矮：像我这样的身材的人，也许还可以走进去，可是——他必须弯腰!

哦，我何时能重回我的故乡，在那里我不必再弯腰——不必再在小人面前弯腰!"——查拉图斯特拉叹息着眺望远方。——

可是，就在同一天，他作了有关矮化的道德的演说。

2

我走到民众当中去，睁开我的眼睛：我并不羡慕他们的道德，对此他们不宽恕我。

他们挖苦我，因为我对他们说：对小人而言，小的道德是必需的，——因为我难以理解，为什么小人是必需的!

我在这里就像在陌生的农家里的一只公鸡一样，甚至连母鸡也会啄它；但是，我不会因此对那些母鸡有恶意。

我有礼貌地对待他们就像对待一切微不足道的不愉快的事情一样，我认为，针锋相对地对待小人是刺猬的智慧。

当他们晚上坐在炉火周围时，他们大家都谈起我，——他们谈起我，可是没有人——为我考虑!

这是我学到的新的安宁：他们在我周围制造的噪音给我的思想披上了一件外衣。

他们互相喧闹："这片乌云会给我们带来什么？我们要观察

一下，不要让它给我们带来瘟疫！"

最近，有个女人的孩子想到我这儿来，她把他拉到自己身边："你们把这些孩子带走！"她喊道，"这样的目光会烧焦孩子们的灵魂。"

当我说话时，他们就咳嗽：他们以为，咳嗽是对强风表示的抗议，——他们丝毫也猜不出我的幸福的呼啸！

"我们还没有时间给查拉图斯特拉。"——他们这样抗辩；但是，"没有时间"给查拉图斯特拉的时代有什么关系呢？

如果他们竟然赞颂我，我又怎能躺在他们的赞扬上酣睡呢？他们的赞美对我来说无异于一条有刺的腰带：即使我把它解开，也还会刺痛我。

我在他们中间也学到这点：赞扬者装作回报，可是，实际上他想得到更多的赠予！

如果问我的脚，它是否喜欢他们的赞美方式和诱骗方式！真的，它既不喜欢按这样的节拍跳舞，也不愿意停下来。

他们想诱骗、赞美我去争取渺小的道德：他们想劝说我的脚跟上渺小的幸福的节拍。

我走到民众当中去，睁开我的眼睛：他们变得渺小了，而且变得越来越渺小：——可是，这是由他们的幸福和道德的教义造成的。

也就是说，他们在道德方面也是谦虚的：因为他们希望舒适。但是，只有谦虚的道德才能与舒适相一致。

也许他们也会以自己的方式学习行走和向前行走：我称之为他们的跛行——。为此，他们会成为每个赶路者的障碍。

他们当中有些人向前行走时，会转过僵硬的脖子往后看：我喜欢跑过去撞他的身体。

脚和眼睛不应该撒谎，也不应该互相指责撒谎。可是，在小人中间说谎的很多。

他们当中有些人想撒谎，而大多数人只是人家要他撒谎。他们当中有些人是纯粹的，而大多数人是拙劣的演员。

他们当中有些是无知的演员，有些是违背自己意愿的演员——，纯粹的人总是极少，特别是纯粹的演员。

这里缺乏男性：因此，他们的女人使自己男性化。因为只有十足的男性，才能在女性身上解救女性。

在他们当中，我发现这种虚伪是最恶劣的：甚至发号施令者也装作服务者的道德。

"我服务，你服务，我们服务。"——在这里，统治者的虚伪发出这样的祈祷——如果头号主人只是头号仆人，那就好了！

啊，甚至我的眼睛的好奇心也飞到他们的虚伪之中；我准确地猜出他们所有的苍蝇之幸福，猜出他们在洒满阳光的玻璃窗四周发出的嗡嗡声。

我看到那么多善意，那么多弱点。我看到那么多正义和同情，那么多弱点。

他们相处得很融洽、真诚、亲密，如同沙子与沙子之间是融洽的、真诚的和亲密的。

他们谦虚地拥抱一种渺小的幸福——他们称之为"屈服"！同时，他们已谦虚地对一种新的渺小的幸福垂涎欲滴。

其实他们最想要的只是一件事：没有人伤害他们。于是，他们就可以抢先为每一个人做好事。

可是，这是胆怯：尽管它也叫做"道德"。——

这些小人，当他们偶尔粗声说话时：我从中只听到他们沙哑的声音，——也就是说，每一阵风吹来都会使他们的声音沙哑。

他们很聪明，他们的道德有灵活的手指。但是他们没有拳头，他们的手指不懂得如何握成拳头。

对他们而言，道德就是使人变得谦虚和温顺的东西：因此，他们使狼变成狗，使人本身变成人中最善良的家畜。

"我们把我们的椅子放在中间。"—— 他们微笑着对我说——"离垂死的击剑者与离快乐的母猪同样远。"

可是，这是——平庸：尽管它也叫做适度。——

3

我走进民众中间，顺便说了一些话，可是他们既不懂得收集，也不懂得保存。

他们感到惊讶，我来不是去咒骂情欲和恶习；真的，我来也不是警告他们要当心小偷！

他们感到惊讶，我怎么不准备使他们的聪明更富于想象力，变得更加敏锐：好像他们还不够精明似的，他们的声音在我听来就像用石笔写字发出的吱吱声！

当我叫喊："诅咒你们心中一切怯懦的魔鬼，它们喜欢哀哭、合掌和朝拜"：于是他们喊道："查拉图斯特拉是无神论者。"

特别是教他们屈从的老师更是如此大声地叫喊——；可是我恰恰喜欢对着他们的耳朵喊道："是的！我是查拉图斯特拉，无神论者！"

这些教人屈从的老师！凡是有卑贱的、生病的和结痂的地方，他们就会像虱子一样爬到那里去；只是我感到恶心，才没有捏死他们。

好吧！这就是我向他们的耳朵灌输的说教：我是查拉图斯特拉，无神论者，他在这里说："谁比我更不信神，以致让我乐意听他的指教？"

我是查拉图斯特拉，无神论者：我在哪里寻找我的同类？所有遵循自己意志的人，所有放弃屈从的人，都是我的同类。

我是查拉图斯特拉，无神论者：我还在我的锅里烧煮一切偶然。只有当它在锅里煮熟了，我才欢迎它作为我的菜肴。

真的，有些偶然高傲地朝我走来；而我的意志更加高傲地对它说话——这时它就下跪哀求——

——它哀求说，它想在我这里找到住宿之处和爱心，并且奉承地说："瞧，哦，查拉图斯特拉，我只是像朋友来看望朋友一样！"——

可是，在没有人具有我这种耳朵的地方，我还说什么呢？于是，我走出去对四面来风呼喊：

你们这些小人，你们会变得越来越渺小！你们这些讲究舒适的人，你们将会成为碎块！我认为，你们还会走向毁灭——

——由于你们许多渺小的道德，由于你们许多小小的疏忽，由于你们许多小小的屈从！

太多的爱惜，太多的让步：你们的土壤就是如此！可是，一棵树要长得高大，它就要让坚实的根扎入坚硬的岩石里！

甚至你们疏忽的东西，也编织在一切人类未来的织物上；甚至你们的虚无也是一张蜘蛛网，也是一只依赖未来之血而生存的蜘蛛！

你们这些渺小的有道德者，当你们索取时，就像窃取一样；甚至在流氓中间也会顾及名誉，说："只有在不能抢劫的地方，才可以去偷窃。"

"这是给予"——这也是屈从的教义。可是，我告诉你们，你们这些讲究舒适的人：这是索取，还会越来越多地从你们身上索取！

啊，你们抛弃一切半心半意吧，你们决定变得懒惰，就像决定行动一样！

啊，但愿你们明白我的话："你们无论如何做自己想做的事，——可是首先要做能有意志的人！"

"你们无论如何要像爱自己那样去爱近邻，——但是首先要做爱自己的人——

——用伟大的爱去爱，用巨大的蔑视去爱！"无神论者查拉图斯特拉如是说。——

可是，在没有人具有我这种耳朵的地方，我还说什么呢！对于我来说，来这里还是早到了一个小时。

在这些民众当中，我是我自己的先锋，我通过黑暗的小巷时，我是我的报晓公鸡。

可是，他们的时间到了！我的时间也到了！他们随时变得更渺小，更贫穷，更无繁殖能力，——可怜的杂草！可怜的土地！

在我看来，他们不久就会像枯草和荒原那样，真的！他们对自己都感到厌倦——比起得到水，他们更渴望得到火！

啊，可祝福的闪电时刻！啊，正午前的秘密①！——将来，

---

① 指永恒回归的思想。

我还想使他们成为野火，成为用火舌报信的宣告者：——

——他们有朝一日还会用火舌宣告：它来了，它临近了，伟大的正午！

查拉图斯特拉如是说。

在橄榄山上

冬天，一位可怕的来客在我家坐下；我的双手由于和他友好的握手而发青。

我尊敬他，这位可怕的客人，可是我很想让他单独坐着。我很想躲开他；如果我跑得及时，我就避开他了！

我的双脚跑热了，我的思想也发热了，我跑到了风静止的地方，——跑到了我的橄榄山上有阳光的偏僻处。

在那里我嘲笑我严酷的客人，我对他还很满意，因为他在家里替我驱赶走苍蝇，并消除了许多小嘈音。

也就是说，如果有一只或者两只蚊子想唱歌，他也忍受不了；他还让小巷沉寂下来，使得夜间的月光在巷子里都会感到害怕。

他是一位严酷的客人，——可是我尊敬他，我不像柔弱的人那样向大腹便便的火之偶像祈祷。

宁可让牙齿有点格格打战，也不要崇拜偶像！——我的性格要求这样。我特别厌恶一切激情的、热气腾腾的、沉闷的火之偶像。

我爱的人，我在冬天比在夏天更爱他；自从冬天坐在我家里以来，我现在更尖锐、更有力地讥笑我的敌人。

真的很有力，甚至当我爬上床以后，也是如此——：在床上，我隐藏的幸福还在笑，故意地笑；还有我谎言之梦也在笑。

我是——一个爬行者吗？我一生中从来没有在强权者面前爬行过；如果我曾经说过谎话，也是出于爱才说谎。所以，我就是躺在冬天的床上也是愉快的。

一张小床比起一张富贵的床更能温暖我，因为我嫉妒我的贫穷。在冬天，贫穷对我最忠实。

我每一天从恶意的行为开始，我以冷水浴嘲弄冬天：因此我严酷的家中来客也嘟嘟囔囔地抱怨着。

我甚至喜欢点燃一支蜡烛引诱他：使他最终让天空从灰蒙蒙中破晓。

因为特别在早晨我做了恶意之事：清晨，在水井边水桶发出当啷的响声，骏马热情奔放地嘶鸣着跑过灰暗的小巷：——

我不耐烦地在那里等待最终出现明亮的天空，这胡须雪白的冬季的天空，这白发苍苍的老翁，——

——这冬季的天空，这沉默不语的天空，它还常常对它的太阳默默无语！

也许是我向它学习了这种长久而明朗的沉默？或者是它向我学习了沉默？或者是我们中的每一个人自己发明了沉默？

一切好事的起源有成千种，——一切有益的好事都会快乐地出现：它们怎么可能仅仅——做一次呢？

长久的沉默也是一件有益的好事，就像冬天的天空，从明朗的、圆眼睛的脸上眺望：——

——像它一样，对它的太阳和它的不屈不挠的太阳意志沉默不语：真的，这种艺术和这种冬季的戏弄，我已学得很好！

我最喜爱的恶意和艺术在于，我的沉默学会了不因为沉默而暴露我自己的内心。

我略施小计，用喋喋不休的言语和格格作响的骰子声骗过了严肃的管理员：我的意志和目的可以逃过所有这些严格的监管员。

为了不让任何人看到我的内心和我的最后之意志，——为此我发明了这种长久而明朗的沉默。

我发现了这样一些聪明人：他们遮掩自己的脸，把水搅浑，使任何人都看不清他们。

可是，向他们走来的恰恰是更聪明的怀疑者和解决难题者：正是这些人从他们那里把最隐蔽的鱼①钓出来！

尤其是清醒者、正直者、透明者——在我看来，这些人是最聪明的沉默者：他们的内心非常深邃，连最清澈的水也无法显露他们。——

你这胡须雪白、沉默不语的冬季天空，你这高居我之上的有着圆眼睛的白发老翁！哦，你是我的灵魂及其爱胡闹的特性在苍天之比喻！

我必须像一个吞金的人那样不隐瞒自己，——免得人家把我的灵魂剖开吗？

我必须不踩高跷，好让他们——我周围所有那些爱嫉妒和令人厌恶的家伙——不注意我的长腿吗？

这些被烟熏的、关在温室里的、精疲力竭的、发霉的、苦恼的灵魂——他们的嫉妒心如何能忍受我的幸福！

---

① 比喻藏在内心里的秘密。

于是我仅仅给他们看我山峰上的冰雪和寒冬——而没有让他们看被一切太阳光带环绕着的我的山！

他们只听到我的冬季的狂风在呼啸：而没有听到我也会像令人渴望的、猛烈的南方热风那样掠过温暖的海洋。

他们还怜悯我的事故和偶然：——可是，我说的话是："让偶然到我这里来：它是纯洁的，就像小孩一样！"

如果我不给我的幸福添加事故、冬天的困境、北极熊皮帽和风雪天的外套，他们如何能忍受得了我的幸福！

——如果我自己不怜惜他们的同情：这些爱好嫉妒和令人厌恶的家伙的同情！

——如果我自己不在他们面前唉声叹气，冻得直打哆嗦，耐心地让他们用同情缠住我！

这就是我的灵魂有智慧的胡闹和善意，它不隐瞒它的冬天和暴风雪；它也不隐瞒它的冻疮。

一种人的孤独是病人的逃离；另一种人的孤独是逃避病人。

但愿他们听到我由于冬天的严寒冷得直打哆嗦和唉声叹气吧，我周围所有这些可怜的、爱嫉妒的坏家伙！带着这种哆嗦和叹气，我还是逃离他们生火供暖的房间。

但愿他们由于我的冻疮而同情我，并且和我一同唉声叹气："他还会为我们冻死在认识之冰上！"——他们这样抱怨。

在这期间，我在我的橄榄山上漫无目的地走来走去，双脚都走热了：在我的橄榄山上阳光照耀的偏僻处，我唱着歌，并且嘲弄一切的同情。——

查拉图斯特拉如是说。

走过去①

查拉图斯特拉就这样慢悠悠地走过许多民众中间，穿过许多不同的城市，绕道回到他的山上和洞里。瞧，这时他还意外地来到了这座大城市的城门边：可是在这里，一个嘴上流着白沫的傻子跳了出来，张开双手，朝他奔来，挡住他的去路。而这就是民众称之为"查拉图斯特拉之猴子"的那个傻子：因为他学会了查拉图斯特拉的一些语句和表达方式，而且也喜欢借用他的智慧之宝。可是，傻子对查拉图斯特拉如是说：

"哦，查拉图斯特拉，这里是大城市：你在这里什么也找不到，还会失去一切。

你为什么想跋涉在这一片烂泥地里呢？可怜一下你的脚吧！倒不如向城门啐一口唾沫，然后——转身回去吧！

这里是隐居者思想的地狱：在这里要把伟大的思想活生生地煮开，煮成小块小粒的。

在这里一切伟大的感情都腐烂了：在这里只允许骨瘦嶙峋的

---

① 批判现代大都市的文化。

小感情发出嘎吱的响声!

你不是已经闻到精神屠宰场和精神熟食店的气味了吗? 这座城市不是散发着被屠杀的精神的气味吗?

你没有看到灵魂像破旧不堪的、肮脏污秽的抹布那样挂着吗? ——他们还用这些抹布做新闻。

你没有听说, 在这里精神是怎样变成文字游戏吗? 它吐出了令人作呕的语言脏水! ——而他们还用这些语言脏水做新闻。

他们互相追赶, 但不知道往哪里去? 他们互相生气, 但不知道为什么? 他们用他们的铁片发出叮当的声音, 他们用他们的金币发出清脆的响声。

他们感到冷, 就烧水取暖; 他们感到热, 就从冰冷的精神那里寻求清凉; 他们都久病不愈, 都对舆论上了瘾。

这里是一切情欲和恶习的乐园; 可是, 这里也有讲道德的人, 有许多巧妙的、已被采用的道德: ——

许多机敏的道德人士具有善写的手指, 具有长坐和久等的结实的肌肉, 还拥有小小的星形勋章和隆臀的女儿。

这里也有许多虔诚者、阿谀奉承者和吹牛拍马者拜倒在统率千军万马之主面前。

是的, 星形勋章和恩赐的唾沫都是'从上面'滴落下来的; 每个没有星形勋章的胸脯都渴望向上。

月亮有它的宫廷, 宫廷有它的傻瓜: 可是, 乞求施舍的民众和所有机敏的、乞讨的道德人士要向来自宫廷的一切祈祷。

'我服侍, 你服侍, 我们服侍'——于是, 所有机敏的道德人士都向王侯祈求: 但愿星形勋章最终能别在瘦小的胸脯上!

可是, 月亮仍然围绕人间的一切旋转: 王侯也同样围绕最世俗的一切旋转。——：这便是小商贩的黄金。

千军万马不是金条之主；王侯在思考，可是商人——在操纵！

哦，查拉图斯特拉，凭着你心中一切的光明、坚强和善良！你就向这座小商贩的城市啐一口唾沫，转身回去吧！

在这里，所有的血管里都流着一切腐朽的、冷淡的和冒着泡沫的血；向这座大城市啐一口唾沫吧，这是个大废墟，所有的废物都汇集在一起冒着泡沫！

向这座城市啐一口唾沫吧，这是一座充满着被压碎的灵魂、瘦小的胸脯、尖厉的眼睛、粘糊糊的手指的城市——

——向这座城市啐一口唾沫吧，这是一座充满着纠缠不休者、不知羞耻者、舞文弄墨者、声嘶力竭者、狂热的野心家的城市：——

——在这里，一切腐败的、声名狼藉的、贪婪的、阴暗的、溃疡的、化脓的、搞阴谋的都聚在一起，溃烂在一起：——

——向这座大城市啐一口唾沫，转身回去吧！"——

可是，说到这里，查拉图斯特拉打断了唾沫横飞的傻子，叫他闭嘴。

"你住口！"查拉图斯特拉喊道，"我早就厌恶你说的话和你的样子了！

你为什么在沼泽地旁边住这么久，非要使你自己变成青蛙和癞蛤蟆不可吗？

现在你的血管里不是流着腐朽的、冒着泡沫的沼泽之血，使你学会了呱呱地叫喊和诽谤别人吗？

你为什么不到树林里去？或者为什么不去耕地？海上不是有很多郁郁葱葱的岛屿吗？

我鄙弃你的蔑视；如果你警告我，——为什么你不警告你自己呢？

我的蔑视和我的警告之鸟只会从爱中飞出来：但不会从沼泽地飞出来！——

别人称你是我的猴子，你这个唾沫横飞的傻子啊：可是，我称你是我的发出咕咕声的猪，——由于咕咕地叫喊，你还破坏了我对愚蠢的赞扬。

究竟是什么原因首先使你发出咕咕的叫声？是因为没有人十分恭维你：——所以你就坐到这堆垃圾旁，这样你就有理由咕咕地乱叫了，——

——这样你就有理由大肆报复！你这个真正的傻子，你的报复就是你全部的唾沫，我把你看透了！

可是，你这个傻子说的话伤害了我，甚至你说对的地方！如果查拉图斯特拉说的话甚至百倍公正：你总是会用我的话——做出不公正的事来！"

查拉图斯特拉如是说罢；他望着这座大城市，叹息着，沉默了很久。最后他如是说：

我也厌恶这座大城市，不单单厌恶这个傻子。有些地方什么都不可能改善，什么也不可能变坏。

多么不幸啊，这座大城市！——但愿我能见到把它烧毁的火柱！

因为这样的火柱必须发生在伟大的正午之前。可是，正午有它的时机和它自己的命运。——

可是，你这个傻子，我要送你这句教导，作为临别赠言：不能再爱的地方，你应该——从那里走过去！——

查拉图斯特拉如是说罢，就从傻子和这座大城市旁边走过去。

背叛者①

1

啊，在这片草地上，眼前一切都已枯萎，变得灰暗，前不久还是郁郁葱葱，五光十色！我从这里把多少希望之蜜送到我的蜂房里去！

这些年轻人的心全部都已经变老了，——甚至还不是变老！只是疲倦了，粗俗了，懒散了：——他们称之为"我们又变得虔诚了"。

还在前不久，在清晨，我看见他们迈着坚定的脚步跑出去：可是，他们的认识之脚变得无力了，现在他们甚至还咒骂自己在清晨时的勇敢行为！

真的，他们当中有些人曾经像舞者那样抬起腿，我的智慧笑着向他们表示赞许：那时他们在深思。刚才我看见他们弯着腰——向十字架爬去。

---

① 尼采的弟子们背离了他的教诲，恢复对基督教的信仰。本章表明了尼采反基督教的态度。

他们以前围着烛光和自由起舞，就像蚊子和年轻的诗人那样。随着年龄大一些，也就冷淡一些：现在他们是来历不明者、私下议论者、闭门不出者。

他们灰心丧气，是因为孤独像一条巨鲸吞噬了我吗？或者是因为他们的耳朵渴望很久想倾听我的声音、我的吹号声和我这个发布者的喊声却终告徒劳吗？

——啊，在他们当中，始终只有少数人心存长久的勇气和傲慢；这种人的精神也具有耐性。可是，其余的人都是胆怯的。

其余的人：始终是大多数，平庸，多余，太多——所有这些人都是胆怯的！——

谁跟我是同一类型的，他在途中也会遇上我这种类型的经历：他最初的同伴肯定是尸首和丑角。

可是，他的第二种同伴——他们会自称为他的信徒：一群活泼的人，有许多的爱，许多的愚蠢，许多不成熟的敬仰。

在民众中，谁跟我是同一类型的，他就不应该把他的心和这种信徒连在一起：谁认识人性之脆弱和胆怯，他就不应该相信这些幼稚少年和绚丽的草地！

如果他们能有其他办法，他们就会想方设法。半途而废会毁坏整体。树叶凋谢了，——有什么可唉声叹气的呢！

哦，查拉图斯特拉，让它们掉落下去，随它们飘去吧，不用叹息！最好还要刮起一阵萧萧的大风卷起落叶，——

——让风卷起落叶，哦，查拉图斯特拉：让一切凋谢的东西更迅速地从你那儿飞走吧！——

2

"我们又变得虔诚了。"——这些背叛者这样表白；他们中间有些人还太胆小，不敢如是表白。

我盯着这些人的眼睛，——我对着他们的脸和他们羞得发红的两颊说：你们是重新做祷告的人！

可是做祷告是一种羞辱！这种羞辱不是适用于所有的人，只适用于你和我，也适用于头脑里还有良知的人。对你而言，做祷告是一种羞辱！

你也许知道：你心里有个胆小鬼，他喜欢祷告，无所事事，懒懒散散——这个胆小鬼劝告你："有一个上帝！"

可是，你因此属于怕光的那一种人，光让这种人永远不得安宁：现在你每天必须把你的头深深地埋在黑夜里和浓雾中！

真的，你选择的时间很好：因为夜鸟刚刚又飞出去了。所有怕光的人的时间到了，夜晚和休息的时间到了，而这个时间他们不——"休息"。

我听到并闻到：他们去狩猎和出行的时刻到了，然而这不是一次野蛮的狩猎，而是一次温和的、慢吞吞的、小心窥探的悄悄行走者和低声祷告者的狩猎，——

——是一次对充满感情的胆小怕事者的追捕：现在所有内心里的捕鼠器又安置好了！在我拉起窗帘的地方，有一只夜蛾从那里飞出来。

它刚才也许和另一只夜蛾待在一起吧？因为我到处感觉到躲藏起来的小团体；哪里有小房间，哪里就有新的祷告者和祷告者的氛围。

他们在漫长的夜晚里坐在一起，说："让我们又变成像小孩子一样，说'亲爱的上帝'！"——他们的嘴和胃被虔诚的甜点师傅搞坏了。

或者，在漫长的夜晚里他们注视着一只狡猾的潜伏着的十字蜘蛛①，它劝告其他蜘蛛要机智，它如是教导说："在十字架下面好结网！"

或者，他们拿着钓竿，整天坐在沼泽旁，为此还自以为深奥；可是，谁在无鱼的地方钓鱼，我认为他甚至连肤浅都谈不上！

或者，他们在一位歌曲诗人那里学习虔诚而快乐地弹奏竖琴，而那位诗人喜欢为年轻的女人弹奏竖琴，以打动她们的心：——因为他已厌倦老女人和她们的赞美。

或者，他们在一位知识渊博的半狂人那里学习怎样使人感到害怕，这个半狂人在黑暗的房间里等候精灵出现在他面前——可是，精灵却完全逃走了！

或者，他们在倾听一位呼噜呼噜地吹着口哨的老流浪汉从悲凉的风那里模仿到的悲伤的调子；现在他随着风的旋律吹着口哨，以悲伤的调子宣讲悲伤。

他们中间有些人甚至成了更夫：他们现在懂得吹号，夜里四处走来走去，把早已沉睡的古老的往事唤醒。

昨天夜里我在院子围墙旁边听到有关古老往事的五句话：这几句话都是从这些忧愁的、干瘦的老更夫那里传来的。

"作为一个父亲，他对他的孩子照顾得不够：人家的父亲这

---

① 指基督教教士。

方面做得更好！"——

"他太老了！他已经根本无法再照顾他的孩子了。"——另一个更夫这样回答。

"他究竟有孩子吗？如果他本人不加以证实，没有人能够证明！我早就想让他彻底证实一下！"

"证实？好像他曾经证实过什么！他感到很难证实；他非常看重的是人家相信他。"

"是的！是的！相信会使他快乐，相信他。这是老年人的特性！我们也是这样！"——

——这两个年老的更夫和怕光者相互间如是交谈，然后闷闷不乐地吹起号角：这是昨夜发生在院子围墙旁边的事。

可是，我的心笑得都要跳出来了，但不知道跳到哪里去？于是又沉入横膈膜中去。

真的，当我看到毛驴喝得醉醺醺的，听到更夫如此怀疑上帝，我会因为笑到窒息而送命。

所有这些怀疑不是过去很久了吗？谁还会唤醒这些古老的、沉睡的、怕光的往事呢！

古老的神早已寿终正寝：——真的，他们得到快乐之神的善终！

他们不是"昏昏沉沉地"死去，——这可能是人们编造的！倒不如说：他们有一次自己——笑死！

这件事发生在一位神自己说出这句最不神圣的话的时候，这句话是："只有一位神！除了我，你不可有其他的神！"——

——一位年老的、气得吹胡子的上帝，一位爱嫉妒的上帝，竟然如此忘记了自己：

当时诸神都大笑起来，在坐椅上摇摇晃晃地喊道："有诸神，但没有什么上帝，这不就是神圣吗？"

有耳朵的人都听着。——

查拉图斯特拉在他喜欢的、名叫"彩牛"的城镇上如是说。因为从这里出发，他只要走两天的路，就可以又回到他的山洞和他的动物那里去；可是他的心因为很快就要回家而激动不已。——

回家①

哦，孤独！孤独，你是我的故乡！我在未开化的异乡野蛮地生活了太久，当我回到你这里时，眼泪不停地流下！

现在你只用手指恐吓我，就像母亲做出恐吓的样子，现在你对着我微笑，像母亲那样微笑，现在你只是说："曾经像暴风一样从我这里刮走的是谁呀？——

——他在临别时喊道：'我在孤独这里呆得太久，我都忘掉了沉默！'这一点——你现在也许学会了吧？

哦，查拉图斯特拉，一切我都明白了：你在许多人中间，你还是独自一人，比以前在我这里更加孤单！

孤单是一回事，寂寞是另一回事：这一点——你现在学会了吧！你在世人中间将始终是野蛮的、陌生的。

——即使他们爱你，你也还是野蛮的、陌生的：因为他们首先想从各个方面都得到照顾！

可是在这里，你是在你自己的故乡，在你的家里；在这里，

——————————

① 查拉图斯特拉回到山上的山洞里。

你什么都可以倾诉出来，什么理由都可以倾吐出来；在这里，没有什么可隐蔽的、执拗的感情会使人感到羞愧。

在这里，万物都喜欢听你讲话，恭维你；因为它们想骑在你的背上。在这里，你骑在每个比喻上奔向每个真理。

在这里，你可以真诚地、坦率地跟万物说话：真的，一个人跟万物坦诚说话，在它们的耳朵听起来就像是赞美一样！

可是，孤单是另一回事。因为，哦，查拉图斯特拉，你还记得吗？当时，你的鸟儿在你上空鸣叫，你站在树林中，犹豫不决，要去哪里？一无所知，一具尸首就在你的近旁：——

——当时你说：但愿我的动物为我带路！我认为，与人相处比与动物相处更危险：——这就是孤单！

哦，查拉图斯特拉，你还记得吗？当时你坐在你的岛上，在许多空桶中间有一口酒泉，是用来给予和分发的，给干渴者送酒和斟酒：

——直到最后你单独干渴地坐在醉汉中间，夜里你在诉说：'索取不是比给予更幸福吗？偷窃比索取还要幸福吗？'——这就是孤单！

哦，查拉图斯特拉，你还记得吗？当时，你最寂静的时刻来到了，它把你从你自己那里赶走，它恶毒地低声说：'说吧，伤透脑筋了吧！'——

——当时它使你对你所有的等待和沉默感到厌倦，使你丧失谦卑的勇气：这就是孤单！"——

哦，孤独！孤独，你是我的故乡！你对我说话的声音是多么快乐和亲切！

我们互相不提问，我们互相不诉说，我们互相坦然地走过敞开的大门。

因为在你这里，一切都是坦诚的、明朗的；在这里，甚至连时间也是以更轻快的步伐往前奔走。因为人在黑暗中比在光明中承受更大的时间压力。

在这里，一切存在的语言和语言的库藏都向我敞开；在这里，一切存在都想变成语言，在这里，一切变成的语言都想向我学会说话。

可是，在那山下——在那里一切说话都是徒劳的！在那里，遗忘和离开是最高的智慧：这一点——我现在学会了！

谁想理解世人的一切，他就必须抨击一切。可是，要这样做，我的双手还太干净。

我早就不想吸入他们的气息；啊，我在他们的噪音和令人作呕的气息中生活了很久！

哦，在我周围充满着幸福的宁静！哦，在我周围弥漫着纯洁的气息！哦，这种宁静如何从深胸之中吸取纯净的呼吸！哦，这种幸福的宁静，它如何在倾听！

可是，在那山下——在那里一切都在说话，在那里一切都不被理睬。人们用打钟来宣讲他们的智慧：市场上的小商贩会用硬币的响声盖过它。

在他们那里一切都在说话，可是不再有人会明白。一切都掉进流水，不再有什么东西落入深井。

在他们那里一切都在说话，不再有什么事能成功，能完成。一切都发出咯咯的叫声，可是，谁还愿意安静地伏在窝里孵蛋呢？

在他们那里一切都在说话，一切都说不清楚。昨天对于时间本身和它的牙齿还是非常坚硬的：今天已被打碎、咬碎，挂在当今人的嘴角上。

在他们那里一切都在说话，一切都被泄露。曾经称作灵魂深处的秘密和隐私，今天成为街头吹鼓手和其他轻佻者的谈资。

啊，人类，你是多么奇妙！你是黑暗的小巷里的噪音！现在你又跟在我的后面：——我最大的危险跟在我的后面！

我最大的危险始终在爱护和同情之中；所有的人都想得到爱护和容忍。

抑制真实的情况，做愚蠢的事，怀着迷恋的心情，多说表示同情的小谎言：——我就是这样始终生活在世人中间。

我伪装自己，待在他们中间，我准备错误认识自己，让我容忍他们，乐意劝说我自己："你这个傻瓜，你不了解世人！"

当你生活在世人中间，你就会疏远世人：在一切世人中间有太多肤浅的东西，——在这里，有远见的和具有强烈的欲望的眼光又有什么用呢！

当他们误解我时：我这个傻瓜爱护他们胜过爱护我自己：我习惯于对自己严厉，我还经常在自己的内心里为这种爱护报复我自己。

被有毒的苍蝇叮咬，就像石头被许多恶意的水滴滴穿一样，我就这样坐在他们当中，还劝说我自己："所有卑微的人对于他们的卑微是没有责任的！"

特别是那些自称"善人"之流，我认为他们是最毒的苍蝇：他们毫无恶意地去叮人，毫无恶意地去撒谎；他们怎么能够对我——公正呢！

谁生活在善人中间，同情就会教他撒谎。同情给一切自由的灵魂制造阴郁的空气。因为善人的愚蠢都是深不可测的。

掩饰我自己，隐藏我的财富——这一点我是在山下学会的：因为我发现每个人的精神还是很贫乏的。这就是我的同情所说的谎言，跟每个人相处时我知道。

——我从每个人身上看到和闻到，对他们来说，什么样的精神是足够的，什么样的精神是过多的！

他们这些生硬的智者：我称他们为智者，不说生硬，——这样我学会了含糊其辞。他们这些掘墓人，我称他们为研究者和检验者，——这样我学会了替换其词。

掘墓人为自己挖出疾病。在古老的废墟下面积聚着许多有毒的气体。人们不应该去挖掘这些泥坑。人们应该住在山上。

我那幸福的鼻孔又呼吸到山上的自由空气！我的鼻孔最终从一切世人的气味中解放出来！

我的灵魂被寒冷的空气刺得发痒，就像被冒泡的葡萄酒刺激到一样而打喷嚏，——打喷嚏，并为自己祝福：祝你健康！

查拉图斯特拉如是说。

三件恶行

1

在梦中，在清晨的残梦中，今天我站在一处山嘴上，——在世界的彼岸，我拿着一杆秤，称世界的重量。

哦，曙光太早来到我这里：它散发出红光，照在我身上，把我唤醒，这个爱嫉妒者！它总是嫉妒我的晨梦充满激情。

这个世界对于有时间的人来说是可测量的，对于一个优秀的称量者来说是可称量的，对于有强壮的翅膀者来说是可以飞到的，对于神圣的解题人来说是可以猜到的：我的梦发现的世界就是这样：——

我的梦，一个勇敢的帆船驾驶员，一半是船，一半是暴风，像蝴蝶一样默默无语，像鹰一样无耐性：可是，今天它怎么会有耐性和空闲来称量世界呢！

也许是我的智慧、我那嘲弄一切"无限的世界"的、微笑的、清醒的白昼智慧暗地里对我的梦说过话吗？因为它说："在有力量的地方，数字也变成强手：数字有更大的力量。"

我的梦是多么准确无误地观察这个有限的世界，不好新奇，不好古老，不畏惧，不乞求：——

——好像一个饱满的苹果呈现在我的手里，一个成熟的金苹果，它的皮是清凉的、柔和的、像天鹅绒似的：——世界就是如此呈现在我的面前：

——好像一棵树向我招手，它枝条粗壮，意志坚强，弯曲的树枝可供疲劳的行人当靠背，还可当脚踏板：世界就是如此屹立在我的山嘴上：——

——好像纤细的手给我端来一个盒子，——打开盒子使羞愧和崇敬的目光着迷陶醉：今天世界就是如此呈现在我的面前：——

——它不是足以驱散世人之爱的谜，不是足以麻醉世人之智慧的答案：——我认为，今天世界对人类来说是一件好东西，而世人却在背后说它的坏话！

我多么感谢我的晨梦，使我今天清晨能够称一称这个世界！这场梦就是心灵的安慰者，它作为人类的好东西向我走来！

我为了在白天能够做像梦中所做的事情，我模仿和学会了梦中所做的最好的事情：现在我想把三件恶行放到秤上称一称，合乎人情地好好权衡一下。——

谁教人祝福，他也教人诅咒：世界上最受诅咒的三件事是什么？我要把这三件事放到秤上。

肉欲、权力欲、自私自利：这三件事直到现在是最受诅咒的，声名狼藉，最具欺骗性，——对这三件事我要合乎人情地好好权衡一下。

来吧！这里是我的山嘴，那边是大海：海浪向我滚滚而来，后浪推前浪，争相奉承取宠，它是我喜爱的、忠诚而年老的百头狗怪物。

看吧，在这里，在波涛翻滚的大海之上，我要拿稳天秤：我还要选好一个证人，让它来观看，——我选你，我喜爱你这个散发着浓浓芳香的、宽大如盖的隐士般的大树！——

现在要通过哪一座桥走向未来？高者由于什么样的强制迫使自己低就？是什么命令最高者还要——向上成长？——

现在秤是平衡的，静止的：我把三个重大的问题放进一个秤盘，另一个秤盘装着三个重大的答案。

2

肉欲：对于所有身穿忏悔服的蔑视肉体者来说，肉欲是他们的肉中刺，所有彼岸论者诅咒肉欲是"世俗"：因为肉欲讥笑和愚弄所有混乱而困惑的教师。

肉欲：对于社会渣滓来说，肉欲是把他们烧毁的慢火；对于所有被虫蛀的木材和所有散发出臭味的破衣衫来说，肉欲是准备好的火焰熊熊的火炉。

肉欲：对于自由之心灵来说，肉欲是纯洁的，自由的，是人间乐园里的幸福，是一切未来对现在的充满感激之情。

肉欲：只有对意志消沉者来说，肉欲才是甜美的毒汁，而对于具有狮子意志者来说，肉欲却是猛烈的强心剂和值得珍惜的酒中之酒。

肉欲：对于更高的幸福和最高的希望来说，肉欲是巨大的幸福的比喻。因为对于许多人来说，肉欲指望婚姻，又甚于婚姻，——

——对于许多男女来说，他们互相是陌生的：——谁能完全理解，男人和女人之间是多么陌生！

肉欲：——可是，我想在我的思想周围，也想在我的语言周围围起栅栏，免得猪猡和狂热者闯入我的花园。——

权力欲：最残酷的铁石心肠者的发红的鞭子；最残暴者为自己准备的酷刑；焚烧活人的柴堆上的阴森森的火焰。

权力欲：附在最爱虚荣的民众身上的恶毒的牛虻；所有反复无常的道德的讥笑者；讥笑者骑着各自的骏马和各自的高傲而奔驰。

权力欲：打烂、捣毁一切腐败的、空洞之物的地震；对粉刷过的坟墓隆隆作响地进行惩罚的毁坏者；给出答案比闪电般的提问还快。

权力欲：世人在它的目光下爬行，卑躬屈膝，忍辱负重，变得比蛇和猪还要卑微：——直到最终从他们心中喊出巨大的蔑视——，

权力欲：它是巨大的蔑视之可怕的教师，它当着城市和王国的面宣布："你滚开！"——直到它们自己叫喊："我滚！"

权力欲：可是它也诱人地上升到纯洁者和孤独者的地位，并且登上了自我满足的高度，它把紫色的幸福诱人地画在人间天堂上，就像爱一样闪烁红光。

权力欲：可是，如果高者俯身追求权力，谁还称之为欲望呢！真的，在这种欲望和低就方面，不存在什么病态和上瘾的东西：——

但愿孤独的高山不会永远地孤独和自我满足；但愿高山走向

山谷，高处的风吹向低处：——

哦，谁能为这种渴望找到正确的洗礼名称和道德名称！"赠予的道德"——查拉图斯特拉曾经这样称呼这无法命名者。

当时也发生这样的事，——真的，这是第一次发生的！他的讲话称赞自私自利是幸福的，这是从强大的灵魂中涌流出来的完好的、健康的自私自利：——

——这种自私自利是出自强大的灵魂，这高大的身躯属于这种灵魂，这美丽的、充满必胜信心的、神清气爽的身躯，就是在其周围，任何事物都会变成镜子：

——这轻巧灵活而有说服力的身躯，这个舞蹈者，自我享乐的灵魂就是他的比喻和精华。这种身躯和灵魂的自我享乐自称为："道德。"

这种自我享乐以它关于善与恶的教谕保护自己，就像以神圣的小树林防护自己一样；它以自己幸福的名义去除自己身上所有可蔑视的东西。

它要去除自己身上所有胆怯的东西；它说：恶，这就是胆怯！它认为，无论是忧虑者、叹息者、诉苦者，还是贪图小利者都是可蔑视的。

它也蔑视满腹怨言的智慧：因为，真的，也有一些智慧是在黑暗中开花的，它是黑夜阴影的智慧：它总是叹息："一切都是空虚的！"

它认为胆怯的不信任是卑微的，每个想用誓言代替目光和握手的人也是卑微的：甚至一切满腹狐疑的智慧也是卑微的，——因为这些都是胆怯的灵魂之特性。

它认为献殷勤者、卑躬屈膝者、低声下气者更为卑微；甚至低声下气的、卑躬屈膝的、虔诚的、献殷勤的智慧也是更为卑微的。

使它十分憎恨和感到恶心的是，从来不想自卫的人，吞下有毒的唾沫和恶毒的目光的人，过分忍耐的人，能忍受一切的人，满足于一切的人：因为这是奴隶之特性。

无论一个人是面对神和神的践踏，还是面对世人和愚昧的世俗观念都表现出一副奴才相：而这种幸福的自私自利唾弃一切奴隶之特性！

它称之为恶的是这一切：颓废和卑躬屈膝的东西，拘束地、眨眼示意、充满忧虑的内心，还有用胆怯的宽大嘴唇亲吻的、虚伪的、屈从的行为。

称为假智慧的是这一切：奴隶、老头、疲倦者所开的玩笑；尤其是完全恶劣的、荒唐可笑的、过于奇特的教士之愚蠢！

可是，这些假智慧者，也就是所有的教士、厌世者以及具有女子特性和奴隶特性的灵魂的人——哦，他们参与的把戏一直以来是如何败坏自私自利的名声！

人们败坏自私自利的名声，而自私自利恰恰应该成为美德，应该称之为美德！因此，所有这些厌世的胆怯者和十字蜘蛛都用充分的理由要求自己——"无私"！

可是现在，白天、转变、审判之剑、伟大的正午都已降临到所有这些人的面前：这时候许多东西都会显露出来！

谁宣称自我是健全的、神圣的、自私自利是幸福的人，真的，他也会作为预言者，说出他所知道的事："瞧，它来了，它临近了，伟大的正午！"

查拉图斯特拉如是说。

重压之魔

1

我的口舌——是人民大众的口舌：我说的话在华丽的兔子听来太粗俗，太率直。我说的话在墨鱼和耍笔杆的狐狸听来就会感到更加陌生。

我的手——是傻瓜的手：所有的桌子和墙壁，还有供傻瓜作装饰和涂抹的地方都倒霉了！

我的脚——是马蹄：马蹄声声，飞跃山岭和岩石，纵横驰骋于野外，在所有的奔驰中欣喜欲狂。

我的胃——也许是老鹰的胃吧？因为它最爱羔羊的肉。可是，毫无疑问，它是一只飞鸟的胃。

以纯净的、少量的东西为生，时刻准备腾飞，迫不及待地飞走——这是我现在的特性：这怎能说没有一点飞鸟的特性呢！

特别是，我以重压之魔为敌，这就是飞鸟之特性：真的，我是重压之魔的死敌、大敌、宿敌！哦，我的敌意哪里不曾飞过，哪里不曾飞错过！

我能够为此唱一支歌——而且希望唱它：虽然我单独在空屋里，不得不唱给我自己的耳朵听。

当然还有其他的歌手，他们要等屋里座无虚席时才愿展示柔和的歌喉，摆出生动的手势，显露出富于表情的眼神，流露出神清气爽的好心情——我跟他们不一样。——

2

谁有一天教人飞行，他就会移开所有的界石；他认为，所有的界石都将自己飞向空中，他将重新给大地命名为——"轻快"。

鸵鸟比最快的骏马跑得还要快，可是，连它也要把头艰难地钻进深厚的大地里去：还不会飞行的人类也是这样。

对于人类而言，大地和人生是沉重的；重压之魔就想要这样！可是，谁希望变得轻巧，变成一只飞鸟，他就得自爱：——这是我的教导。

当然，不是指病人和瘾君子的爱：因为在他们身上，连自爱也发出臭味！

一个人必须学会自爱——我这样教导——以一种完美的、健康的爱：让他能够忍受自己，不四处漂泊。

这种四处漂泊被称为"博爱"：迄今，这个词经常被用来进行欺骗和伪装，尤其是那些对人世感到沉重的人。

真的，学会自爱，不是今天和明天的行为准则。更确切地说，它是所有艺术中最精致、最巧妙、最深刻和最耐久的艺术。

因为对拥有者来说，一切自己的财物都要保存好；所有埋在坑里的宝物也是由宝物持有者最后发掘出来的，——重压之魔就是这样做的。

我们几乎还在摇篮里，就被赋予沉重的教谕和价值："善"与"恶"——这个赠礼这样自称。由于这个缘故，我们才能生存。

为此，人们让小孩到自己身边来，为了提早预防他们自爱：重压之魔就是这样做的。

而我们——我们忠诚地把人家给予我们的东西扛在坚实的肩膀上，越过荒凉的山峦！如果我们流汗，人们就会对我们说："是啊，人生的担子是很沉重的！"

可是，世人只是难以承受自己！这是因为他的肩上扛了太多外来的东西。他就像骆驼一样跪下来，让自己好好地承载沉重的货物。

尤其是心怀敬畏的、强壮的、有负荷力的人：他承担太多外来的、沉重的教谕和价值，——现在他觉得人生是一片荒漠！

真的，甚至有些自己的东西也很难承担！世人身上有许多内在的东西就像牡蛎，也就是说，令人作呕的、滑溜溜的、难以抓住的东西——，

——因此，高贵的外壳必须寻求高贵的装饰：可是，这种艺术也必须学会：具有外壳，具有光鲜的外表和聪明的盲目性！

有些外壳很小，很可怜，太像一个单纯的外壳，世人身上有些东西再次迷惑了人。许多隐藏的善意和力量从来都没有人猜出来，最可口的美食没有遇到品尝者！

最可口的美食，女人们懂得这些：稍微肥一点，稍微瘦一点——哦，多少命运就包含在这一点点之中！

人是很难被发现的，而发现自己才是最难的；精神经常说有关灵魂的谎言。重压之魔就是这样做的。

可是，有人说：这是我的善与恶。说这句话的人已经发现了自己：他以此使鼹鼠和侏儒哑口无言，两者宣称："人人皆善，

人人皆恶。"

真的，我也不喜欢这种人，他们认为所有的事物都是好的，这个世界简直是最好的。我称这种人为：事事知足。

事事知足就是懂得品尝一切：这不是最佳的口味！我尊重那些倔强的、挑剔的舌尖和肠胃，它们学会了说"我"、"是的"、"不是"。

可是，咀嚼一切，消化一切——这是一种地道的猪的特性！始终在说咿——呀——只有驴和具有驴精神的人才会这样说！——

深黄和火红：这适合我的口味，——它把血混进一切颜料里。可是，谁把自己的房子粉刷成白色，我觉得，他就暴露出自己刷白的灵魂。

有些人喜爱木乃伊，另一些人喜爱魔鬼；两者同样都敌视肉和血——哦，这两者与我的口味多么相左！因为我喜爱鲜血。

我不想在每个人都乱吐唾沫和吐痰的地方居住和逗留：现在我的口味是这样的——我宁可生活在小偷和作伪证者中间。他们说的话毫无用处。

可是，更使我反感的是一切阿谀奉承者；这是我发现的人类中最令人反感的动物，我把他们称为寄生虫：这些人不想去爱，却想依赖爱而生活。

或者成为凶恶的野兽，或者成为凶恶的驯兽人，只有一种选择的人，我称之为不幸者：我不会把小屋盖在这种人附近。

有些人总是必须在等待，我也把这种人称为不幸者，——这种人与我的口味也是相左的：所有的收税人、小商贩、国王以及其他的土地和商店的看护人。

真的，我也学过等待，而且学得很彻底，——可是，只等待我自己。我特别学过站立、走路、跑步、跳跃、攀登和跳舞。

可是，这是我的教导：谁有一天想学会飞行，他首先必须学习站立、走路、跑步、跳跃、攀登和跳舞：——人不可能一下子就学会飞行！

我学习用绳梯攀登上一些窗户，靠敏捷的双腿我登上了高高的桅杆：坐在知识的高高的桅杆上，我觉得这是不小的幸福，——

——就像微弱的火光在高高的桅杆上闪烁：虽然是微弱的火光，但是对于遭遇大风大浪冲击的船夫和船只遇难的人来说都是巨大的慰藉！——

通过许多途经和方法，我获得了我的真理：我不是靠一架梯子登上高处，在那里我的眼睛可以眺望我的远方。

只是我不愿意老是向人问路，——这一直是与我的口味相左的！我宁可去寻问道路本身，并且自己去探路。

我行进的全程都在探察和询问：——真的，大家也必须学会回答这种寻找！而这——是我的口味：

——不是好的口味，也不是差的口味，却是我的口味，我对此不再感到羞愧，也不隐瞒。

"这——是我现在的路，——你们的路在何方？"我这样回答那些向我"问路"的人。因为那条路——其实是没有的！

查拉图斯特拉如是说。

旧碑铭和新碑铭[1]

1

我在这里坐着，等待着，我的周围放着一些破碎的旧碑铭，也有一些写了一半文字的新碑铭。我的时刻何时来到？

——我下山的时刻，没落的时刻：因为我还想到世人中走一回。

现在我在等待这个时刻：因为首先必须有表明我的时刻已经到来的征兆，——这个征兆就是欢笑的狮子和一群鸽子在一起。

这期间，我作为一个有空闲的人对我自己说话。没有人对我讲述什么新鲜事：于是我就对自己讲述自己。——

2

当我来到世人中间时，我发现他们还停留在一种古老的自负

---

[1] 这个章节中心批判旧道德，提倡新道德。

状态：大家以为早已知道，什么对人类来说是善，什么是恶。

他们认为，一切谈论道德的事都是陈旧的、令人厌倦的事；谁要想安睡，他在睡觉前还要谈论一下"善"与"恶"。

我惊扰了这种睡意，当我教导说：什么是善，什么是恶，还没有人知道：——除非是创造者！

——而这就是创造者：他们创造了人类的目标，赋予大地以其意义和未来：这些人首先创造出善与恶的事情。

我叫他们推翻他们古老的讲坛，在那里只有古老的自负占据阵地；我叫他们讥笑他们伟大的道德大师、圣人、诗人和救世主。

我叫他们讥笑他们的阴郁的智者，还有那些作为黑色的吓鸟的稻草人坐在生命之树上发出警告的人。

我坐在他们墓地的大道旁边，甚至对着腐尸和兀鹰——我嘲笑他们所有的从前和从前腐朽没落的辉煌。

真的，我就像劝人忏悔之教士和傻瓜那样，我对他们一切的伟大和渺小发出愤怒和责骂，的他们的至善是如此渺小！他们的极恶是如此渺小！——我如是嘲笑。

我的智慧的渴望从我内心里发出叫喊和大笑，我的渴望是在山上诞生的，确是一种野生的智慧！——我那展翅高飞的巨大的渴望。

我的渴望经常在笑声中带我前行，登高，超越：这时我像一支箭那样颤动着。在陶醉于阳光的狂喜中飞行：

——飞向连做梦也无法梦见的遥远的未来，飞向比任何艺术家所梦想的更加炎热的南方：飞向诸神羞于穿戴任何衣物跳舞的地方：——

——也就是说，我用比喻说话，像诗人那样比喻不恰当，结结巴巴：真的，我还不得不当诗人，这使我感到羞愧！——

我认为，在那里一切生成都是诸神的舞蹈和诸神的故意引起的，世界摆脱了束缚，被解放了出来，回到了自身之中：——

——就像是诸神的一种永恒的自我逃避和重新寻找，就像是诸神幸福地相互对立、相互听取意见、相互重新归属：——

我认为，在那里全部时间都是对瞬间的幸福的讥讽，在那里必然就是自由本身，它和自由之刺愉快地戏耍：——

在那里我还再次发现了我的旧时的魔鬼和死敌，那就是重压之魔和他创造的一切：强制、规章、必然、结果、目的、意志和善与恶：——

因为，不是必须有某种东西存在，可以跳起舞来跨过它，超越它吗？为了轻快者和最轻快者的缘故，不是必须有——鼹鼠和笨重的侏儒存在吗？——

3

也是在那里，我在路上拾到了"超人"这个词，认识到人类是必须被超越的东西。

——我也认识到，人类是一座桥梁，并不是目的：他快乐地赞美自己的正午和黄昏，把它当作通往新的曙光之路：

——还有查拉图斯特拉关于伟大的正午的名言，以及我悬挂在人们前方的东西，就像第二道紫色的晚霞一样。

真的，我甚至让他们也看到新的星星和新的夜晚；我日夜在云层上方，张开像五彩缤纷的帐篷般的欢笑。

我给他们讲授我的全部的创作和追求：把被人视为破碎的、

谜一般的和可怕的偶然的东西收集起来，汇成一体，——

——作为创作者、解谜者和偶然的拯救者，我教他们创造未来，对过去的一切——进行创造性的拯救。

拯救人类的过去，改造一切"过去是这样"，直到意志说："可是，我过去想这样！今后我还想这样——"

——我告诉他们称此事为拯救，我教导他们唯独称此事为拯救。——

现在我等待我的拯救——，以便我最后一次走到他们那里去。

因为我还想再一次到世人那里去：我想在他们中间毁灭，我想在临死时给他们献上我最丰厚的礼物！

我从太阳那里学到这一点，它是个极其富裕者：夕阳西下时，它从取之不尽的财富中取出金子，撒向大海，——

——于是，连最贫穷的渔夫都可以用金桨划船！因为我曾经看见过这种情景，我一边观看，一边不停流泪。——

查拉图斯特拉也想如同太阳一样沉没：现在他坐在这里等候，他的周围放着破碎的旧碑铭，也有新碑铭，——写了一半的碑铭。

4

瞧，这里是一块新的碑铭：可是，我的兄弟们在哪里？他们要和我一起把它带到山谷里，带到血肉的心里去。

我的伟大的爱对最遥远者这样请求：不要谅解你的邻人！人类是必须被超越的东西。

超越的途径和方法有多种多样：你瞧瞧！可是只有一个爱开

玩笑的人这样想："人类也可以被跳跃过去的。"

甚至在你的邻人中间，你也要超越你自己：你可以为自己获取权利，而不要让别人给你权利！

你做的事情，没有人会为你再做一次。你瞧，这不存在报复行为。

谁不会命令自己，他就该服从。有些人可以命令自己，可是要他也服从自己，还差得很远！

5

具有高尚的灵魂的人这样想：他们不想不付代价地拥有任何东西，至少不想白白地拥有生命。

群氓想不劳而获地生活；可是我们这些人，生命已将自己赠予我们，——我们总是在思考，我们用什么最好地回报生命！

真的，这是一种高尚的谈话，它说："生命许诺给我们的东西，我们要为生命保存好！"

当你无所奉献给别人享受时，你就不应该期盼享受。而且——人们不应该去想享受！

因为享受和无辜是最羞愧的事情：两者都不想被追求。人们应该拥有它们——，可是，人们更应该去寻求罪责和痛苦！——

6

哦，我的兄弟们，谁是头胎孩子，他总是要被献祭。而现在我们都是头胎孩子。

我们都要在秘密的供奉祭台上流血，我们都是为了崇奉古代的偶像而供烧烤的。

我们最美好的东西是依然年轻，这很刺激古老的偶像的胃口。我们的肉很鲜嫩，我们的皮只不过是羔羊皮；——我们怎么能不刺激古老的偶像祭司们的食欲呢！

这个古老的偶像祭司，他仍然停留在我们心间，他把我们最美好的东西煎烤成美食。啊，我的兄弟们，头胎怎么能不成为牺牲品呢！

可是，我们这类人愿意这样；我爱那些不想保留自己生命的人。我以我全部的爱去爱那些走向毁灭的人：因为他们走向彼岸。——

7

要真实——很少人能做到这点！能做到这点的人，他又不愿意做！而善人是最不可能做到的。

哦，这些善人！——善人从来不说真话；对于精神来说，这样的善是一种疾病。

这些善人，他们让步，他们服从，他们的内心是盲从别人，他们的根本是听从使唤；可是，听从别人的人，却不听从他自己！

被善人称为恶的一切东西必须汇聚在一起，从而产生一种真理：哦，我的兄弟们，你们也恶到足以产生这种真理吗？

大胆的冒险、长久的怀疑、无情的否定、厌烦、心如刀割——这一切多么难得地汇聚在一起！可是从这样的种子中却能——产生出真理！

至今，在丑恶的良知旁边长出了所有的知识！你们这些有识之士，打碎它们吧，为我打碎这些旧碑铭吧！

8

如果水上有梁，如果河上搭桥，配上栏杆：真的，这时候就没有人相信所谓的"一切都在流动"。

甚至连傻瓜也会反对。"怎么？"傻瓜说，"一切都在流动？桥和栏杆都在河流上面啊！

在河流上面一切都是固定的，万物的价值、桥、概念、所有的'善'与'恶'：这一切都是固定的！"——

可是，当严寒的冬天，这个河流的驯服者来到时：然后，即使最有才华的人也学会了怀疑；真的，后来不只是傻瓜会说："不是一切都应该是——静止不动的吗？"

"归根到底，一切都是静止不动的"——，这是一种恰当的冬季训诫，对于收成少的季节来说是一件好事，对于冬眠者和不爱出门者来说是很大的安慰。

"归根到底，一切都是静止不动的"——：可是，春风对此却表示反对！

春风，一头不耕田的公牛——一头暴躁的公牛，一个毁坏者，它用狂怒的牛角破冰！而冰——又毁坏了桥！

哦，我的兄弟们，现在不是一切都在流动吗？不是所有的栏杆和桥都掉到水里去了吗？谁还坚持"善"与"恶"呢？

"暖风向我们吹来！可喜啊！融雪之风吹来了"！——哦，我的兄弟们，你们到大街小巷去如是宣讲吧！

9

有一种古老的妄想，叫做善与恶。迄今，这个妄想的轮子一直围绕着预言家和占星家旋转。

从前人们相信预言家和占星家：因此，人们相信"一切都是命运：你应该，因为你必须"！

然后，人们又怀疑一切预言家和占星家：因此，人们相信"一切都是自由的：你能够，因为你愿意"！

哦，我的兄弟们，关于星星和未来，直到如今，仅仅出于人们的妄想，并非所知：因此，关于善与恶，直到如今，也仅仅出于人们的妄想，并非所知！

10

"你不应该抢劫！你不应该杀人！"——从前这些词句意味着神圣，人们在这些语句面前屈膝低头，把鞋脱下。

可是我问你们：世界上哪里还有比这些神圣的语句更厉害的抢劫犯和杀人犯吗？

不是在一切生命中都存在——抢劫和杀戮吗？如果这些语句都意味着神圣，那么真理本身不也被——杀戮了吗？

或者，把那些与一切生命相矛盾的、劝人停止生命的东西称为神圣，这不是死亡说教吗？哦，我的兄弟们，打碎它们，为我打碎这些旧碑铭吧！

11

我同情一切过去的东西，因为我看到：一切过去的东西都被遗弃，——

——被遗弃给未来每个世代的仁慈、精神和疯狂，一切过去的东西都要重新被解释为它们的桥梁！

一个大独裁者，一个圆滑的恶棍可能会来到，他会无条件地一再挤压一切过去的东西：直到过去的东西变成他的桥梁、预兆、宣告者和报晓雄鸡。

可是还有另一种危险，我的另一种同情，——那是出身卑贱的人，他的回忆只能追溯到他的祖父——可是，也只能到他的祖父那一代为止。

于是一切过去的东西都被放弃了：因为也许有一天，卑贱的人变成了主人，这样，所有的时间都会在浅水里淹没。

哦，我的兄弟们，所以需要一种新的高贵的人，这种人是一切卑贱者和一切独裁者的敌手，并在新碑铭上新写上"高贵"一词。

因为需要许多高贵者和各种各样的高贵者，因此就有了贵族阶层！或者，就像我从前用比喻说的那样："有诸神，但没有上帝，这正是神性！"

12

哦，我的兄弟们，我授予、指引你们做新的贵族：我认为，你们应该成为未来的生育者、培育者和播种者，——

——确实，不是成为一个你们可以像小商贩那样用金钱买来的那种贵族：因为，凡是有市价的东西都没有多大价值。

使你们今后得到荣誉的，不是你们从哪里来，而是你们到哪里去！你们的意志和你们的脚步想要超越自己本身，——这将使你们得到新的荣誉！

确实，不是因为你们服侍过一个侯爵——侯爵也算不了什么！——也不是因为你们成为旧道德的堡垒，使它立得更稳！

不是因为你们的家族在宫廷里变得高雅，你们学会了彩色的红鹤那样长久地站立在浅水池中。

——因为能够站立是宫廷侍从的一种功劳；所有的宫廷侍从都相信，允许坐着——那是属于死后的幸福！——

也不是因为一种精神——他们称之为神圣的——指引你们的祖先来到上帝许给的地方，我并不赞美这个地方：因为在那里生长着所有的树木中最可怕的一种树木，十字架，——在那里没有任何东西值得赞美！——

——真的，不管这种"神圣的精神"把它的骑士们带到何方，在这支队伍中跑在前头的总是——山羊、鹅和脾气古怪者！——

哦，我的兄弟们，你们这些高贵者不应该往后看，而应该往外看！你们应该是从所有的父辈和祖先的国家中被驱赶出来的人！

你们应该爱你们的孩子们的国家：这种爱也许是你们的新的高贵，——这个国家尚未被发现，它在最遥远的大海上！我叫你们扬帆去寻找它，寻找它！

你们应该为你们的孩子做出补救，因为你们是你们的祖先的孩子：因此，你们应该拯救一切的过去！我把这块新碑铭置于你们的前方！

13

"活着为什么？——一切都是空洞的！活着——废话连篇；活着——就是燃烧自己，却得不到温暖"。——

这种古老的闲话一直还被视为"智慧"；可是因为它陈旧，并发出霉味，因此，变得更加受到尊重。甚至发霉也是高贵的。——

孩子们可以这样说：他们畏惧火，因为火烫伤过他们！在古老的智慧书中有许多幼稚可笑的东西。

总是"废话连篇"的人，怎能允许他说人家的坏话！对这种傻瓜必须封住他的嘴！

这种傻瓜坐到饭桌旁，什么也不带，甚至连好胃口也没带上：——而现在他们却咒骂"一切都是空洞的"！

可是，哦，我的兄弟们，吃好喝好确实不是真正的本领！打碎吧，为我打碎这些永不快乐者的碑铭吧！

14

"在纯洁者看来，一切都是纯洁的。"——民众这样说。可是，我要告诉你们：在猪看来，一切都会变成猪！

因此那些狂热者和低头倾心的祈祷者这样说教："世界本身就是一个污秽的怪物。"

因为这些人都是精神不洁者，特别是那些不得安宁又不歇息的人，除非他们从后面观看世界，——就是彼岸论者！

我当面对他们说，虽然听起来不那么悦耳：世界在这方面跟人一样，它也有一个背后，——这是真实的！

世界上有很多污秽的东西：这是真实的！可是，世界本身并不因此是污秽的怪物！

世界上许多东西发出怪味，其中也包含智慧：厌恶本身会创造出翅膀和预感到清泉的力量！

最好的人仍然有些东西令人厌恶；最好的人仍然必须克服有些东西！——

哦，我的兄弟们，世界上有许多污秽的东西，其中也包含许多智慧！——

15

这样的格言我曾听到虔诚的彼岸论者对他们的良心说过；真的，没有恶意和虚伪，——尽管世界上再也没有什么更加虚伪和更加恶意的东西了。

"这个世界就随它去吧！你也不要伸出一个指头去反对"！

"谁想把人掐死、刺死、切割、剁碎，就随他的便吧：你也不要伸出一个指头去反对！人们由此还学会废弃这个世界"。

"而你自己的理性——你应该自己勒死它、掐死它：因为它是这个世界的理性，——你自己由此还学会废弃这个世界"。——

——哦，我的兄弟们，打碎吧！为我打碎这些虔诚者的旧碑铭吧！为我粉碎这些诽谤世界者的格言！

16

"谁学得多，他就会忘记一切强烈的欲望"。——今天，人们在所有昏暗的街上都在窃窃私语这句话。

"智慧使人厌倦，什么都不——值得：你不应该有欲望！"我发现这种新的碑铭甚至挂在公共市场上。

哦，我的兄弟们，打碎吧，为我打碎这块新碑铭吧！厌世者、死亡说教者、还有监狱看守者把它挂在那里：因为，你们瞧，这也是劝人受奴役的一种说教！——

他们学得很差，最好的不学，一切学得太早，一切学得太快：因为吃得很糟糕，所以损害了胃，——

——一个损害的胃也就是他们的精神：他们的精神劝人去死！因为，真的，我的兄弟们，精神就是一个胃！

生命是快乐之泉：可是，受损害的胃从悲伤之父的口中说出，在他看来，一切源泉都是有毒的。

认知：这对于具有狮子意志的人来说是快乐！可是，谁感到疲倦了，他本身只能听从"他人的意志"，所有的波涛都可以捉弄他。

弱者的特性总是这样：他们在自己的路上迷失方向。最后他们的倦意还在问："为什么我们总是在走路？一切都是一样的！"

这样的说教他们听起来很悦耳："什么都不值得！你们不应该有什么欲望！"可是，这种说教是劝人受奴役。

哦，我的兄弟们，查拉图斯特拉像一阵清新的呼啸着的大风吹向所有途中疲倦的人；它会使许多人的鼻子打喷嚏！

我的自由的呼吸甚至吹过围墙，吹进监狱，吹到被监禁的囚徒身上！

意愿使人得到解放：因为意愿就是创造：我这样教导。你们应该只是为了创造而学习！

你们首先也应该向我学习如何学习，如何学好！——有耳朵者，请听吧！

17

船停泊在这里——也许它要驶进大片的虚无之中。——可是，谁愿登上这条"也许"之船呢？

你们当中没有人愿意登上这条死人船！那你们为什么愿做厌世者呢？

厌世者！你们甚至都没有离开过大地！我发现你们始终留恋着大地，仍然迷恋着自己的厌倦的大地！

你们的嘴不是徒劳地张开着：——一个对大地的小愿望还挂在嘴上！而在眼睛里——不是还漂浮着对大地难以忘却之快乐的一朵云彩吗？

在大地上有许多好的发明，这些发明对一些人有用处，给另外一些人带来愉快：因此，应该热爱大地。

大地上有各种各样好的发明物，就像女人的胸脯一样：既有用又使人愉快。

可是，你们这些厌世者！你们这些大地上的懒人！应该用藤条抽打你们！用藤条抽打使你们的双腿重新充满活力。

因为：如果你们不是大地厌倦的病人和憔悴早衰的恶棍，那么就是狡黠的懒虫或者是贪吃的、偷偷摸摸作乐的猫。如果你们不愿再次快乐地奔跑，那么你们应该——消亡！

你不应该想做一个治不好病人的医生：查拉图斯特拉如是教导，因此你们应该——消亡！

可是，比起创作一首新诗，要结束生命需要更大的勇气：所有的医生和诗人都知道这一点。——

18

哦，我的兄弟们，有些碑铭是由疲劳者造的，有些碑铭是由腐朽的懒惰者造的：虽然他们所说的内容是一样的，可是他们却希望人家听起来是不一样的。——

瞧这里，这个受折磨者！他离他的目标只有一步路。可是由于疲劳，他执拗地躺在这里的尘土里：这个勇敢者！

由于疲劳，他对着道路、大地、目标和自己打呵欠：他不愿意继续再走一步，——这个勇敢者！

现在火热的太阳晒在他身上，野狗跑来舔他的汗水：可是他仍然顽固地躺在那里，宁愿受煎熬：——

——离他的目标只有一步路，可是他宁愿受煎熬！真的，你们可能必须抓住他的头发，把他拉到他的天国去，——这个英雄！

还有更好的办法，那就是你们让他躺在原地，等待睡眠这个安慰者带着清凉的沙沙的雨点降落到他的身上：

你们让他躺着，等他自己醒来，——直到他自己消除一切疲劳，直到他身上的疲劳对他作出教训！

只是，我的兄弟们，你们要从他的身旁赶走那群狗，那些懒惰的伪君子，赶走一切成群飞来的害虫：——

——一切成群飞来的"有教养的"害虫，它们津津有味地吸着——每一个英雄的汗水！——

19

我在我的周围画了圆圈和神圣的界限；越来越少的人跟我一同登上越来越高的山，——我用更加神圣的群山建造山脉。——

哦，我的兄弟们，可是，无论你们要跟我一起登到哪里：你们要留神，不要让一个寄生虫和你们一起攀登！

寄生虫：这是爬行的、柔软的蛆虫，它要附在你们患病受伤的角落养肥自己。

它的本事在于，它能猜出登高者到了哪里会感到疲劳：于是它就把它那令人厌恶的巢建在你们的忧伤和烦闷中，建在你们敏感的羞愧中。

在强者软弱的地方，在高贵者过于温和的地方，——它就钻进去，建起它那令人厌恶的巢：寄生虫居住在伟大人物的小伤口的角落里。

一切存在者中最高级的种类是什么，最低级的种类是什么？寄生虫是最低级的种类；可是，最高级种类的人却养活最多的寄生虫。

因为灵魂拥有最长的梯子，能往下走到最深处：大多数寄生虫怎么会不依附在他的身上呢？——

——灵魂无比宽广，能在其中任意驰骋，瞎跑，漫游；灵魂有着最大的必然性，由于快活而坠入偶然之中：——

——存在的灵魂，它潜入到变化之中；拥有的灵魂，它要进入到愿望和要求之中：——

——逃脱自身的灵魂，在最边远的圆圈跑道上赶上了自己；最有智慧的灵魂，愚昧者会用最甜蜜的言语劝说它；——

——最自爱的灵魂，万物都在其中顺流和逆流，退潮和涨潮：——哦，这种最高贵的灵魂怎么能没有最可怕的寄生虫呢？

20

哦，我的兄弟们，难道我残忍吗？可是我说，倒下的东西，应该再踢它一下！

今天的一切——有的倒下，有的腐朽：谁想保留它！可是我——我还要踢它一下！

你们知道石头滚到陡峭的深渊里带来的乐趣吗？——今天的这些人：你们看看他们吧，看他们如何滚到我的深渊里！

哦，我的兄弟们，我是较出色的演奏者们的一个序曲！一个榜样！你们就按照我的榜样去做吧！

你们不教他飞行的人，就教他——快一点坠落吧！——

21

我爱勇敢的人：可是做一个剑客还不够，——还必须知道对谁亮剑！

一个人要克服自己，伺机以待，以便保存实力，对付更显赫的敌人，这往往需要更大的勇气！

你们只应该有可仇恨的敌人，而不应该有可蔑视的敌人：你们必须为你们的敌人感到自豪：我已经这样教导过一次了。

哦，我的朋友们，你们应该保存实力，去对付更有威力的敌人：因此，你们必须从许多人身旁走过去——

——尤其要从许多恶棍身旁走过去，他们总是在你们的耳边叫喊什么民众和民族。

你们的眼睛要看清楚他们赞成什么，反对什么！那里有许多公正，也有许多不公：认真看一眼，就会使人愤怒。

盯一眼，揍一拳——都是一回事：因此，你们还是走开，走进树林里，放下你们的剑，让它休息去！

走你们的路吧！让民众和民族走他们的路吧！——真的，那是黑暗之路，在那路上甚至连一线希望之光也不会再闪现！

在只有小商贩的黄金还发光的一切地方，就让小商贩去统治吧！现在不再是君王的时代了：今天自称为民众者是不配有君王的。

你们瞧吧，现在这些民众怎样像小商贩那样做事：他们还从所有的垃圾中为自己捡出蝇头微利！

他们互相暗中守候，互相窥伺着某种东西，——他们称之为"友好邻邦"。哦，幸福的往昔时代，那时候一个民族自称："我要当其他民族的——统治者！"

因为，我的兄弟们：最优秀者应该统治，最优秀者也想统治！在教义不同的地方，那里——缺少最优秀者。

22

如果他们——可以免费得到面包，唉！他们还叫嚷什么呢！他们的生计——就是他们真正的消遣；他们应该艰难地过活！

这些是猛兽：在他们的"劳动"中，也还要掠夺，在他们的"收入"中，也还要想方设法骗取！因此，他们应该艰难地过活！

于是他们应该成为更出色的猛兽，更敏锐，更精明，更像人那样：因为，人是最高级的猛兽。

人已经从所有动物身上夺走了它们的道德：这就使人在所有动物中过得最艰难。

只有飞鸟还在人的上空。如果人还学会了飞行，唉！他掠夺的欲望将飞到——什么样的高空！

23

我希望男人和女人有这样的本领：一个善于打仗，另一个善于生育，但是两者都善于用头和腿跳舞。

对我们来说，没有跳过一次舞的日子，算是虚度光阴！没有引起一阵笑声的每个真理，我们都称之为虚假！

24

你们的婚姻：你们要当心，不要让它成为一种不如意的结合！你们作的决定太快了：于是产生这样的结果——婚姻破裂！

不过，婚姻破裂好过扭曲的婚姻和骗婚！——有一个妇女对我这样说："也许是我破坏了婚姻，可是首先是婚姻破坏了——我！"

我发现夫妻关系不好的人总是那些最可怕的报复心很强的人：他们要让全世界人为他们不再独身奔波而付出代价。

为此我希望，正直的人互相说："我们相爱了：让我们观察一下，我们是否能保持相爱！或者，我们的承诺会是一种错误吗？"

——"你们给我们一个期限和一小段婚姻，让我们观察一下，我们是否适合长期的婚姻！两个人长相守确是一件大事！"

我这样劝告一切正直的人；如果我不这样劝告，不这样说话，那么我对超人的爱，对未来一切的爱，又算得了什么呢！

不仅要继续栽培你们，而且要向上提高——为此，哦，我的兄弟们，但愿婚姻的园地会帮助你们！

25

由于精通古代的起源而变得有才智的人，瞧，他最终会去探求未来的泉源和新的起源。——

啊，我的兄弟们，过不了多久，就会产生新的民族，就会有新的泉水淙淙地流入新的山谷。

因为地震——许多泉水被掩埋，使许多人受饥渴折磨：可是地震也使许多内在的力量和秘密显露出来。

地震露出了许多新的泉源。在古代民族的地震中许多新的泉源不断地涌现出来。

这时有人喊道："瞧，这里有泉水可供许多干渴者饮用，有一颗好心可安抚许多渴望者，有一种意志可激励人们去创新许多工具"：——在他周围聚集了一群人，这就是：许多试验者。

能发出命令的人，他就必须服从——这要进行试验！啊，进行了多么长久的探索、建议、失败、学习和新的尝试！

人类社会：它是一种试验，我这样教导，——一种长久探寻：可是，它在探寻下达命令的人！——

——哦，我的兄弟们，这是一种试验，而不是"契约"！粉碎吧，为我粉碎这种软心肠和半心半意的人的言论！

26

哦，我的兄弟们，全人类未来的最大危险在哪些人的身上？难道不是在善人和正义者身上吗？——

——就像有些人嘴上说的，心里也认为的那样："我们已经知道，什么是善，什么是正义，我们也拥有这些；那些还在这里寻找善与正义的人，可悲！"

无论恶人会造成怎样的伤害：而善人造成的伤害是最严重的伤害！

无论诽谤世界者造成怎样的伤害：而善人造成的伤害是最严重的伤害。

哦，我的兄弟们，有一个人曾经看透了善人和正义者的心，他当时说："他们是法利赛人。"——可是人们不明白他的话。

善人和正义者本身也不明白他的话：他们的精神已被禁锢在他们的良心之中。善人的愚昧是深不可测的智慧。

可是，这是事实：善人必然是法利赛人，——他们没有选择！

善人必然把发明自己的道德的人钉上十字架！这是事实！

可是，第二个人，他发现了他们的国家，发现了善人和正义者的国家、心灵和土地：当时正是这个人问道："他们最憎恨谁？"

他们最憎恨创造者：打碎碑铭和旧价值的破坏者，这个破坏者——他们称之为罪犯。

因为善人——他们不会创造：他们永远是终结的开始：——

——他们把新价值写在新碑铭上的人钉在十字架上，他们牺牲自己的未来，——他们把全人类的未来钉在十字架上！

善人——他们永远是终结的开始。——

27

哦，我的兄弟们，你们也明白这个词的意思吗？我曾经说过的"末人"是什么意思吗？——

全人类未来的最大危险在哪些人身上？难道不是在善人和正义者身上吗？

摧毁吧，为我摧毁这些善人和正义者！——哦，我的兄弟们，你们也理解这句话吗？

28

你们从我这里逃走？你们害怕了吗？你们听了这句话吓得发抖吗？

哦，我的兄弟们，当我叫你们摧毁善人和善人的碑铭时：我才用船把人类载运到他们的大海上。

现在人类才遇到巨大的惊恐、远大的前景、重大的疾病、剧烈的恶心、严重的晕船。

善人教你们的是虚假的海岸和虚假的安全；你们出生在善人的谎言里，并且藏身其中。一切都被善人完全欺骗和歪曲。

可是，谁发现了"人类"的大陆，也就发现了"人类未来"的大陆。现在你们应该为我当航海员，勇敢的、有耐性的航海员！

你们及时地笔直地走吧，哦，我的兄弟们，你们学会笔直地走路吧！海上狂风大作：许多人想借助你们重新振作起来。

海上狂风大作：一切都在大海中。前进吧！加油吧！你们这些老练的航海员之心！

祖国算得了什么！我们的舵要驶向我们的孩子之国土所在的地方！我们巨大的渴望要驶向那里去，那里卷起的波涛比大海的波涛更加猛烈！——

29

"为什么这样坚硬！"——厨房用煤曾经对金刚石说，"我们究竟是不是近亲？"——

为什么这样软弱？哦，我的兄弟们，我如是问你们：你们究竟是不是——我的兄弟？

为什么这样软弱，这样让步，这样屈从？在你们的心中为何有这么多的否定和拒绝？在你们的目光里为何这么缺少对命运的挑战？

如果你们不想掌握命运，不想做强硬者：你们怎么能够和我共同——取得胜利呢！

如果你们的坚硬不会闪光，不会分离，也不会切割：你们怎么能够有一天和我共同——创造？

因为创造者是坚硬的。把你们的手按在千年上面，就像按在蜡上面一样，你们必然认为这样做就是幸福的了，——

——在千年意志上写下的幸福，就像写在青铜上一样，——比青铜还要坚硬，比青铜还要高贵。唯有最高贵的才是完全坚硬的。

哦，我的兄弟们，我把这块新碑铭放在你们的前方：让你们变得坚硬起来吧！

30

哦，你，我的意志！你是一切困境的转折，你是我的必然性！保护我的一切小小的胜利吧！

你，我的灵魂之天命，我称之为命运！你在我的心中！你在我的前方！保护我！让我保存实力去迎接一个伟大的命运！

你最后的伟大，我的意志，为了你的最后，保存你的力量吧，——你在自己取得胜利时仍然坚持强硬！啊，谁不是败于自己的胜利！

啊，谁的眼睛没有在这种陶醉的朦胧中变得暗淡！啊，谁的脚没有在胜利中跌跌撞撞地行走而忘记——站立起来呢！——

——但愿有一天在伟大的正午我已做好准备，已经成熟：就像炽热的青铜、孕育闪电的浓云、膨胀的奶牛乳房一样已经准备好，已经成熟：——

——我本身已准备好，我深藏的意志已经准备好：就像一张弓热望它的箭，一支箭热望它的星[1]：——

——一颗星在它的正午已准备好，已成熟，被毁灭性的太阳之箭灼热、射穿、祝福：——

——太阳本身和坚强的太阳意志，准备在胜利中走向毁灭！

哦，意志，一切困境的转折，你是我的必然性！让我保存实力去迎接一个伟大的胜利！——

查拉图斯特拉如是说。

---

[1] 箭指意欲，星指理想。

康复者

1

查拉图斯特拉回到山洞后不久，有一天早晨，他像疯子一样从他的床上跳起来，用可怕的声音大声叫喊，做出的举动就像还有一个人躺在床上不想起来；查拉图斯特拉发出这样的喊声，使得他的动物惊恐地向他跑来，使得躲在查拉图斯特拉的山洞附近的所有洞穴里和藏身角落里的一切动物都逃走了，按照它们的脚和翅膀的不同功能，有的飞，有的振翅，有的爬，有的跳。可是，查拉图斯特拉却说出这些话来：

起来吧，深奥的思想，从我内心深处出来吧！我是你的报晓雄鸡和黎明之光，睡眼蒙眬的懒虫：起来！起来！我的喊声应该能叫醒你！

拿出你的耳塞吧：听着！因为我想要听到你的声音！起来！起来！这里的雷声够大，甚至坟墓也会听到！

从你的眼睛上抹去睡意、一切愚昧和昏暗！也用你的眼睛听我说话吧：我的声音对于天生的盲人还是一种良药。

如果你才醒来，你应该永远保持清醒。把曾祖母们从睡眠中唤起，要我叫她们——继续睡下去！这不是我的做法。

你在动，伸展四肢，你在打呼噜？起来！起来！不要打呼噜——你应该跟我说话！查拉图斯特拉，这个无神论者，他在叫你！

我，查拉图斯特拉，生命的代言人，痛苦的代言人，循环的代言人——我在呼喊你①，我的深奥的思想！

祝福我吧！你来了——我听见了你的声音！我的深渊在说话，我把我最后的深处翻转过来暴露在光天化日之下！

祝福我吧！来吧！伸出手吧——哈！放手吧！哈哈！——恶心，恶心，恶心——我感到可悲！

2

可是，查拉图斯特拉刚说完这些话，这时，他突然跌倒在地，像死人一样，并且像死人一样在地上躺了很久。可是，当他清醒过来后，他面色苍白，颤抖着躺在那里，很长时间不想吃和喝。这种情况持续了七天；可是，他的动物日日夜夜都没有离开他，除了鹰有时候飞出去找食物。它把找回来和抢回来的食物都放在查拉图斯特拉的床上：因此，到了后来，查拉图斯特拉周围都是黄的和红的草莓、葡萄、红苹果、清香的野果和松球。而在他的脚旁还放着两只羔羊，这是鹰拼命地从牧羊人那里抢来的。

---

① 指永恒回归的思想。

过了七天，查拉图斯特拉终于在他的床上坐起来了，他拿起一个红苹果，闻了一下，觉得清香。这时，他的动物认为，跟他谈话的时候到了。

"哦，查拉图斯特拉，"它们说，"现在你已经躺了七天，两眼都睁不开：你最终不想重新站起来吗？

从你的山洞里走出去吧：世界像一座花园那样在等待你。风吹来浓郁的香味欢迎你；所有的小溪都想跟随着你。

自从你单独躺了七天，万物都在思念你，——走出你的山洞吧！万物都想当你的医生！

你也许得到了一种新的认识，一种艰辛而沉重的认识？你躺在那里，像一块发酵的面团，你的灵魂发起来，膨胀起来，溢出了它所有的边缘。——"

哦，我的动物，查拉图斯特拉答道，就这样继续聊吧，让我听听！你们的闲聊使我消除疲劳：有闲聊的地方，我觉得那里的世界就像一座花园。

有言语，有声音，那是多么动人：言语和声音不就是永恒分离之间的彩虹和虚设的桥梁吗？

每个灵魂都有一个不同的世界；对于每个灵魂来说，每个不同的灵魂就是一个背后的世界。

在最相似的事物之间，外表是最容易骗人的；因为最小的裂缝是最难架桥的。

对于我来说——怎么会有一个外界的我呢？没有什么外界！可是，在所有的声音中我们忘记了这点：我们忘记了，这是多么美好啊！

难道不是把名称和声音赋予事物，人类才由于这些事物而感到舒心吗？说话是一种美丽的蠢事：人类借此在万物之上跳舞。

一切言语和一切声音的谎言是多么动人啊！我们的爱随着声音在彩虹上跳舞。——

——"哦，查拉图斯特拉，"动物接着说道，"像我们这样思考的人认为，是万物自己在跳舞：它们来了，伸出手，笑了笑，逃走了——然后又返回。

一切走了，一切又返回；存在的轮子永远在滚动。一切逝去，一切又开花，存在的岁月永远在流动。

一切破裂了，一切重新装配起来；存在的相同的屋子永远被建造起来。一切分开了，一切又相聚；存在之环永远忠于自己。

存在开始于每一个·瞬·间·；那里的球围绕着每一个·这·里旋转，处处都是中心。永恒之路是曲折的。"——

——哦，你们这爱说笑的傻瓜和手摇风琴！查拉图斯特拉回答说，又微笑了一下，你们知道得多么清楚，在那七天中必须完成什么：——

——那个怪物如何爬进我的喉咙，使我窒息！可是我咬断了它的头，把它吐掉。

而你们——你们已经把此事编成一首古琴曲？可是，我现在躺在这里，由于刚才咬断怪物的头并把它吐掉，我还感到很疲劳，由于拯救自己累得像是生了病似的。

而你们在·观·看·这·一·切·？哦，我的动物们，你们也这么残忍？难道你们也像人类那样想观看我的巨大的痛苦吗？因为人类是最残忍的动物。

直到如今，对于人类来说，悲剧、斗牛、钉上十字架成了地球上最大的乐事；当人类发明了地狱，你瞧，地狱就是人间天堂。

当大人物痛得叫喊时——：小人物就匆忙地跑过去；他高兴得暗中幸灾乐祸。可是，他却称之为他的"同情"。

小人物，特别是诗人——他是多么激动地用言辞控诉生命！听听他说吧，可是，你们不要忘记倾听他在所有的控诉中所包含的快乐！

这种控诉生命的人：生命只用一眨眼的工夫就击败他们。"你爱我吗？"生命狂妄地说，"你还要等一下，我还没有时间给你。"

人对自己本身也是最残忍的动物；对一切自称为"罪人"、"背负十字架者"和"忏悔者"的人，你们不要忘记倾听他们在抱怨和控诉中所包含的快乐！

而我自己——我因此想做人类的控诉者吗？啊，我的动物，至今为止，我只学到这点：人必须做到至恶，才能做到至善，——

——一切至恶，是人类的最大的力量，是最高创造者的最坚硬的石头；因此，人类必须变得更善和更恶：——

不是因为我被绑在这个刑讯柱上才知道：人类是恶的，——而是因为我大声喊出从来还没有人喊过的话：

"啊，人类的至恶是如此渺小！啊，人类的至善是如此渺小！"

对人类的巨大厌恶——它扼住我的喉咙，爬进我的喉咙：这是预言者所预言的话："一切都是相同的，什么都不值得，知识扼杀人。"

一道长长的暮光，在我面前蹒跚地走来，一种极度疲劳、极度沉醉的悲哀，它打着呵欠说话。

"你感到厌恶的人，渺小的人，永恒回归"。——我的悲哀这样打着呵欠，拖着脚，无法入睡。

我觉得，人类的大地变成了洞穴，它的胸部陷进去，一切有生命的东西，在我看来，都变成人类的腐尸、尸骨和腐朽的过去。

我的叹息停留在一切世人的坟墓上，再也跑不掉；我的叹息和疑问日日夜夜在悲鸣、哽塞、烦恼、诉说：

——"啊，人类永恒回归！小人物永恒回归！"

我曾经见过两者赤身裸体，最伟大的人和最渺小的人：他们俩太相似了，——甚至最伟大的人也是太人性了！

最伟大的人也太渺小！——这是我对人类的厌恶！甚至最渺小的人也是永恒回归！——这是我对一切存在者的厌恶！

啊，恶心！恶心！恶心！——查拉图斯特拉如是说，他在叹息，感到毛骨悚然；因为他想起了他的疾病。这时他的动物不让他继续说下去。

"不要再说了，你这位康复者！"——他的动物回答他说，"还是出去走走吧，外面的世界就像一座花园那样在等待你。

走出去吧，到玫瑰、蜜蜂和鸽群那里去吧！特别是要到鸣禽那里去：向它们学习唱歌！

因为唱歌对康复者很适合；健康的人喜欢说话。如果健康的人也想唱歌，那么他要唱的歌不同于康复者唱的歌。"

——"哦，你们这些爱说笑的傻瓜和手摇风琴，你们还是不要说话吧！"——查拉图斯特拉回答说，并对他的动物微笑，"你们知道得多么清楚，在这七天中我为自己发明了什么样的安慰方法！

我必须重新唱歌，——我为自己发明了这种安慰和这种康复的方法：你们同样也想为此再编一首古琴曲吗？"

——"不要再说了，"他的动物再次对他说，"你这位康复者，你倒不如先给自己准备一把古琴，一把新的古琴！

因为，你看，哦，查拉图斯特拉！为了你的新歌需要新的古琴。

唱吧，高声地唱吧，哦，查拉图斯特拉，用新歌治愈你的灵魂：让你担负起你那还没有任何人担负过的伟大的命运！

哦，查拉图斯特拉，因为你的动物清楚地知道，你是什么人，必将成为什么人：瞧，你是永恒回归的教师——，现在，这就是你的命运！

你必然是第一个讲授这种学说的人，——这个伟大的命运怎么会不成为你的最大的危险和疾病呢！

瞧，我们知道，你讲授什么：万物永恒回归，包括我们在内，我们已经存在过无数次，万物也和我们一样。

你教导说，有一个变化的大年，一个大年的怪物：它必然像沙漏一样总是重新翻转，以便让沙重新流下和流出：——

——因此，所有这些岁月，在最伟大之处，甚至在最渺小之处，全都是相同的，——因此，在每个大年里，在最伟大之处，甚至在最渺小之处，我们自己也是相同的。

如果你现在想死，哦，查拉图斯特拉：你看，我们也知道，你会怎样跟自己说：——可是，你的动物请求你，你还不能死！

你会说话，并且毫不惧怕，相反，你会快乐地舒口气：因为你摆脱了一个巨大的困难和窘境，你是一个最能忍耐的人！——

'现在我逝去，我消失，'你会这样说，'我瞬间就会化为乌有。灵魂就像肉体一样终有一死。

可是我缠绕其中的因缘之结是回归的，——它将再创造我！我本身属于永恒回归的因缘之一。

我同这个太阳、这个大地、这只鹰、这条蛇一起回来——不是回到一个新的人生或者更好的人生或者相似的人生：

——我永恒回归到这相同的、同一个人生，不管在最伟大之处还是在最渺小之处，让我重新讲授万物之永恒回归，——

——让我重新宣讲大地和人类的伟大的正午，让我再向人类宣布超人的消息。

我说我的话，我因我的话而毁灭：我永恒的命运要求这样——，我作为宣告者走向毁灭！

现在，毁灭者自我祝福的时刻到了。因此——查拉图斯特拉的毁灭结束了。'"——

当动物说完这番话，它们沉默不语，等待查拉图斯特拉对它们说点什么：可是查拉图斯特拉没有听出来它们已经说完了。其实，他静静地躺着，闭着眼睛，像睡着的样子，尽管他没有睡觉：因为他正在和自己的灵魂谈话。可是蛇和鹰觉察到他这种默默无声，尊重他周围的一片宁静，就小心地走开了。

大渴望

哦，我的灵魂，我教你说"今天"就像说"将来"和"从前"一样，教你跳圆圈舞，跃过每一个近处和远处。

哦，我的灵魂，我把你从所有的角落里解救出来，扫去你身上的尘埃、蜘蛛和暮光。

哦，我的灵魂，我洗刷掉你身上小小的羞耻和角落里的道德，劝你赤裸裸地站在太阳眼前。

我用叫做"精神"的风暴吹过你那波涛滚滚的大海：我吹散那里的一切乌云，甚至扼杀叫做"罪恶"的扼杀者。

哦，我的灵魂，我给你权利，像风暴那样说"不"，像无云的天空那样说"是"：你像光一样静静地立着，现在你穿过否定的风暴向前进。

哦，我的灵魂，我把支配创造物和非创造物的自由交还给你：谁像你那样了解未来的快乐呢？

哦，我的灵魂，我教你蔑视，这种蔑视不像虫蛀那样缓慢地进行，这是巨大的、喜爱的蔑视，在最蔑视之处，正是爱得最深的地方。

哦，我的灵魂，我教你这样去说服，让你说服理由本身，站到你这边来：就像太阳一样，它说服大海升到它的高度。

哦，我的灵魂，我把你身上的一切服从、屈膝和恭顺都抛弃掉；我给你本身取名为"困境的转折"和"命运"。

哦，我的灵魂，我给予你新的名称和五光十色的玩具，我称你为"命运"、"最大可能的空间"、"时间经过的中心点"和"天钟"。

哦，我的灵魂，我让你的土壤痛饮一切智慧，痛饮智慧的一切新葡萄酒和一切远古的、醇厚的葡萄酒。

哦，我的灵魂，我把全部的阳光、全部的黑夜、全部的沉默和全部的渴望都倾注到你的身上：——我感觉到，这时你就像一棵葡萄藤一样成长起来。

哦，我的灵魂，现在你丰满而沉甸甸地立在那里，一棵葡萄藤，上面悬挂着膨胀的乳房和一串串的紫金葡萄：——

——你受到你的幸福的挤压和重压，由于丰饶而等待，又因你的等待而感到羞愧。

哦，我的灵魂，现在任何地方都没有一个灵魂，比你更可爱，更丰富，更广博！未来和过去在哪里会比在你这里更加亲近？

哦，我的灵魂，我给了你一切，因为你，我的双手已变得空空——而现在！现在你却微笑着，满怀忧郁地对我说："我们当中谁应该表示感谢？——

——接受者收下了，赠送者不应该表示感谢吗？赠送不是必须的吗？接受不是——出于同情吗？"——

哦，我的灵魂，我明白你的忧郁的微笑：你的过于富裕现在伸出了渴望的双手！

你的富裕眺望着波涛汹涌的大海，寻找着，等待着；过于丰富的渴望从你微笑的眼睛之天国里往外看！

真的，哦，我的灵魂！谁看到你的微笑不会泪流满面？天使本身也会由于你的微笑过于善良而掉下眼泪。

你的善良和过于善良表现在，不愿意悲叹和哭泣：可是，哦，我的灵魂，你的微笑渴望着眼泪，你颤抖的嘴唇渴望着啜泣。

"一切哭泣不都是一种悲叹吗？——一切悲叹不都是一种控诉吗？"你这样对自己说，因此，哦，我的灵魂，你宁可微笑，也不愿倾诉你的痛苦。

——不愿在涌出的眼泪中倾倒你的富裕给你带来的一切痛苦，以及葡萄藤渴望葡萄园主和果刀的痛苦。

可是，你不想哭泣，不想以哭诉来舒缓你那紫色的忧郁，因此，你就必须唱歌，哦，我的灵魂！——瞧，我自己也微笑了，我向你做这样的预言：

——用激昂的歌声歌唱吧，直到所有的大海都沉静下来，倾听你的渴望，——

——歌唱吧，直到沉静的充满渴望的海面上，浮现出轻舟，这个金光闪闪的奇迹，一切善的、恶的、奇妙的事物都在这个金色的周围跳跃着：——

——还有许多大大小小的动物，也有长着轻巧而奇特的脚，能在紫罗兰色的小径上奔走的动物，——

——走近这个金色的奇迹，这只自由漂流的轻舟，走近轻舟的主人：可是，他是个葡萄园主，手里拿着金刚石果刀在等待着，——

　　——他是你的大救星，哦，我的灵魂，他是无名氏——只能
从未来的歌声中才能发现他的名字！真的，你的气息已经散发出
未来之歌声的芳香了，——

　　——你已经发烧，并且在做梦，你已经焦渴地痛饮一切深远
的、潺潺流动的安慰之泉，你已经在未来之歌声的快乐中舒散你
的忧郁！——

　　哦，我的灵魂，现在我已经给了你一切和我最后的东西，因
为你，我的双手已变得空空：——我叫你唱歌，瞧，这就是我最
后的东西！

　　我叫你唱歌，现在你说吧，说吧：我们当中现在谁必须
说——感谢？——可是，最好还是说：为我唱吧，唱吧，哦，我
的灵魂！让我说感谢！——

　　查拉图斯特拉如是说。

另一首舞之歌

1

"哦，生命，最近我注视你的眼睛：我在你的夜晚的眼睛里看到金光闪烁，——我的心激动得停止了跳动：

——在夜色茫茫的水面上，我看到一条金色的小舟闪闪发光，一条下沉的、浸水的、又摇旗示意的、金色的、摇晃着的小舟[①]！

你向我那热衷跳舞的脚望了一眼，那是欢笑的、询问的、温存的、飘荡的一眼[②]：

你只要用你的小手摇动两次摇鼓——我那狂舞的脚就已经动起来了。——

我的脚后跟抬起来，我的脚趾倾听着去理解你：——可是，舞者的耳朵却是长在——他的脚趾上！

我朝着你跳去：这时，你向后逃去，避开我的舞步；你逃避

[①] 比喻永恒回归的真理。
[②] 把生命比作女人。

时，飞散的头发有如长舌般向我窜来窜去！

我从你和你的蛇那里跑开：这时你已经站着，转过半个身子，眼睛里充满着渴望。

你用扭曲的目光——教我走弯曲的道路；在弯曲的道路上，我的脚学会了——狡诈！

我害怕你靠近，我喜欢你离开；你的逃避引诱我，你的寻求使我停顿下来：我受苦，可是，我为什么不乐意为你受苦！

你的冷漠令人激动，你的憎恨具有诱惑力，你的逃避束缚人的手脚，你的讽刺——打动人心：

——谁不憎恨你，你这个大束缚者、纠缠者、引诱者、探求者、发现者！谁不喜欢你，你这个无辜的、无耐性的、旋风般的、有着孩童眼睛的罪人！

你现在要牵我去哪里，你这个不可捉摸的人？你现在又逃避我，你这个可爱的野孩子，不知感恩的人！

我跟着你跳舞，我也跟随你的小步跳。你在哪里？请把手伸给我！哪怕只伸出一只手指！

这里有山洞和灌木丛：我们会迷路！——停下！站住！你没有看见猫头鹰和蝙蝠飕的一声飞过吗？

你这猫头鹰！你这蝙蝠！你想愚弄我吗？我们在哪里？你从狗那里学到这种号叫和狂吠。

你亲切地对我露出白色的小牙齿，你从卷曲的鬊毛下面的眼睛里向我射来凶恶的目光！

这是一场越过地面上种种障碍的舞蹈：我是猎人，——你想当我的猎狗还是当我的羚羊？

现在你到我旁边来！快，你这坏心肠的舞者！现在跳起来！

跳过去！——唉！这时我自己在跳跃中摔倒了！

哦，你这个狂妄的人，看我躺在这里，祈求你的怜悯，我很乐意和你一起——走风光更加明媚的路！

——这风光明媚的路沿途是一片幽静的、绚丽的丛林！或者在那里沿着湖岸：金色的鱼在湖中游水和跳跃！

你现在疲倦了吧？那边是羊群和晚霞：在牧羊人的笛声中睡一会儿，不是令人心旷神怡吗？

你很累吗？我背你过去，你只要把手臂放下！你要是口渴，我有点喝的，可是，你的嘴不想喝它！——

——哦，这条可诅咒的、敏捷的、灵活的蛇，这个隐藏的女妖！你到哪里去了？可是，我感觉到在我的脸上有你的手留下的两个斑点和红色的污渍！

真的，我已经厌倦老是做你的温顺的牧羊人！你这个女妖，直到如今，我都为你歌唱，现在你应该对我叫喊！

你要按照我的鞭子的节拍，为我跳舞和叫喊！我可没有忘记鞭子吧？——没忘！"——

2

这时，生命这样回答我，同时捂住她的娇小的耳朵：

"哦，查拉图斯特拉！不要用你的鞭子打得如此可怕！你知道：噪音会毁灭思想，——如此温存的思想刚刚出现在我的脑海。

我们俩是两个真正不行善也不作恶的人。在善与恶的彼岸，我们发现了我们的岛屿和我们的绿色草地——只有我们两个！所以我们必须和睦相处!

即使我们相爱不是发自内心——，如果人们不是从内心里相爱，难道就得相恨吗?

我对你很好，有时太好，这个你是知道的：理由是，我嫉妒你的智慧。啊，智慧，你这个发狂的、愚蠢的老太婆!

如果你的智慧有一天离开你，啊! 那时我的爱也会很快离开你[①]。"——

然后，生命沉思地向后面张望，向四周张望，于是轻声地说："哦，查拉图斯特拉，你对我不够忠诚!

你很久以来就不像你所说的那样深爱我了，我知道，你在想，你很快就要离开我了。

有一座非常沉重的、隆隆响的古钟：夜间，它发出的隆隆声一直传到你的山洞：——

——你在午夜时听到这座钟报时，你在一响和十二响之间这样想——

——你在想，哦，查拉图斯特拉，我知道，你很快就要离开我了!"——

"是的，"我犹豫地回答，"可是，你也知道——"我对着她的耳朵说了些什么，她的耳朵埋在她那蓬乱的、黄色的、愚昧的发丛中。

哦，查拉图斯特拉，你知道这些吗? 没有人知道这些。——

---

① 当查拉图斯特拉宣告永恒回归的真理时，他即将死去。

我们互相注视，眺望着那片绿色的草地，黄昏的凉意刚刚笼罩在草地上，我们互相哭泣。——可是，当时我觉得生命比以往我所有的智慧都可爱。——

查拉图斯特拉如是说。

3

一！
哦，人啊！你要留心！
二！
深沉的午夜在说什么？
三！
"我睡过，我睡过——，
四！
我从深沉的梦中清醒：——
五！
世界是深奥的，
六！
比白天想象的更深奥。
七！
世界的痛苦是深重的——，
八！
快乐——比内心痛苦更深沉：
九！

痛苦说，消失吧！

十！

可是一切快乐想要永恒——，

十一！

——想要深深的、深深的永恒！"

十二！

七印①

（或者：同意和阿门之歌）

1

如果我是一个预言家，并且充满那种预言的精神，这种精神在两个大海之间的高高的山脊上飘拂，——

在过去和未来之间像乌云般飘忽，——敌视闷热的低地，敌视一切不能死又不能活的厌倦者：

在黑暗的胸中，准备好闪电，准备好拯救之光芒，孕育着说"同意"和笑答"同意"的闪电，准备好预言的闪电之光：——

——可是，这样的孕育者是幸福的！真的，有一天会点燃未来之光芒的人，必须作为暴风雨长期留恋于山峰！——

哦，我怎么会不强烈追求永恒，追求指环中的结婚指环，——追求回归之环？

我从未找到想跟她生孩子的女人，除非是我爱的这个女人：因为我爱你，哦，永恒！

---

① 象征人生中的战斗精神。

因为我爱你，哦，永恒！

2

当我的愤怒毁坏了坟墓，移动了界石，打碎了旧碑铭，把它滚到陡峭的山谷：

当我的讽刺吹散腐朽的言辞，我像扫帚一样扫除十字蜘蛛，我像旋风一样吹进古老而沉闷的墓室：

当我高兴地坐在埋葬古代诸神的地方，坐在古老的诽谤世界者的纪念碑旁边，祝福世界，热爱世界：——

——因为只要天空以纯洁的目光透过教堂和诸神之墓的破裂的拱顶向里面张望，我甚至会喜爱教堂和诸神之墓；我愿意像小草和红罂粟那样坐在断裂的教堂上——

哦，我怎么会不强烈追求永恒，追求指环中的结婚指环，——追求回归之环？

我从未找到想跟她生孩子的女人，除非是我爱的这个女人：因为我爱你，哦，永恒！

因为我爱你，哦，永恒！

3

当一阵气息从创造性的气息中，从强迫偶然跳星星圆圈舞的上天必然性的气息中向我吹来：

当我以创造性的闪电的大声发出笑声，随后便是行动上的长久雷鸣，隆隆作响，但也听命于闪电：

当我在大地的神桌上与诸神掷骰子打赌，引发大地震动，断裂，喷出火流：——

——因为大地是一张神桌，因此会由于创造新的言辞和诸神的骰子游戏而颤动：——

哦，我怎么会不强烈追求永恒，追求指环中的结婚指环，追求回归之环？

我从未找到想跟她生孩子的女人，除非是我爱的这个女人：因为我爱你，哦，永恒！

因为我爱你，哦，永恒！

4

当我从由万物调配好的、冒着泡沫的混合香料罐里喝上一大口时：

当我的手把最远之物注入最近之物中，把火注入精神中，把快乐注入痛苦中，把至恶注入至善中；

如果我自己是拯救之盐中的一粒，它就会使万物在混合罐里得以很好地调配：——

——因为有一种盐能把善与恶结合起来：甚至至恶也具有做调味品的价值，也能做最后溢出的泡沫：——

哦，我怎么会不强烈追求永恒，追求指环中的结婚指环，追求回归之环？

我从未找到想跟她生孩子的女人，除非是我爱的这个女人：因为我爱你，哦，永恒！

因为我爱你，哦，永恒！

5

当我喜爱大海，喜爱大海一类的所有东西，尤其是在它愤怒地反驳我时，我最喜爱它：

当我心中产生那种扬帆起航去寻找尚未被发现之事物的快乐，当我的快乐中有一种航海员的快乐：

当我的快乐在呼喊："海岸消失了，——现在我身上最后的锁链脱落了——

——无边无际的大海在我周围波涛汹涌，空间和时间远远地朝我发出光芒，开始吧！但愿成功！久经考验的心！"——

哦，我怎么会不强烈追求永恒，追求指环中的结婚指环，追求回归之环？

我从未找到想跟她生孩子的女人，除非是我爱的这个女人：因为我爱你，哦，永恒！

因为我爱你，哦，永恒！

6

当我的道德是一个舞者的道德，当我经常用双脚在金色和绿色的狂喜中跳动：

当我的恶意是欢笑的恶意在玫瑰花坛和百合花篱中生长时，

——因为在欢笑中所有的恶都彼此在一起，可是，通过它们自己的幸福变得神圣，被宣布无罪：——

如果一切重的变成轻的，一切身体变成舞者，一切精神变成飞鸟，这些就是我的起始和终末：真的，这些是我的起始和终末！——

哦，我怎么会不强烈追求永恒，追求指环中的结婚指环，追求回忆之环？

我从未找到想跟她生孩子的女人，除非是我爱的这个女人：因为我爱你，哦，永恒！

因为我爱你，哦，永恒！

7

当我在我的上方张开一片宁静的天空，以自己的翅膀飞向自己的天空：

当我在深深的、光明的远方轻松地游泳，我自由的飞鸟的智慧来到了：——

——可是，飞鸟的智慧这样说："瞧，没有上，没有下！把你抛向周围，抛出去，向后抛，你这个轻快者！唱吧！不要再说话了！

——一切言辞不都是为沉重者创造出来的吗？一切言辞对于轻快者而言不都是谎言吗？唱吧！不要再说话了！"

哦，我怎么会不强烈追求永恒，追求指环中的结婚指环，追求回归之环？

我从未找到想跟她生孩子的女人，除非是我爱的这个女人：因为我爱你，哦，永恒！

因为我爱你，哦，永恒！

查拉图斯特拉如是说

一本为所有人，也不为任何人写的书

第四部，即最后一部

啊，世界上哪里还有比同情者所做的蠢事更为愚蠢呢？世界上还有什么比同情者所做的蠢事造成更多的痛苦呢？

一切有爱心者如果还没有达到超越其同情的高度，那么，他们真是不幸啊！

魔鬼曾经对我如是说："甚至上帝也有他的地狱：那就是他对人类的爱。"

最近我听到魔鬼说这句话："上帝死了；上帝死于他对人类的同情。"

《查拉图斯特拉如是说》第二部《同情者》

蜂蜜祭品

——又有许多岁月掠过查拉图斯特拉的灵魂，他对此没有留意；可是，他的头发变苍白了。有一天，他坐在山洞前的一块石头上，默默地眺望着远方，——从那里可以看到大海和曲折的深谷，——这时，他的动物思索着，在他的周围转来转去，最后站在他的面前。

"哦，查拉图斯特拉，"它们说，"你一定是在期望你的幸福吧？"——"幸福算得了什么！"他答道，"我已很久不再追求幸福，我致力于我的工作。"——"哦，查拉图斯特拉，"动物又说道，"你是一个拥有太多幸福的人才说这种话。你不是躺在蔚蓝色的幸福湖畔吗？"——"你们这些滑头的家伙，"查拉图斯特拉微笑着答道，"你们选择的比喻多么美妙！可是，你们也知道，我的幸福是沉重的，不像流动的波浪：它挤压着我，不想离开我，就像融化了的沥青。"——

这时动物又沉思地在他的周围转来转去，然后再次站在他的面前。"哦，查拉图斯特拉，"它们说，"原来如此，所以你变得越来越黄，越来越黑，虽然你的头发看上去是白色的，亚麻色的，你看，你陷入沥青之中！"——"你们说什么，我的动物们，"查拉图斯特拉笑着说，"真的，当我提到沥青时，我是在咒骂。我发生的情况，就像所有将要成熟的果实一样。那是我的血管里的蜂蜜，它使我的血变得更黏稠，也使我的灵魂变得更安宁。"——"事情就是这样，哦，查拉图斯特拉，"动物们答道，并挤到他身旁，"可是，你今天不想登上一座高山吗？空气很清新，今天眺望世界，比以往任何时候都看得更多。"——"是的，我的动物们，"他回答，"你们的建议正合我意：今天我要登上一座高山！可是你们要设法在那里替我准备些蜂蜜，黄色的、白色的、优质的、冰冷而新鲜的蜂房里的金色蜂蜜。因为，你们知道，我要在山顶献上蜂蜜祭品。"——

可是，当查拉图斯特拉到达高山上时，他把陪同他登山的动物打发回家，他觉得从现在起应该独自一人：——这时他由衷地笑了，环顾周围，如是说：

我说到献祭和蜂蜜祭品，这只是我说话的一种技巧，真的，这是一件有益的蠢事！比起在隐居者的山洞前和在隐居者的家畜面前，我在这里的高山上可以更自由地说话。

献祭什么！我挥霍掉人家赠送给我的东西，我这个千手挥霍者：我怎么还可以把这——称为献祭！

当我渴望蜂蜜时，我只渴望诱饵和甜的糖浆以及黏胶，咆哮的熊和奇异的、生气的、凶恶的禽鸟也对这些东西垂涎：

——我所渴望的是猎人和渔夫必需的最佳的诱饵。因为，如果世界像一片黑暗的动物森林和一切野蛮的猎人的乐园，那么，在我看来，倒不如说它是一片深不可测的、富饶的大海。

——一片大海充满着五彩缤纷的鱼虾，甚至诸神也向往着大海，想在海滨当个渔夫和撒网者：世界就是这样富于奇妙、伟大和渺小！

尤其是人类的世界，人类的大海：——我现在把我的金色的钓竿向它抛去，说道：张开吧，你这人类的深渊！

张开吧，向我抛来你的鱼和闪光的虾！今天我用最优质的诱饵为我诱捕最奇妙的人类大鱼！

——我把我的幸福本身抛出去，抛向一切广阔的地方和遥远的地方，在日出、正午和日落之时，看看是否有许多人类大鱼学会拽住我的幸福活蹦乱跳。

直到他们咬住了我的隐藏的尖利的钓钩，不得不上升到我的高度，这些多彩的海底鱼落到了所有钓人类之鱼的渔夫中最恶毒的渔夫那里。

因为从根本上，从一开始，我就是这种渔夫，拉啊，拉过来，往上拉，拉上来，一个培育者、饲养者和教育大师，我曾经毫不徒劳地劝说过自己："成为原来的你吧！"

因此现在世人可以上山到我这里来：因为我还在等待下山时刻的征兆，我本身目前还不能下山到世人那里去。但我必须下山。

于是我在这里等候，奸猾而嘲弄地在高山上待着，我不是无耐性者，也不是忍耐者，倒不如说是一个忘记忍耐的人，——因为他不再"忍耐"。

因为我的命运把时间留给我：它也许把我忘了？或者它坐在树荫里的一块巨石后面捉苍蝇？

真的，因此我要感激它，我永恒的命运，它没有追赶我，没有催促我，让我有时间开玩笑和干坏事，于是，我今天登上这座高山来钓鱼。

有人曾经在高山上钓过鱼吗？虽然我在这山上想的事和做的事，是一件傻事；但是，比起我在山下由于等候而变得很严肃，脸色铁青，要好得多——

——一个由于等候而变得矫揉造作的暴跳如雷者，一场从山里吹来的神圣的呼啸的风暴，一个无耐性者，他向山谷里呼喊："听着，不然我要用上帝的鞭子抽打你们！"

我不是因此而怨恨这些暴怒者：我觉得他们十分好笑！他们一定无法忍受这些击鼓造成的巨大的噪音，他们今天有机会发言，或者永远没有机会了！

可是，我和我的命运——我们不谈当今，也不谈从来没有发生过的事情：我们有耐心、有足够的时间来说话。因为它总有一天必然来到，决不会匆匆而过。

是什么总有一天必然来到，决不会匆匆而过？那就是我们伟大的哈查尔，它是我们伟大而遥远的人类王国，千年的查拉图斯特拉王国——

这样的"遥远"会有多远？这跟我有什么关系！可是我并不因此而减少信心——，我的双脚坚定地站在这片大地上。

——在一片永恒的大地上，在坚硬的原始石头上，在这个最高而最硬的原始山脉上，所有的风都吹向这个山脉，如同吹向气候的分界线，向它打听，这是哪里？从哪里来？到哪里去？

在这里笑吧，笑吧，我透明而健康的恶意！从高山上抛下你那爽朗的嘲讽的笑声吧！用你的闪光为我去诱捕最美的人类大鱼吧！

在所有的大海里属于我的东西，在万物之中属于我本身的东西——把它给我钓上来，把它带到我上面来：所有的渔夫中最恶毒的我，正等着它。

向外，向外，我的钓竿！进去，向下，我幸福的钓饵！滴下你最甜的甘露，我内心的蜂蜜！咬吧，我的钓钩，咬进一切深沉的忧郁的肚子里！

望出去，望出去，我的眼睛！哦，在我的周围有多么丰饶的大海，多么朦胧的人类未来，在我的上方——天空呈浅红色，多么宁静！天高云淡，多么沉默！

呼救声

第二天，查拉图斯特拉又坐在他的山洞前的石头上，这时，他的动物们在外面的世界到处漫游，以便把新的食物带回家——还有新的蜂蜜：因为查拉图斯特拉已把最后一点旧的蜂蜜用完了。可是，当他这样坐在那里，手里拿着一根棒，一边在地上把自己的影子画下来，一边思索着。真的！他不是在思考他自己和他的影子——这时，他突然吃了一惊，畏缩起来：因为他看到在他的影子旁边还有另外一个影子。他很快转过头来看，并站了起来，瞧，那位预言者^①就站在他旁边，他曾经在自己桌上与其一起吃喝的那位，就是大疲劳的宣告者，他曾教导说："一切都是相同的，任何东西都不值得，世界没有意义，知识使人窒息。"可是，这期间他的面貌发生了变化；当查拉图斯特拉望他的眼睛时，又吃了一惊：这么多不详的预兆和苍白的闪光从这张脸上掠过。

这位预言者觉察到查拉图斯特拉心里想什么，就伸手抹了一下脸，好像想把这张脸抹去似的，查拉图斯特拉也照样抹了一下

① 即悲观主义者。

脸。当两个人这样默默地冷静下来，振奋起来时，就向对方伸出了手，双方表示愿意重新认识。

"欢迎你，"查拉图斯特拉说，"你这个大疲劳的预言者，你应该没有白白地跟我同桌就餐，做我的客人，今天也在我这里一起吃喝吧，请原谅，一个快乐的老人跟你同桌就餐！"——"一个快乐的老人？"预言者答道，并摇摇头，"哦，查拉图斯特拉，可是，不管你是谁，或者想要成为什么人，你在这山上待得太久了，——过不久，你的小舟就不再陷入困境中！"——"难道我陷入困境中？"查拉图斯特拉笑着问。——"你山峰周围的浪涛，"预言者答道，"在上涨，不断地上涨，那些大困苦的和大悲伤的浪涛：它们很快就会把你的小舟托起，把你带走。"——查拉图斯特拉对此沉默不语，感到惊讶。——"你还是什么都没有听到？"预言者继续说，"不是从深谷里传来浪涛的呼啸声和咆哮声吗？"——查拉图斯特拉再次沉默不语，并且倾听着：这时他听到一阵很长的呼喊声，这种喊声在山谷之间回荡，因为没有一个山谷想保留这种喊声：它听起来是那样不祥。

"你这个可怕的宣布者，"查拉图斯特拉终于开口说，"这是呼救声，是一个人的喊声，这声音也许是从一片黑沉沉的大海里传出来的。可是，人类的危急跟我有什么关系！为我保留的最后一个罪过——你也许知道，它叫什么？"

——"同情！"预言者满心欢喜地答道，并且高举双手——"哦，查拉图斯特拉，我来就是为了引诱你走上最后的罪恶之路！"——

他刚说完这些话，这时又传来那种喊声，声音比先前的更长久，更可怕，而且也近得多。"你听到了吗？哦，查拉图斯特拉，你听到了吗？"预言者喊道，"喊声是针对你的，他在喊你：来吧，来吧，来吧，是时候了，时间紧迫！"——

查拉图斯特拉对此保持沉默，他感到困惑，震惊：终于他像一个优柔寡断的人那样问道："在那边喊我的人是谁呢？"

"可是，你是知道的，"预言者激烈地回答，"你为什么要隐瞒自己呢？喊你的人，就是高人！"

"高人？"查拉图斯特拉吓得叫起来，"他想干什么？他想干什么？那位高人！他来这里想干什么？"——他吓出一身汗。

可是，预言者没有理睬查拉图斯特拉的惊恐，而是对着深谷倾听着，倾听着。可是，那边长时间都没有动静，他转过目光，看见查拉图斯特拉站在那里发抖。

"哦，查拉图斯特拉，"他开始用悲伤的声音说，"你不要站在这里，像个被自己的幸福弄得晕头转向的人：你必须跳舞，这样你才不会跌倒！

可是，尽管你也想在我面前跳舞，而且展示你所有的舞艺：也没有人会对我说：'瞧，最后一个快乐的人在这里跳舞！'

一个人来到这里的高山上寻找一个快乐的人，他是白费力气了：他可能会找到许多山洞和山洞后面的山洞，隐居者的隐藏处，可是找不到幸福矿、珍宝宝库和新的幸福的金矿脉。

幸福——你怎么可能在这种藏身者和隐居者那里找到幸福！难道我还要在幸福岛上，在遥远的被遗忘的海洋之间寻找最后的幸福吗？

可是一切都是相同的，任何东西都不值得，寻找是无用的，也不再存在幸福岛！"——

于是，预言者在叹息；可是，在预言者发出最后一声叹息时，查拉图斯特拉又变得明朗和自信起来，就像一个从深渊里出来，走向光明的人。"不对！不对！绝对不对！"他用有力的声音喊道，并且捋了捋胡子——"这我知道得更清楚！还是有幸福岛的！不说这些了，你这个唉声叹气的、满怀悲伤的家伙！

你这个上午的云雨，不要再对此瓢泼了！我不是已站在这里，像一条狗那样被你的悲伤淋湿了吗？

现在我要抖动身子，从你那里跑开，使我身上重新变得干爽起来：对此你不用感到惊讶！你认为我失礼吗？可是，这里是我的宫廷。

可是，与你的高人有关的事：好吧！我马上到那边的树林里去寻找他：他呼喊的声音是从那边传来的。也许在那里有一头凶恶的野兽正困扰着他。

他是在我的领地里：我认为，他在这个范围里不会受到伤害！真的，在我这里有许多凶恶的野兽。"——

查拉图斯特拉说完这番话转身要走。这时预言者说："哦，查拉图斯特拉，你是个坏蛋！

我已经知道你想摆脱我！你宁愿跑到树林里去诱捕凶恶的野兽！

可是这对你有什么帮助呢？晚上你又要见到我，我会坐在你的山洞里，像一块木头那样耐心而沉重地——等候你！"

"就这样吧！"查拉图斯特拉回头喊道，继续往前走，"我山洞里属于我的东西也属于你，我的宾客！

可是，要是你在山洞里还能找到蜂蜜，请用吧！你就尽管把它舔干净，你这个吼叫的熊，使你的灵魂变得甜蜜！因为，晚上我们俩要心情愉快。

　　——因为这个白天的结束而心情愉快，兴高采烈！你自己应该作为我的会跳舞的熊，跟着我的歌跳舞。

　　对此你不相信吗？你在摇头？来吧！跳吧！老狗熊！可是，我也——是一个预言者。"

　　查拉图斯特拉如是说。

同国王们的谈话

1

查拉图斯特拉在他的山岭上和树林里走了还不到一个小时，这时他突然看到一行奇特的队伍。恰好在他要向下走的路上，走来了两位国王，头戴王冠，身系一根紫色腰带，五彩缤纷，就像火烈鸟一样；他们赶着一头载着物品的驴子走过来。"这两位国王想在我的领地里干什么？"查拉图斯特拉惊讶地对自己的内心说，并且迅速地躲到灌木林后面。可是，当这两位国王一直向他走来时，他像一个自言自语者一样，轻声地说："罕见！罕见！这怎么解释呢？我看见两位国王——却只见一头驴子！"

这时，两位国王停下脚步，微笑着，朝着传来声音的地方望去，然后相互对视了一下。"这种事情在我们中间也想到了，"站在右边的国王说，"可是没有说出来。"

可是，站在左边的国王耸耸肩答道："这可能是个牧羊人。或者是个隐士，他在岩石和树林中间住了太久。也就是说，完全没有社交往来也就毁坏了良好的礼仪。"

"良好的礼仪？"另一位国王不满而尖锐地回答，"我们到底要躲避什么？不就是躲避'良好的礼仪'吗？不就是躲避我们的'上流社会'吗？

真的，宁愿生活在隐士和牧羊人中间，也不愿和那些镀金的、虚伪的、过分美化自己的群氓生活在一起，——尽管他们自称为'上流社会'。

——尽管他们自称为'贵族'。可是，在那里一切都是虚伪的，腐朽的，特别是血液，这些都是由于古老的恶性疾病和更恶劣的行医者造成的。

我认为，今天最优秀的和最可爱的还是健康的农民，他们粗犷、狡黠、顽强、坚忍：这是今天最高贵的种类。

今天农民是最优秀的；农民这个种类应该当主人！可是现在是群氓的王国，——我不再受人欺骗。而群氓，就是：大杂烩。

群氓大杂烩：总而言之，都是乱七八糟的，圣人，骗子，贵族大地主，犹太人，来自诺亚方舟的各种动物。

良好的礼仪！在我们这里一切都是虚伪的，腐朽的。不再有人懂得去尊重别人：我们刚刚逃离了那种人。他们都是虚情假意的、纠缠不休的狗，他们给棕榈叶染上一层金色。

我们国王自己变得虚假，披着祖先已暗淡的昔日的光辉，戴着颁发给那些最愚蠢的、最狡猾的人以及今天一切以权力进行肮脏交易的人的勋章，这种恶心的事情使我窒息！

我们不是第一流的人——可是我们必须表示：我们终于对这种欺骗行为感到厌倦，感到恶心。

我们逃离了那些无赖，逃离了所有那些大声叫喊的家伙、舞文弄墨的青蝇、小商贩的臭味、虚荣心的跳动、污浊的气息——：呸，跟那些无赖生活在一起。

——呸，在那些无赖当中意味着第一流的人！啊，恶心！恶心！恶心！我们国王算得了什么！"——

"你的老毛病又发作了，"站在左边的国王说，"你又感到恶心了，我可怜的兄弟。可是，你也知道，有人在倾听我们谈话。"

查拉图斯特拉竖起耳朵，睁大眼睛在倾听这些谈话，这时他马上从藏身处站起来，向两位国王走去，开始说道："两位国王，倾听你们谈话，喜欢听你们谈话的人，名叫查拉图斯特拉。

我是查拉图斯特拉，我曾经说过：'国王算得了什么！'请原谅我，当你们互相说：'我们国王算得了什么！'我听了感到很高兴。

可是，这里是我的王国，我的统治范围：你们想在我的王国里寻找什么？可是你们在途中也许已找到我正在寻找的人；也就是说，高人。"

当两位国王听到这番话，就拍着胸脯，异口同声地说："我们被认出来了！

你这番话就像利剑刺穿了我们内心最浓重的黑暗。你发现了我们的困境，因为，你瞧！我们正在寻找高人的途中——

——寻找比我们更高的人：虽然我们两人都是国王。我们要把这头驴子带给他。因为最高的人在大地上也应该是最高的主人。

如果大地上的掌权者也不是第一流的人，那么在所有的人类命运中，就没有比这更残酷的不幸了。这时一切都会变得虚伪、扭曲和可怕。

如果他们甚至是末人，而且更多的是畜生而不是人：那么，群氓的价值就会不断升高，最终群氓的道德甚至会说：'瞧，只有我才是道德！'"——

我刚刚听到了什么？查拉图斯特拉答道，国王们多么有智慧啊！我非常高兴，真的，我很想为此作一首诗：

——也许这不是一首适宜每个人听的诗。我很久以来已经忘记考虑长耳朵[①]了。开始吧！但愿成功！

（可是，这时发生了这样的事，连驴子也开口说话了：咿——呀[②]！它说得很清楚而且带有恶意。）

从前——我认为，那是在公元1年——

女巫滴酒未进醉而言：

"可悲啊，现在社会风尚衰败！

衰败！衰败！世界从未沉沦如此之深！

罗马堕落为妓女，堕落为妓院，

罗马的凯撒堕落为畜牲，甚至上帝——也变成犹太人！"

2

国王很欣赏查拉图斯特拉的这些诗句；可是，站在右边的国王说："哦，查拉图斯特拉，我们这次出来见到你，真是太好了！

因为你的敌人给我们看过你在他们镜子里的影像：在镜子里，你一副魔鬼的嘴脸，张望着，讥笑着：致使我们害怕你。

可是这有什么用！你总是以你的警句刺我们的耳朵和心，于是我们终于说：他的外貌怎样，这有什么关系！

我们必须倾听他怎么说，他教导说：'你们应该爱好和平，

[①] 长耳朵指驴子，代表普通民众。
[②] 意为"是啊"，乃是反语。

以此作为进行新的战争的手段，应该爱好短期的和平，胜于爱好长期的和平！'

从来没有人说过这样好战的话：'什么是好？英勇就是好。正义的战争使任何事情神圣化。'

哦，查拉图斯特拉，听到这番话，我们祖先的血液就会在我们的身体里激荡：就像春天对着古老的葡萄酒桶倾谈。

当利剑像红斑点点的蛇一样在飞舞时，我们的祖先才觉得生命的美好；他们认为，一切和平的阳光都是无力的，柔和的，而长久的和平令人感到羞愧。

当我们的祖先看见闪光而干净的利剑挂在墙上时，他们会如何叹气啊！他们就像利剑那样渴望战斗。因为一把剑想饮血，由于这种欲望而剑光闪闪。"——

——当两位国王如此激动地闲谈他们祖先的幸福时，查拉图斯特拉觉得很有点兴致去嘲弄一下他们的热情：因为他在自己面前看到的两位国王，显然是很平和的，具有古代的、文雅的外表。于是他克制住了自己。"我们走吧！"他说，"这条路通到那边去，查拉图斯特拉的山洞就在那里；今天会有一个漫长的夜晚！可是，现在有一个呼救声叫我赶紧离开你们。

如果国王们愿意坐在我的山洞里等候，这是我山洞的荣幸：可是，当然，你必须等候很长时间！

好吧，这有什么关系！今天在什么地方学习等候会比在宫廷里更好呢？国王们保留的全部道德，——今天不是叫做：能够等候吗？"

查拉图斯特拉如是说。

蚂蟥

查拉图斯特拉思索着继续走路，向山下走去，穿过树林，经过沼泽地；可是，像每个沉思难题的人所遇到的情况一样，他意外地踩到了一个人。瞧，这时突然一声疼痛的喊叫、两声咒骂、二十句严厉的斥责通通喷到他的脸上：于是他在惊慌之中举起手杖，朝那个被踩踏的人打去。可是他很快恢复了理智；他内心嘲笑自己刚才所做的蠢事。

"请原谅，"他对被踩踏的人说，那人气愤地爬起来，然后坐下，"请原谅，首先请你听个比喻吧。

有一位漂泊者幻想着许多遥远的事情，在一条偏僻的街上，他无意中踢到一只正躺在阳光下睡觉的狗：

——这时双方暴跳起来，互相怒斥，就像死敌一样，双方都吓得要死：我们的境况就是这样。

可是！可是——他们是多么缺少彼此关爱啊，这只狗和这个孤独者！他们双方都是——孤独者！"

——"无论你是谁，"那个被踩踏的人仍然气愤地说，"你不仅用脚，而且还用你的比喻来伤害我！

可是，瞧，我难道是一只狗吗？"——这时，坐着的人站起来，把他赤裸的手臂从沼泽地里抽出来。因为最初他是伸展四肢躺在地上，隐蔽起来，使人认不出来，就像那些伏击沼泽地动物的人。

"可是，你在做些什么呀！"查拉图斯特拉惊讶地喊道，因为他看到，从他赤裸的手臂上流出许多血，——"你出什么事了？你这不幸的人，是凶恶的动物咬了你？"

流血的人笑了，但仍然很气愤。"这跟你有什么关系！"他说着，并想继续往前走，"这里是我的家，是我的领地。谁想问，就问吧：可是我很难回答一个笨蛋提的问题。"

"你错了，"查拉图斯特拉同情地说，并留住他，"你错了：这里不是你的家，而是我的王国，在我的王国里我不会让任何人受到伤害。

可是，你想怎样称呼我都可以，——我必须是我自己，我就是查拉图斯特拉。

走吧！往那上面走，那条路通到查拉图斯特拉的山洞：山洞不远，——你不想在我这里养伤吗？

你这不幸的人，你的日子过得很糟糕：起初是动物咬了你，后来——有个人踩了你！"——

可是，当被踩的人听到查拉图斯特拉的名字时，他改变了态度。"我到底怎么了！"他喊道，"在这一生中还有谁关心过我，除了一个人，也就是查拉图斯特拉，还有那个动物，就是靠吸血为生的蚂蟥？

由于蚂蟥的缘故，我像渔夫那样躺在这里的沼泽地旁边，我伸出去的手臂已经被咬了十次，现在还有一只更出色的刺猬咬到我出血，这就是查拉图斯特拉本人！

哦，幸运！哦，奇迹！赞美把我引诱到这个沼泽地的这一天！赞美今天还活着的、最杰出的、最活跃的吸血者，赞美伟大的有良知的蚂蟥查拉图斯特拉！"——

被踩的人这样说；查拉图斯特拉对他这番话以及这些言语显露出来的机智而敬畏的特性感到高兴。"你是谁？"他问道，并且向被踩的人伸出手去，"我们之间还有许多事情有待说明和澄清；可是，我认为，纯净和明朗的一天快到了。"

"我是个精神上有良知的人，"被问者答道，"在精神事业方面，很难有人比我更严格，更密切，更坚强，除了我要向他学习的那个人，那就是查拉图斯特拉本人。

宁可一无所知，也比一知半解好！宁愿做一个独立自主的愚人，也不愿做一个按他人高见行事的智者！我——是个寻根究底的人：

——根底大小有什么关系？它叫沼泽或者天空又有什么关系？对我来说，巴掌大的根底已足够：只要它是真正的根底和基础！

——巴掌大的根基：你可以站在上面。在真正的求知良心中，不存在什么大与小。"

"那么你也许是蚂蟥专家①？"查拉图斯特拉问道，"你对蚂蟥做了追根究底的研究，你这个有良知的人？"

"哦，查拉图斯特拉，"被踩的人回答，"这也许是一件非同寻常的事，我怎敢冒险去做！

可是我擅长和熟悉的是蚂蟥的大脑：——这是我的领域！

这也是一个领域！可是，请原谅，在这里我说话自高自大，

---

① 指现代的科学家。

因为在这方面无人与我相比。因此我说'这里是我的家'。

我多么长久地研究这个东西，也就是蚂蟥的大脑，为了使这滑溜溜的真理不再从我这里溜掉！这里是我的领域！

——因此，我把其他一切东西都抛开，其他一切东西对我都无所谓；紧靠着我的知识旁边存放着我的黑茫茫的无知。

我精神上的良知要求我，只精通一门，对其他一切东西一无所知：所有精神上的一知半解，所有阴沉沉的东西，所有漂浮不定的东西，所有痴心妄想的东西，都令我厌恶。

当我的诚信终止时，我是盲目的，而且也愿意是盲目的。可是，当我想求知时，我也想要诚信，也就是说想要坚定、严格、紧密、残酷、无情。

哦，查拉图斯特拉，你曾经说过，'精神就是剖析自己生命的生命'，就是这句话引导并诱导我倾向你的学说。真的，我以自己的血增加了自己的知识！"

——"表面现象表明，"查拉图斯特拉插嘴说；因为有良知者赤裸的手臂上还一直在流血。因为有十只蚂蟥咬过同一只手臂。

"哦，你这个奇特的伙伴，这次亲眼所见，也就是看到你本人，使我受益良多！我也许不可能把所有的话都灌输进你的严格的耳朵里！

好吧！我们就在这里告别吧！可是我很愿意再见到你。那边向上走，有条路通到我的山洞：今天夜里在那里你会成为我的贵宾！

查拉图斯特拉用脚踩过你，我也愿意对你的身体做出补偿：我会考虑此事。可是现在，一个呼救声叫我赶快离开你。"

查拉图斯特拉如是说。

魔术师①

1

可是，当查拉图斯特拉绕过一块岩石时，他看到在同一条道路上，在他下面不远的地方，有一个人在手舞足蹈，就像癫狂者一样，终于腹部朝下摔倒在地上。"站住！"这时查拉图斯特拉对自己的内心说，"那个人肯定是高人，那一阵可怕的呼救声就是从他那里传出来的，——我想去看看，他是否还有救。"可是，当他跑到那人摔倒的地方，他发现一个老人浑身颤抖，目光呆滞；不管查拉图斯特拉怎样费力地扶他站起来，都是徒劳。这个不幸的人似乎也没有发觉，有人在他的旁边；相反，他总是以激动的表情环视周围，好像一个被全世界抛弃的孤独者。可是最后，经过多次颤抖、抽搐和挣扎之后，他开始如是悲叹：

谁还温暖我，谁还爱我？

---

① 他扮演各种角色蒙骗大家。在他厌恶了扮演和做戏之后憧憬伟大和纯粹。

伸出炽热的双手吧!

给我心爱的炭盆吧!

伸展四肢躺倒，浑身发抖，

像半死的人，被人暖和双脚——

啊! 受无名高烧的折磨，

在冰霜般的利箭面前战栗，

被你追赶，思想!

不可名状者! 隐藏者! 恐怖者!

你这猎手，躲在云层后面!

被你的闪电击倒，

像这讥讽的眼睛，从黑暗中注视着我:

——我这样躺着，

弯曲着，蜷缩着，忍受

所有永远的痛苦的折磨，

被你，最残酷的猎手，

射中，

你这无名的——神!

刺得更深一点，

再刺一次!

把这颗心刺伤，撕碎!

使用齿状钝箭

这种折磨意味着什么?

你为什么还在注视，

难道看不厌世人的痛苦，

用幸灾乐祸的闪电之神的目光？
你不想杀人，
只想折磨，折磨？
为什么——折磨我，
你这幸灾乐祸的无名之神？——

哈哈！你蹑手蹑脚地走过来？
在这样的午夜里
你想要什么？说吧！
你催逼我，挤压我——
哈！已经走得太近了！
走开！走开！
你听到我的呼吸，
你窃听我的心跳，
你这个嫉妒者——
可是，嫉妒什么呢？
走开！走开！为什么用梯子？
你想进去，
进入心里，
进入，进入我的最秘密的
思想里？
无耻之徒！陌生者——小偷！
你想偷窃什么，
你想偷听什么，
你想用折磨得到什么，

你这折磨者！

你——刽子手凶神！

或者要我像狗那样，

在你面前打滚？

忠心耿耿地，满怀激情地

向你——摇着尾巴乞求爱怜？

徒劳！继续刺吧，

最残酷的刺！不，

不是狗——我只是你的猎物，

最残酷的猎手！

你的最骄傲的俘虏，

你这个躲在云层后面的强盗！

最后说吧，

拦路抢劫者，你想从我这里获得什么？

你这闪电中的隐蔽者！陌生者，说吧，

你想要什么，无名之神？

怎么？赎金？

你想要多少赎金？

多要一点——我的高傲这样劝告！

干脆说吧——我的另一种高傲这样劝告！

哈哈！

你要——我？要我？

我——整个的我？

哈哈！

你折磨我，傻瓜，你这个傻瓜，

你要把我的高傲折磨干净？

给我爱吧——谁还温暖我？

谁还爱我？——伸出炽热的双手吧，

给我心爱的炭盆吧，

给我这个最孤独者冰块吧，

啊，七层的坚冰

教导我甚至也要渴望敌人，

渴望敌人，

顺从吧，

最残酷的敌人，

把你交给我吧！——

跑吧！

他自己也逃走了，

我最后唯一的伙伴，

我的大敌，

我的无名者，

我的刽子手凶神！——

——不要走，回来吧，

带着你的一切折磨！

哦，回来吧！

回到所有孤独者中的最后一位那里去！

我所有的泪水，

都向你流去！

我心中最后的火焰——

都为你发出亮光！

哦，回来吧，

我的无名之神！我的痛苦！我的最终的——幸福！

2

——可是，说到这里，查拉图斯特拉再也克制不住了，他拿起手杖，用尽全力猛击这个悲叹者。"别说了！"他以尖刻的笑声对他喊道，"别说了，你这个演员！你这个假币制造者！你这个地道的说谎者！我大概看清你了！

我想给你暖脚，你这个可恶的魔术师，我擅长给像你这样的人——生火取暖！"

——"住手吧，"老人说，并从地上跳起来，"不要打了，哦，查拉图斯特拉！我这样做只是演戏罢了！

这种事情属于我的技能；当我给你排演时，我是想考验你！真的，你已经看透了我！

可是你也——对我进行了不小的考验：你很严厉，你这明智的查拉图斯特拉！你用你的'真理'严厉地使劲地打我，你的棍棒逼我说出——这个真理！"

——"不要奉承我，"查拉图斯特拉还是很激动，怀着敌意答道，"你这个地地道道的演员！你是虚伪的：你还谈论什么——真理！

你这孔雀中的孔雀，你这虚荣的大海，你在我面前表演什么，你这个可恶的魔术师，当你以这种样子悲叹时，我应该相信谁？"

"相信精神的忏悔者，"老人回答道，"我扮演——这个人：这个词是你自己以前发明的——

——相信诗人和魔术师，他们最终让自己的精神伤害他们自己：相信变形者，他由于自己糟糕的知识和恶毒的心肠而冻僵。

你就承认了吧，哦，查拉图斯特拉，你还要很长时间，才能看穿我的艺术和谎言？当你用双手捧着我的头时，你就相信我的困境，——

——我听到你在悲叹，'人们对他爱得太少，爱得太少'！我骗你到这种程度，对此我内心里的恶意感到愉快。"

"你喜欢欺骗比我精明的人，"查拉图斯特拉无情地说，"我对骗子不存戒心，我必须没有戒心：这是我命中注定的。

可是你——必须欺骗：我认识你到了这种程度！你说话必须总是一语双关，甚至一语有三关、四关、五关！就是你现在坦白的东西，我觉得也远不够真实，远不够虚假！

你这个可恶的伪币制造者，你怎么可能是另一个样子！当你赤身裸体给医生看病时，你还会美化自己的疾病。

因此，你刚才在我面前也是在美化你的谎言，当时你说：'我这样做只是演戏罢了！'其中也有严肃的地方，你有点像精神忏悔者！

我也许猜对了你：你使所有的人着魔，可是你却对自己不说谎不施诡计，——你不会让自己着魔！

你收获到了恶心，把它作为你的一个真理。你没有一句话是真实的，只有你的嘴：也就是说，黏粘在你嘴上的恶心。"——

——"你到底是谁？"这时老魔术师用固执的声音喊道，"谁可以对我这样说话？我是当今活着的最伟大的人！"——一道绿光从他的眼里射向查拉图斯特拉。可是他很快改变了态度，悲伤地说：

"哦，查拉图斯特拉，我感到了厌倦，我的技能使我恶心，我并不伟大，我为什么要假装呢！可是，你也许知道——我在追求伟大！

我想扮演一个伟人，并劝说许多人相信；可是说这种谎言超出了我的能力。我为这种谎言而心碎。

哦，查拉图斯特拉，我的一切都是谎言；可是我心碎了——我心碎了，这是真实的！"

"这使你感到荣幸，"查拉图斯特拉忧郁地说，并垂下目光往旁边望去，"你追求伟大，这使你感到荣幸，可是这也暴露了你。你并不伟大。

你这个可恶的老魔术师，在你身上我所尊重的、你的最好和最正直的地方，就是你已经对你自己感到厌倦，并且说出'我并不伟大'。

在这一点上，我尊敬你，因为你是一位精神忏悔者：即使只是一瞬间，但这一瞬间你是——真实的。

可是，请说吧，你在我的树林里和岩石之间寻找什么呢？当你挡住我的路时，你想检验我什么呢？——

——你为什么诱惑我？"

查拉图斯特拉如是说，他的眼睛闪闪发光。老魔术师沉默了片刻，然后他说："我诱惑你？我——只是在寻找。

哦，查拉图斯特拉，我在寻找一个真实的人，一个正派而单纯的人，一个直率的人，一个诚实可靠的人，一个充满智慧的人，一个有知识的圣人，一个伟人！

哦，查拉图斯特拉，你难道不知道吗？我在寻找查拉图斯特拉。"

——这时，两人之间出现了长时间的沉默；而查拉图斯特拉却陷入沉思，因此他闭上眼睛。可是过了一会儿，他走到他的交谈者那里，握住魔术师的手，十分客气而诡谲地说道：

"走吧！这条路通到上面去，查拉图斯特拉的山洞就在那里。在山洞里你可以找到你要找的人。

你可以问我的动物，就是我的鹰和蛇，向它们请教：它们会帮助你寻找。不过，我的山洞很大。

至于我本人，当然——我还没有见过伟人。什么是伟大的，对此，今天最精明者的眼光也是粗劣的。这是群氓的王国。

我已发现一些伸展手臂自我吹嘘的人，民众喊道：'瞧那儿，一个伟人！'可是所有的风箱有什么用！最终气都跑光了。

一只青蛙长时间地鼓起肚子，最终胀破了肚皮：因为气都跑出来了。向吹嘘者的肚子刺去，我称之为有益的消遣。孩子们，你们听着！

今天是群氓的今天：谁还知道，什么是伟大的，什么是渺小的！谁幸运地寻求过伟大！只有傻瓜：傻瓜的运气好。

你寻找过伟人，你这个奇特的傻瓜？是谁教你这样做？今天是这样做的好时机吗？哦，你这个可恶的寻求者，为什么——你要诱惑我？"——

查拉图斯特拉如是说，内心得到了安慰，笑着继续走他的路。

退位①

可是，在查拉图斯特拉摆脱魔术师不久后，他又看到有个人坐在他前行的路上，那是一个高个子男人，穿着黑衣，面孔干瘦而苍白：这个人使他特别生气。"真倒霉，"他对他的内心说，"这里坐着伪装忧伤的人，这使我想起神父一类的人：他们这类人想在我的王国里做什么？

怎么！我刚刚逃脱那个魔术师：又有另一个魔术师经过我这条路——

——某个行按手礼的巫师，某个由上帝恩赐的神秘的奇迹制造者，某个涂过圣油的世界诽谤者，让魔鬼把他带走吧！

可是，魔鬼从来都不在他该待的地方：他总是来得太晚，这个可诅咒的侏儒和畸形脚！"——

查拉图斯特拉忍不住在心里这样咒骂，想把目光转过去，悄悄地从这个黑衣男子旁边溜过去：可是，瞧，事情正好相反。因为，就在此刻那个坐着的人已经看到了他；就像一个撞上意外的

---

① 最后的教皇因上帝之死而退位。

幸运的人那样，他跳了起来，向查拉图斯特拉走去。

"不管你是谁，你这个漂泊者，"他说道，"请帮一下一个迷路者，一个寻求者，一个在这里很容易受到伤害的老人！

我对这里的世界很陌生，感到很遥远，我还听到野兽的吼叫；能为我提供保护的人已不再存在。

我在寻找最后一位虔诚的人，一位圣人和隐士，他单独住在他的树林里，还没有听到今天全世界都知道的事。"

"今天全世界都知道什么事？"查拉图斯特拉问道，"大概是，全世界曾经都信仰的那位老上帝已经不存在了？"

"你说对了，"老人忧伤地答道，"我为这位老上帝一直效劳到他的最后时刻。

可是我现在退位了，没有主人，但并不自由，也不再有快乐的时刻，除非回忆往事。

为此我登上这些高山，以便我最后再给自己举办一场庆典，这个庆典要适合一位老教皇和老教父的身份：因为，你知道，我是最后一位教皇！——我要举办一场庆典，虔诚地回忆过去和做礼拜。

可是，现在他自己也死了，那个最虔诚的人，那个森林中的圣人，他经常以唱歌和哼曲来赞颂他的上帝。

当我找到他的小屋时，我再也看不到他本人了，——可是，有两只狼在里面，它们为他的死而嗥叫——因为所有的动物都爱他。于是我就离开那里。

难道我就这样在这片山林里白跑一趟？这时我下定决心，要去找另外一个人，这个人是所有不信上帝的人中最虔诚的人——，我要寻找查拉图斯特拉！"

老人如是说，并且以锐利的目光注视着站在他面前的人；可是查拉图斯特拉却握住老教皇的手，长久而赞赏地望着这只手。

"你这位尊敬的人，瞧，"然后他说，"这只手多好看，多纤长！这是一个总是为人祝福的人的手。可是，现在它紧握着你要寻找的人，也就是我，查拉图斯特拉。

我就是那个不信上帝的查拉图斯特拉，我那时说过：谁比我更不信上帝，我就期待他的指教？"——

查拉图斯特拉如是说，他的目光看透了老教皇的思想和内心的想法。最后老教皇开始说道：

"谁爱他最多，被他回报的爱最多，谁失去他也最多——：

——瞧，在我们两者中，我现在大概是更无神的人吧？可是，谁能对此感到高兴呢！"——

——"你为他效劳一直到最后，"经过一阵深深的沉默之后，查拉图斯特拉沉思地问道，"你知道，他是怎么死的？有人说，是同情扼杀了他。

——有人说，他看到，那人是如何被钉在十字架上，这使他无法忍受，对世人的爱变成了他的地狱，最终导致他的死亡，这是真的吗？"——

可是老教皇没有回答，而是露出一种痛苦而忧郁的表情，胆怯地望着旁边。

"让他走吧，"查拉图斯特拉经过长久的沉思后说道，说这话时他还一直盯着老人的眼睛，

"让他走吧，他已经死了。尽管你只说这位死者的好话，这使你感到光荣，但是你也和我一样清楚地知道，他是什么人；知道他走的是奇特的道路。"

"两人在三只眼睛面前私下说话，"老教皇开心地说（因为他有一只眼睛瞎了），"在神的事物中，我比查拉图斯特拉本人更清楚——也应该如此。

我的爱为他效劳多年，我的意志跟随着他的全部意志。可是一个忠诚的仆人知道主人的一切，甚至也知道他的主人私自隐瞒的某些东西。

他是一位隐藏着的上帝，充满着秘密。真的，他甚至到一个儿子那里去也是偷偷摸摸的。在他的信仰之门上写着'通奸'。

赞美他为爱神的人，就不会以足够的高度去看待爱本身。这位神不是也想当法官吗？可是，仁爱者的爱超越报酬和补偿。

这位神来自东方，年轻时，他严酷无情，复仇心很强，他给自己建造了一个地狱，为了使他的心爱者感到快乐。

可是，终于他变老了，变得温和，脆弱，有同情心，变得像个父亲，更像祖父，特别像走路摇晃的老祖母。

那时，他样子憔悴，坐在壁炉角落里，为他虚弱的双腿而忧伤，对人世和意愿感到厌倦。有一天，由于他充满同情心，导致他窒息而死。"

"你这位老教皇，"这时查拉图斯特拉插话说，"这些都是你亲眼看到的吗？很可能是这样走的：是这种情况，也可能是另一种情况。诸神死的时候，总是有多种死法。

可是，他走了！无论如何——他是走了！他不合乎我的视觉和听觉的趣味，我不想说他的那些恶劣的事情。

我喜欢目光明亮、言谈诚实的人。可是他——你是知道的，你这位老神父，他身上有些你的特性，神父的特性——他说话是多义的。

他说话也含糊不清。这位爱发火的人，因为我们不理解他，因此就对我们发火！可是，他为什么不把话说得更清楚一些呢！

如果这归咎于耳朵，那么，为什么他给予我们听不懂他说话的耳朵呢？如果在我们的耳朵里有泥土，就算有吧！那是谁把泥土放进去的呢？

这个没有满师的陶工做了太多次品，可是，他把气发泄在他的陶器和制品上，因为这些成品他做得很糟糕，——这是违背良好风气的犯罪行为。

在虔诚中也有良好的趣味：它最后说：'让一个这样的上帝滚开吧！宁可没有上帝，宁可靠自己的力量掌握命运，宁可做傻瓜，宁可自己做上帝！'"

——"我听到了什么？"这时老教皇竖起耳朵听，并且说道，"哦，查拉图斯特拉，你这样无信仰，你比你所认为的更虔诚！你心中有个什么神使你变得不信奉上帝。

不就是你的虔诚本身使你不再信仰上帝吗？你过于正直甚至会把你带到善与恶的彼岸！

可是，瞧，给你保留了什么呢？你有眼睛、手和嘴，这在以前肯定是永久用于祝福的。人不能单独用手祝福。

尽管你想成为一个最不信奉上帝的人，可是在你的附近，我却闻到一股由于长久的祝福而弥漫着的焚香气味：这使我悲喜交加。

哦，查拉图斯特拉，让我当你的客人吧，只住一个晚上！现在我觉得，世上没有任何一个地方会比在你这里更舒适了！"

"阿门！应该这样！"查拉图斯特拉十分惊奇地说，"这条路通到上面去，查拉图斯特拉的山洞就在那里。

真的，我很愿意亲自带你上去，你这位尊贵的人，因为我喜爱所有虔诚的人。可是现在一阵呼救声叫我赶紧离开你。

在我的领地里不应该有人受到伤害；我的山洞是个优良的港湾。我最高兴让每一个悲伤的人重新踏上坚实的土地，并且牢牢地站稳脚跟。

可是，谁能够从你的肩膀上卸下你的忧伤呢？对此，我太衰弱了。真的，我们要等候很久，直到有人为你重新唤醒你的上帝。

因为这位年老的上帝已不存在了：他是彻底死了！"——

查拉图斯特拉如是说。

最丑陋的人①

——查拉图斯特拉的双脚又跑过群山和森林，他的眼睛在不停地寻找，可是，任何地方都看不到他想看见的那个人，就是那个陷入极大的困境而发出呼救声的人。可是，一路上他心里都很愉快，而且充满感激之情。"今天开始时很糟糕，"他说，"然后却送给我多好的东西作为补偿。我遇到多么奇特的交谈者！

现在我要长时间地咀嚼他们的言语，就像咀嚼优质的谷物一样；我的牙齿会把它们咬碎，嚼细，直到它们像牛奶一样流进我的灵魂里！"——

可是，当道路又绕过一块岩石时，地形突然改变了。查拉图斯特拉走进了死亡王国。在这里，屹立着黑色的和红色的危岩：没有草，没有树木，没有鸟儿的啁啾声。因为这是一个所有动物，连猛兽都要回避的山谷；只有一种丑陋而粗大的绿色的蛇，到年老时，会爬到这里来等死。因此，牧羊人称这个山谷为：蛇之死亡谷。

可是，查拉图斯特拉陷入一种黑色的回忆之中，因为他觉

---

① 杀死上帝的凶手。

得，他好像曾经来过这个山谷一次。他想起许多沉重的往事；因此他走得很慢，越走越慢，最后停下脚步。可是这时，当他睁大眼睛时，他看见路边有个东西，形状像人，几乎又不像是人，是个不可名状的东西。查拉图斯特拉亲眼看到这东西，他突然间感到十分羞耻：他的脸一直红到白发的鬓角，他移开目光，迈开步子，想离开这个不祥之地。可是，这时候，这死寂的荒地上发出了声响；因为，从地面上发出汩汩声和咕嘟声，就像夜间水流过堵塞的水管时发出的汩汩声和咕嘟声一样；最后这种声音变成了人的声音和人的话语：——说话的内容如下：

"查拉图斯特拉！查拉图斯特拉！猜猜我的谜吧！说吧，说吧！对目击者的报复是什么？

我诱惑你回来，这里是很光滑的冰！小心，小心，不要让你的高傲在这里摔断你的腿！

你自以为很聪明，你这个高傲的查拉图斯特拉！那就猜猜这个谜吧，你这个坚硬的胡桃夹子——我就是这个谜！那么，说吧，我是谁！"

——可是，当查拉图斯特拉听了这番话时，——你们认为他的心里会发生什么变化？他产生了同情心；他突然倒下了，就像一棵长期抵抗伐木者的橡树——突然沉重地倒下，甚至连想砍伐它的人都感到惊讶。可是，他已经又从地上站起来了，他的神情变得很严峻。

"我非常了解你，"他用响亮的声音说，"你是谋杀上帝的凶手！让我走吧。

你忍受不了看见过你的人，——一直在看你而且彻底地看透了你的人，你这个最丑陋的人！你向这个目击者进行报复！"

查拉图斯特拉如是说，并且想走开；可是，那个不可名状者抓住他的衣角，又开始发出汩汩声，想说点什么。"留下！"他终于说道——

——"留下！不要走开！我猜出来了，是什么斧头把你砍倒在地：祝你平安，哦，查拉图斯特拉，你重新站起来了！

我知道得很清楚，你猜得到，杀死他的人，——就是谋杀上帝的凶手是怎样的心态。留下！请坐到我身旁来，不会让你白坐的。

如果我不找你，我要找谁呢？留下吧，请坐！可是，你不要看着我！那么，请尊重——我的丑陋！

他们迫害我：现在你是我的最后的避难处。这种迫害没有利用他们的憎恨，也没有利用他们的密探：——哦，我会嘲笑这样的迫害，并且感到自豪和高兴！

迄今为止，所有的成功难道不是都属于受尽迫害的人吗？受尽迫害的人很容易学会追随：——受尽迫害者已经——跟随着！可是那是他们的同情——

——我逃避的正是他们的同情，于是，我逃到你这里来。哦，查拉图斯特拉，请你保护我，你是我的最后的避难所，你是唯一猜出我的人：

——你猜得到杀死他的人是怎样的心态。留下吧！你这个没耐性的人，如果你想走：也不要走我来的那条路。那条路不好走。

我啰嗦了太久，我又劝告过你，你生我的气吗？可是，你要知道，我就是那个最丑陋的人，

——我也有最粗大、最笨重的脚。我走过路，路就坏了。所有的路都被我踩坏了，都不能走了。

可是，你默不作声地从我身旁走过；你脸红，我看得很清

楚：因此我断定你就是查拉图斯特拉。

其他任何人也许会用目光和言语把他的施舍和他的同情抛给我。可是，对此——我当乞丐还不够格，这一点你猜到了——

——对此我太富有了，富有伟大的东西，富有可怕的东西，富有最丑陋的东西，富有最不可名状的东西！哦，查拉图斯特拉，你的羞愧使我感到荣幸！

我费尽力气才从一群同情者中逃脱出来，——我今天也许找到教导说'同情是纠缠不休的'这句话的唯一的人——你，哦，查拉图斯特拉！

——不管是神的同情，还是人的同情：同情都是反对羞耻的。不愿帮助可能比快步向前帮助的那种道德更为高尚。

可是今天，在所有的小人物那里，同情都被称为道德本身：——他们对伟大的不幸、伟大的丑陋、伟大的失败都没有丝毫的敬畏。

我的目光掠过这所有的人，就像一只狗越过拥挤的羊群之背脊望去。这些都是渺小的、温和的、有良好意愿的、灰色的民众。

就像一只苍鹭，把头往后仰，蔑视地越过浅浅的池塘，把目光投向远处：因此我的目光也越过密集的灰色小浪、意志和灵魂，向远处张望。

长久以来，人们都承认他们这些小人物的观点是正确的：于是，人们最终也给他们权力——现在他们教导说：'只有小人物称之为善的东西才是善。'

今天说教者所说的叫做'真理'，他本身来自小人物，这位奇特的圣人和小人物的代言人，他自我证明说：'我——就是真理。'

这位不谦虚的人已经很早就让小人物不可一世了，——他，当他教导说'我——就是真理'时，他就已经教了不小的谬误了。

曾经有人更有礼貌地回应过一个不谦虚的人吗？——可是，你，哦，查拉图斯特拉，从他身旁走过，说：'不是！不是！绝对不是！'

你对他的谬误提出警告，你是第一个对这种同情提出警告的人——不是对所有的人，也不是对任何一个人，而是对你和你这类人提出警告。

你为受到巨大痛苦的人的羞耻而感到羞愧；真的，当你说'一大片乌云从同情那里降落下来，你们这些人，可要当心啊'！

——当你教导说'一切创造者都是冷酷无情的，一切伟大的爱都高于它的同情'：哦，查拉图斯特拉，我认为，你是多么熟悉天气的预兆！

可是你自己——也告诫你自己要提防你的同情！因为许多找你的人已经在路上，许多受难者、怀疑者、绝望者、溺水者、受冻者——

我也提醒你当心我。你猜出了我的最善和最恶的谜，就是我自己和我的行动。我知道那把砍倒你的斧头。

可是他——必须去死：他用看到一切的眼睛在察看，——他看到世人的内心深处，看到所有世人隐瞒的屈辱和丑陋。

他的同情不知羞耻：他爬进我的最肮脏的角落。这个最好奇的人，过于纠缠的人，过于同情的人必须死掉。

他始终看着我：我要报复这样一个目击者——或者，我自己去死。

上帝看到了一切，也看到了世人：这位上帝必须死去！人类无法忍受让这样的目击者活着。"

这个最丑陋的人如是说。可是查拉图斯特拉站起来，准备赶路；因为他冷得全身发抖。

"你这位不可名状者，"他说，"你警告我不要走你的路。为了表示谢意，我向你称赞我的路。瞧，那边往上走，查拉图斯特拉的山洞就在那里。

我的山洞又大又深，有许多拐弯；在那里最需要隐藏的人可以找到他的藏匿处。在山洞近旁有成百个藏身处和秘密通道，提供给爬行的、飞行的、跳跃的动物栖息。

你这个被放逐者，你自己放逐了自己，你不想住在世人和世人的同情中间吧？走吧，那就像我那样去做吧！那么，你也向我学习吧；只有行动者才学习。

首先和我的动物谈谈吧！最高傲的、最聪明的动物——它们可能愿意成为我们二人的真正的顾问！"——

查拉图斯特拉如是说，并走他的路，他比先前陷入更深的沉思，步子更加缓慢：因为他向自己提了许多问题，并且深知这些问题难以回答。

"人是多么贫乏啊！"他心里想，"多么丑陋，发出多么难听的咕嘟声，充满着多少隐瞒的羞耻！

有人告诉我，人很自爱：啊，这种自爱肯定是多么伟大啊！这种自爱对自己有多少蔑视！

甚至这个人也自爱，就像他也蔑视自己一样，——我觉得，他是一个伟大的仁爱者，也是一个伟大的蔑视者。

我还没有见过更彻底地蔑视自己的人：这也是高度。唉，我听见其呼救声的那个人也许就是高人？

我爱伟大的蔑视者。可是，人是必须被超越的东西。"——

自愿的乞丐①

在查拉图斯特拉离开最丑陋的人后，他感到寒冷，并且觉得孤单：因为一股股寒气和孤独感侵入他的内心，因此他的四肢也变得更冷了。可是，他不断往前走，上坡，下坡，时而经过绿油油的草地，可是也经过荒芜的多石地带，这里也许曾经是一条湍急的山溪的河床：这时他突然又感到暖和起来，振作起来。

"我到底怎么了？"他问自己，"某种温暖的东西和某种活跃的东西使我恢复了精神，这东西肯定就在我附近。

我已经没那么孤独；无意中结识的伙伴和兄弟就在我周围漫步，他们温暖的气息触动了我的灵魂。"

可是，当他向四周张望，寻求安慰者来减轻他的孤独感时：瞧，那边山坡上站着一群母牛②；它们就在近处，发出一股气息，这温暖了他的心。可是这些母牛好像正热心地倾听一个人说话，没有注意有人走过来。当查拉图斯特拉非常靠近它们时，他清楚地听到，从母牛中间传来一个人说话的声音；可以看出，它们都

---

① 布施他的财富被拒绝，而后向母牛学习。
② 比喻基督教的信徒。

把头转向那个说话的人。

　　这时，查拉图斯特拉激动地跑上去，驱赶这些动物，因为他担心，这里有人会受到伤害，而母牛的同情也于事无补。可是，他误会了；因为，瞧啊，那里有一个人坐在地上，似乎在劝说动物不要怕他。他是一个温和的人，山上的说教者，从他的眼睛里可以看出，善本身在说教。"你在这里寻求什么？"查拉图斯特拉惊讶地喊道。

　　"我在这里寻求什么？"他答道，"跟你寻求的一样，你这个捣乱者！也就是说，寻求人间的幸福。

　　可是，对此我想向这些母牛学习。因为，你要知道，我已经用半个上午的时间说服它们，它们正要答复我。可是，你为什么要打扰它们？

　　如果我们不回头，就会变得像母牛那样，那我们就进不了天国。因为我们应该从它们那里学会一点：反刍。

　　真的，倘若人赢得全世界，而不学习这一点，反刍：那么，这有什么好处！他会摆脱不了他的悲伤。

　　——他的巨大的悲伤：可是今天这叫做恶心。今天，哪个人心里、嘴上和眼里不都是充满恶心呢？你也是！你也是！可是，你看看这些母牛吧！"——

　　山上的说教者如是说，然后把目光转向查拉图斯特拉，——因为直到这时他都是怀着爱心留恋这些母牛——：可是，这时他变了样。"我跟他说话的人是谁呢？"他吃惊地喊道，并从地上跳起来。

　　"这是毫不恶心的人，这是查拉图斯特拉本人，巨大恶心的征服者，这是查拉图斯特拉本人的眼睛、嘴和心。"

他如是说时，双眼充满泪花，亲吻他的交谈者的手，他的表情就像一个意外得到从天上掉下贵重的礼品和珍宝的人。这些母牛看着这一切，感到很惊奇。

"不要谈论我，你这个奇怪的人！可爱的人！"查拉图斯特拉说，并且拒绝对方的温情，"先对我谈谈你自己吧！你不是那位曾经抛弃一大笔财富，自愿当乞丐的人吗？——

——你不是以自己的财富和那些富翁为耻辱，而逃到最贫困者那里去，把自己的富足和爱心奉献给他们的人吗？可是这些穷人不接受你。"

"可是他们不接受我，"自愿的乞丐说，"这些你都知道了。于是我最终走到动物那里去，走到这些母牛这里来。"

"那么你就学会了，"查拉图斯特拉打断了对方的话，"正确的给予比正确的索取更难，善于馈赠是一门艺术，是慈善的最终而最巧妙的高超艺术。"

"特别是当前，"自愿的乞丐答道，"因为当前，所有的卑贱者都起来暴动，他们畏缩不前地以自己的方式，也就是以群氓的方式摆出盛气凌人的样子。

因为，你知道，大规模的、严重的、长久的、缓慢的群氓和奴隶暴动的时刻已经到来：暴动在不断发展！

现在所有的善行和小小的施舍都会使卑贱者感到愤怒；过于富有者可要留神了！

现今谁要是像大肚瓶那样从太小的瓶颈里往外滴水：——今天人们就会把这种瓶子的瓶颈打烂。

贪婪的欲望、愤恨的嫉妒、痛苦的复仇欲望、群氓的傲慢：这一切都摆在我的面前。穷人有福了，这不再是真实的。可是，天国是母牛的。"

"为什么天国不是富人的？"查拉图斯特拉试探地问，同时阻止那些不认生的、气喘吁吁的母牛向这位和气的人跑来。

"你为什么诱惑我？"那个人回答道，"对此你甚至比我知道得更清楚。什么驱使我到最贫困者那里去，哦，查拉图斯特拉？难道不是因为对我们的最富有者感到厌恶吗？

——对那些财富的囚犯感到厌恶，他们以冷漠的目光和淫荡的思想从所有垃圾里捡出他们的好处；对那些臭气冲天的无赖感到厌恶。

——对那些镀金作假的群氓感到厌恶，他们的祖先是小偷，或者是吸血鬼，或者是捡破烂的人，这些人的老婆唯命是从，贪婪，健忘：——也就是说，她们都快要走进妓女的圈子了——

上面是群氓，下面也是群氓！今天还有什么'贫'和'富'！我已经忘记了这种区别，——于是我就远远地逃离他们，越走越远，直至我来到这些母牛旁边。"

这位和气的人如是说，他一边说话，一边喘气，冒汗：于是，那些母牛又感到很惊讶。可是，当他说得那么严厉时，查拉图斯特拉却始终微笑地望着他的脸，对他说的话默不作声地摇摇头。

"你这山上的说教者，当你使用这种严厉的言语时，你是对自己施加暴力。你的嘴，你的眼睛，都无法适应这种严厉的言语。

我想，还有你的胃也受不了：所有这些愤怒、仇恨、放纵，它都受不了。你的胃需要柔软一点的东西：你不是肉食者。

其实，在我看来，你是素食者，吃草根的人。也许你会嚼谷物。可是，你一定厌恶肉食的乐趣，喜欢蜂蜜。"

"你猜对了，"自愿的乞丐以轻松的心情答道，"我喜欢蜂蜜，我也嚼谷物，因为我寻求美味可口的和使呼吸纯洁的东西：

——也为温和的闲荡者和懒汉寻找一天工作与闲聊所需要的长时间食用的东西。

当然，这些母牛是精于此道的：它们发明了反刍和躺着晒太阳。它们也放弃所有会使心脏肥大的沉重的思想。"

——"走吧，"查拉图斯特拉说，"你也应该看一下我的动物，我的鹰和我的蛇，——像它们这样的动物，今天在大地上已经没有了。

瞧，去那儿的路通到我的山洞：今夜你是它们的客人。你跟我的动物们谈谈动物的幸福吧，——

——你们一直谈到我回来。因为现在有个呼救声叫我赶紧离开你。你在我那里也可以找到新的蜂蜜，冰凉新鲜的、金黄色的蜂房之蜜：你就吃吧！

可是现在你赶快跟你的母牛告辞吧，你这个奇特的人！可爱的人！尽管你的心情会很沉重，因为它们毕竟是你最热心的朋友和老师！"——

"——除了我更喜爱的一位朋友之外，"自愿的乞丐答道，"你自己是个好人，比一头母牛还好，哦，查拉图斯特拉！"

"走吧，你走吧！你这个讨厌的谄媚者！"查拉图斯特拉生气地喊道，"你为什么用这种赞美和恭维的蜂蜜来毁坏我？"

"走吧，走吧！"他又一次喊道，并且向这位和气的乞丐挥起手杖：可是，乞丐急速地跑掉了。

影子①

可是，那个自愿的乞丐离开后，查拉图斯特拉又是孤身一人，这时他听到背后有个新的声音喊道："停下！查拉图斯特拉！等一下！是我呀，哦，查拉图斯特拉，是我，你的影子！"可是，查拉图斯特拉没有等候，因为有许多人跑到他的山上来，使他突然感到烦恼。"我的孤独到哪里去了？"他说。

"真的，这对我来说太多了，这座山太拥挤了，我的王国不再属于这个世界，我需要新的山头。

我的影子在喊我？与我的影子有什么关系呢！让它跟在我后面跑吧！我——要逃离它。"

查拉图斯特拉对自己的内心如是说，并且奔跑而去。可是，他背后的影子跟随着他：于是立刻就有三个奔跑者，一个跟着一个，也就是说，前面是自愿的乞丐，接着是查拉图斯特拉，第三个，也就是最后一个，是他的影子。他们这样跑了不久，这时查拉图斯特拉意识到自己的愚蠢，他一下子把所有的烦恼和厌恶都

①指查拉图斯特拉的追随者。

抛开了。

"怎么！"他说，"一向以来，最可笑的事情不是都发生在我们老年的隐士和圣人身上吗？

真的，我的愚蠢在山上增长了很多！现在我听到六条老傻瓜的腿一个接一个地发出啪嗒啪嗒的声响！

可是，查拉图斯特拉会害怕一个影子吗？我始终认为，他的腿比我的长。"

查拉图斯特拉如是说，他的眼睛和内脏都在笑，然后停下，迅速转过身来——瞧，与此同时，他几乎把他的追随者的影子抛在地上：这个追随者紧跟着他，而且也很虚弱。因为，当他用目光打量这个追随者时，就像见到一个突然出现的鬼怪，使他大吃一惊：这个追随者看起来如此瘦削、乌黑、空虚和老朽。

"你是谁？"查拉图斯特拉激烈地问，"你在这里干什么？你为什么自称是我的影子？我不喜欢你。"

"请原谅我，"影子答道，"我是你的影子；如果你不喜欢我，好吧，哦，查拉图斯特拉！在这方面我赞美你和你的好品味。

我是漂泊者，已经在你的后面走了很久：总是在途中，可是没有目标，也没有家：所以，真的，我跟永恒流浪的犹太人差不多，除非我不是永恒的，也不是犹太人。

怎么？难道我必须永远在途中？被每一阵风卷起，动荡不安，到处漂泊？哦，地球，我觉得你变得太圆了！

我在任何物体的表面上坐过，我像疲倦的尘埃一样在镜子上和窗玻璃上睡着：一切都从我这里索取，却什么都不给予我，我变得骨瘦如柴，——我几乎像一个影子一样。

可是，哦，查拉图斯特拉，我跟随在你后面奔波了很久，虽然我在你面前隐匿起来，但是我是你最好的影子：只要你坐过的地方，我也坐过。

跟你在一起，我在最遥远、最寒冷的世界走过许多弯路，就像幽灵那样自愿在冬天的屋顶上和雪地里奔走。

跟你在一起，我力求进入所有禁区、所有最恶劣和最遥远的地方：如果我有什么美德的话，那就是我不畏惧任何禁令。

跟你在一起，我打破了我内心曾经尊敬的东西，我推倒了所有的界石和塑像，我追求最危险的愿望，——真的，我曾经越过了一切罪行。

跟你在一起，我忘记了对语言、价值和伟大之姓名的信仰。如果魔鬼剥了皮，他的姓名不也脱落下来了吗？因为姓名也是皮。也许魔鬼本身也是——皮。

‘没有什么东西是真的，一切都是允许的。’我对自己如是说。我连同我的头和心——跳进最冰冷的水里。啊，为此我是多么经常地像红螃蟹那样赤裸裸地站在那里！

啊，我一切的善，一切的羞耻，和对善人的一切信仰都到哪里去了！啊，我曾经拥有的那种虚伪的纯洁、善人和他们高贵的谎言的纯洁都到哪里去了！

真的，我是过于经常地紧跟真理的脚跟：这时真理踢到了我的头。有时我想说谎，瞧！这时我才遇到——真理。

我觉得，太多的事情都已弄清：现在一切东西都与我毫无关系。我爱的东西不再存在，——我怎么还能爱我自己呢？

‘当我有兴趣时，就活下去，不然就根本不活了。’我如此希望，最神圣者也如此希望。可是，唉！我怎么还有——兴趣呢？

我还有——目标吗？还有一个码头让我的帆船驶向那里吗？

还有一阵好风吗？只有知道自己驶向何方的人，才知道什么风是好的，什么风使他顺风。

给我留下的还有什么？一颗疲倦而狂妄的心；一个动摇的意志；扑打着的翅膀；一根折断的脊柱。

这种对我的故乡的寻找：哦，查拉图斯特拉，你也许知道，这种寻找曾经是我的灾难，它使我心力交瘁。

'哪里是——我的故乡？'我打听，我寻找，我曾经寻找过，但是没有找到。哦，永远到处寻找，哦，永远无处可寻，哦，永远——白费力气！"

影子如是说，查拉图斯特拉听他说这番话时，脸拉长了。"你是我的影子！"最后他悲伤地说。

"你的危险不小，你这位自由的精灵和漂泊者！你有过一个倒霉的白天：注意，不要再来一个更倒霉的夜晚！

像你这样动摇的人，最终会认为监牢是快乐的地方。你可曾见过，被囚禁的罪犯睡得怎么样？他们睡得很安宁，他们享受他们的新的安全之地。

你要当心，不要最终还让一个狭隘的信仰，一个冷酷无情的妄想俘获了你！因为从现在开始所有狭隘而坚定的东西都在引诱你，试探你。

你已经失去目标：真不幸，你将怎样消除这种损失并克服这种损失带来的痛苦呢？为此——你也失去了你的道路！

你这个可怜的漂泊者，流浪者，你这疲倦的蝴蝶！今晚你想休息一下，找个住处吗？你就往上走，到我的山洞里去吧！

上那儿去的路通到我的山洞。现在我又要赶快离开你。我心里好像有一道阴影似的。

我想单独走，这样我的周围又会变得明亮起来。为此，我还必须长久而高兴地奔忙。可是，晚上有人在我那里——跳舞！"——

查拉图斯特拉如是说。

正午

——查拉图斯特拉不断奔跑，不再看到任何人，他单独一人，看到的总是自己，他享受着并品尝着孤独的滋味，想着美好的事情，——这样过了几个小时。可是，在正午时分，当太阳刚好照在查拉图斯特拉的头顶上方时，他从一棵弯曲并多节的老树旁经过，这棵树被一根葡萄藤丰富的爱环抱着，树木本身被完全遮蔽起来：葡萄藤上挂满一串串黄色的葡萄正面对着这位漂泊者。这时，他正想解渴，就想去摘一串葡萄，可是，当他伸手臂时，他突然想起其他更重要的事：也就是说，在正午时分，躺在这棵树旁睡一觉。

查拉图斯特拉按他的想法做了；他刚刚躺到地上，躺到多色花草的宁静和神秘之中，就已经忘记了自己那点干渴，并且睡着了。因为，正如查拉图斯特拉的谚语所说：有一件事比其他事更加不可缺少。只是他的眼睛还睁开着：——因为它们不倦地望着并且赞美那棵树和葡萄藤的爱恋。可是，查拉图斯特拉在睡眠中对他的内心如是说：

"安静！安静！世界不是刚刚变得完美了吗？可是，我到底怎么了？

就像一阵看不见的和风，轻轻地，羽毛般轻柔地在平静的海面上跳舞：就这样——睡梦在我身上跳舞。

睡梦让我睁开眼睛，它让我的灵魂清醒。它轻轻的，真的，轻如羽毛。

它劝说我，我不知道该怎么办？它用令人舒适的手轻抚我的内心，它迫使我听从。是的，它迫使我听从，使我的灵魂舒展开来：——

——我觉得，我的灵魂变得又长又疲惫，我的奇特的灵魂！刚好在正午时刻，它的第七天的晚上到了吗？它在善与成熟的事物之间已经快乐地漫游了太长的时间吗？

我的灵魂舒展得很长，很长，——越来越长！它静静地躺着，我的奇特的灵魂。它已经品尝了太多美味的东西，这种黄金的悲哀挤压着它，使它的嘴都扭曲了。

——像一条船驶进最安静的港湾：现在它靠近陆地，它已厌倦漫长的旅途和变幻莫测的大海。陆地不是更可靠吗？

当这样一条船靠岸，紧靠岸边：——这时，只要一只蜘蛛从岸上对这条船吐丝就够了。那里不需要更坚固的缆绳。

就像这样一条疲惫的船停泊在最安静的港湾里：现在我也是这样靠近陆地休息，忠诚地，信任地等待着，用最细的丝跟大地维系着。

哦，幸福！哦，幸福！你也许想歌唱吧，哦，我的灵魂？你躺在草地里。可是，这是没有牧童吹笛的神秘而庄严的时刻。

你要当心！炎热的正午正在草地上睡觉。你不要歌唱！安静！世界是完美的。

不要唱歌，你这草地上的鸟儿，哦，我的灵魂！甚至也不要低语！瞧——安静！年老的正午正在酣睡，它的嘴唇在动弹，难道它不是正在吮吸一滴幸福之美酒——

——一滴陈年的棕色的黄金般的幸福美酒，黄金般的葡萄酒？有什么东西在它上方一闪而过，它的幸福在笑。是这样——一位神在笑。安静！——

——'追求幸福，只需要一点点的东西就足够幸福了！'我曾经这样说，还自以为聪明。可是，这是一种亵渎：现在我学会了这点。聪明的傻瓜说得更好。

正是最少量的东西，最微小的、最轻微的东西，一条蜥蜴发出簌簌声响，一口气，一刹那，一眨眼——少量可以创造一种最大的幸福。安静！

——我怎么了：听！时光飞逝而过了吗？我没有掉下去吗？听！我没有掉进永恒的井里去吗？

——我怎么了？安静！有件东西刺入我的——哎呀——心脏里？刺入心脏！哦，破碎了，破碎了，心脏，在这样的幸福之后，在这样的刺入之后！

——怎么样？世界不是才变得完美吗？圆满而成熟？哦，金黄色的指环——它要飞向哪里？我要跟在它后面追赶！赶快！

安静——"（这时，查拉图斯特拉伸展四肢，感觉到自己在睡觉。）

"起来！"他对自己说，"你这个贪睡者！你这个正午的贪睡者！起来！起来吧！你们这两条老朽的腿！时间到了！时间过了，你们还有好一段路要走呢——

现在你们睡够了吧，睡了多久？半个永恒！起来，现在起来吧！我这颗老年的心！在这样的酣睡之后，你还有多久才能——完全睡醒？"

（可是，这时他又睡着了，它的灵魂反驳他，替自己辩护，又躺了下去）——"不要打搅我！安静！世界不是刚刚变得完美了吗？哦，金黄色的圆球！"——

"起来，"查拉图斯特拉说，"你这个小偷，你这个懒鬼！怎么？还想伸展四肢，打哈欠，叹息，掉进深井里？

你究竟是谁！哦，我的灵魂！"（这时他吃了一惊，因为一道阳光从天上射下来，照在他的脸上。）

"哦，我头顶上方的苍天，"他叹息着说，笔直地坐起来，"你在注视着我？你在倾听我的奇特的灵魂说话？

你何时吮吸这些落在大地万物之上的露滴，——你何时吮吸这奇特的灵魂——

——何时，永恒之井啊！你这快乐而可怕的正午之深渊！你何时把我的灵魂吸回到你的里面去？"

查拉图斯特拉如是说，并且从树旁他睡觉的地方站起来，就像从一种奇异的醉态中醒过来一样：瞧，这时太阳还刚好在他头顶上方。可是，由此人们可以正确地推断出，查拉图斯特拉当时并没有睡很久。

欢迎

　　在下午很晚的时候，查拉图斯特拉经过长时间徒劳的寻找和奔波之后，才又回到他的山洞。可是，当他面对着山洞站着，在离山洞不到二十步远的地方时，意想不到的事发生了：他又听到了那阵巨大的呼救声。令人惊奇！这一次呼救声是从他自己的山洞里传出来的。这是一种很长的、多样的、奇特的喊声。查拉图斯特拉清楚地分辨出，这是由多种响动混杂在一起的声音：从远处听，它就像是从一张嘴里发出来的喊声。

　　这时查拉图斯特拉向他的山洞奔去，瞧！在这广播剧之后，还有什么样的演出在等待着他！因为坐在一起的那些人，他在白天都遇到过：右边的国王和左边的国王、老魔术师、教皇、自愿的乞丐、影子、精神上的有良知者、悲伤的预言者和驴子；可是，那个最丑陋的人戴上一顶王冠，身上系着两条紫色腰带，——因为他像所有丑陋的人那样喜欢化装，美化自己。可是，在这帮忧愁的伙伴当中，站着查拉图斯特拉的鹰，它羽毛直竖，焦躁不安，因为它要回答太多问题，而它的高傲对此却不屑回答；可是那条明智的蛇却缠在鹰的脖子上。

查拉图斯特拉十分惊讶地注视着这一切；然后他和气而好奇地审视他的每一位客人，观察到他们的灵魂，这又使他感到惊奇。此刻，相聚在一起的伙伴都从他们的座位上站起来，都怀着敬畏的心情等待查拉图斯特拉讲话。可是，查拉图斯特拉却如是说：

"你们这些绝望者！你们这些奇特的人！就是说，我听到的是你们的呼救声？现在我也知道，在哪里寻找他，我今天徒劳地寻找过的人：高人——：

——他就坐在我自己的山洞里，这位高人！可是，我为什么还感到惊讶！不是我自己用蜂蜜供品和我的幸福巧妙地呼唤引诱他到我这里来的吗？

可是，我想，你们聚在一起不太适合，你们这些呼救者，当你们一同坐在这里时，相互之间心里很不自在吧！首先，必须有一个人来，

——一个再次使你们发笑的人，一个善良而快乐的小丑，一个舞者，吹牛者和顽童，任何一个老傻瓜：——你们觉得如何？

可是，你们这些绝望者，请原谅我对你们说这些微不足道的话，真的！这有失你们这样的贵客的尊严！可是，你们没有猜到，是什么使我的心毫无顾忌：——

——是你们本身，是你们的面貌，请原谅我！因为，每个人看到一位绝望者都会变得勇敢起来。鼓励一位绝望者——每个人都觉得自己有足够的力量去做。

你们给了我本人这种力量，——一件很好的礼物，我的高贵的客人！这是一件客人赠送的正常的礼物！好吧，现在我也要向你们献上我的礼物，请你们不要生气。

这里是我的王国，是我的统治范围：可是，凡是属于我的东

西，今晚今夜也应该属于你们。我的动物应该为你们服务：我的山洞是你们休息的地方！

居住在我的家里，任何人都不会感到绝望，在我的林区内，我会保护每个人免遭野兽伤害：这是我献给你们的第一份礼物：安全！

而第二份礼物是：我的小手指。如果你们拥有它，那么也收下整只手吧，收下吧！还有我的心！欢迎光临，欢迎，我的客人们！"

查拉图斯特拉如是说，并且友爱而恶意地笑着。致完欢迎词之后，他的客人们再次鞠躬，然后恭敬地沉默不言；可是，右边的国王却代表大家向他致谢词：

"哦，查拉图斯特拉，当你向我们伸出手和致欢迎词时，我们就认出你就是查拉图斯特拉。你在我们面前自卑了；你几乎伤害了我们对你的敬意——：

——可是，谁能像你这样以那种高傲的神态屈尊俯就呢？这就使我们自己得到了鼓励，使我们的眼睛变得清亮有神，使我们的心感到振奋。

仅仅看到这一点，我们都愿意登上比这座山更高的山峰。因为我们是好奇者，我们来这里是想看看，是什么东西使混浊的眼睛变得明亮。

瞧，我们的所有呼救声都已经消逝。我们的感官已经觉醒，我们的内心已经开朗，心旷神怡。差一点：我们的心情就会变得肆无忌惮。

哦，查拉图斯特拉，大地上生长的任何东西没有比一个崇高而强大的意志更令人高兴的了：它是大地上最美的植物。由于有这样一棵树，整个风景都焕然一新。

哦，查拉图斯特拉，像你那样成长的人，我将他比作松树：高大、沉默、坚定、具有最优良和最柔韧的木质、雄伟壮观，——

——可是最终以粗壮的绿枝伸向它的统治领域，向强风和暴雨以及一直生长在高山上的任何东西提出强烈的疑问。

——一个指挥者，一个胜利者作出更强烈的回答：哦，谁会不登上这座高山来观赏这样的植物呢？

哦，查拉图斯特拉，在这里观看你的树，就是忧郁者、失败者也会心旷神怡，看见你的神态，不安定者也会充满自信，医好他的心病。

真的，今天许多人的目光都望着你的山和树；一个巨大的渴望开始出现，有些人还学会了打听：谁是查拉图斯特拉？

你曾经向谁的耳朵灌进你的歌声，滴进你的蜂蜜：所有的隐藏者、单人隐居者、双人隐居者，突然间都对他们的内心说：

'查拉图斯特拉还活着吗？我们活着有什么意思，一切都是一样的，一切都是徒劳的：要不然——我们就要和查拉图斯特拉一起生活！'

'他早就说要来，为什么还不来呢？'许多人如是问，'难道是孤独吞噬了他？要不然，也许我们应该到他那里去？'

现在发生的情况是这样，孤独本身软化了，而且破裂了，就像坟墓一样裂开了，里面的尸体无法保存了。于是，处处可以见到复活者。

哦，查拉图斯特拉，现在波涛在你的高山周围不断升高。无论你的高山有多高，许多波涛必然会升到你那里去；你的小舟将不再长久地停在这干燥的地方了。

我们这些绝望者现在来到你的山洞里，我们已经不再绝望；这只是一种象征和征兆，说明更优秀者正在来你这里的途中，——

——因为他本身正在来你这里的途中，那是世人中上帝的最后残余，也就是：所有心怀大渴望、大恶心、大厌倦的人，——

——所有那些不想再活下去的人，他们要么学会重新抱有希望——要么，哦，查拉图斯特拉，向你学习伟大的希望！"

右边的国王如是说，并且抓起查拉图斯特拉的手，想要吻它；可是查拉图斯特拉拒绝接受他的敬意，惊讶地往后退，默不作声，突然间仿佛要逃到遥远的地方似的。可是，过了一会儿，他又和他的客人待在一起了，用明亮、审视的目光望着他们，然后说道：

"我的客人们，你们这些高人，我要坦率而明确地对你们说。我在这座山里等候的不是你们。"

"坦率而明确地？上帝，发发慈悲吧！"左边的国王在一旁说，"大家发觉，他不了解可爱的德国人，这位来自东方的智者[①]！

可是，他的意思是'坦率而粗鲁地'——好吧！这还不是当今最低级的趣味！"

"的确，你们可能都是高人，"查拉图斯特拉继续说，"可是对于我来说——你们还不够高明，还不够强大。

对于我，也就是说：对于在我心里默不作声，可是不会永远默不作声的这种无情的性格来说。如果你们属于我的一部分，那

---

① 查拉图斯特拉是波斯人。

么也不是我的右臂。

因为一个靠有缺陷的、柔弱的腿站立的人，像你们那样，无论它是有意还是遮遮掩掩，他都特别想得到保护。

可是我不保护我的手臂和双腿，我不保护我的战士：你们如何能适应我的战斗呢？

和你们在一起，我还会毁坏我的每一场胜利。你们当中有些人，只要听到我的响亮的鼓声，就会昏倒在地。

在我看来，你们也不够漂亮，不够高贵。我需要纯洁平滑的镜子用于我的教导；在你们的表面上，连我自己的肖像都走了样。

有些重担，有些回忆，压在你们的肩膀上；有些可恶的侏儒蹲在你们的角落里。你们心中也有隐藏着的群氓。

尽管你们是高级的，具有比较高级的特性：但是你们身上也有许多东西是弯曲的和畸形的。世界上没有哪一位铁匠能为我把你们捶打得又直又平。

你们只是桥梁：但愿更高级的人从你们身上跨越过去！你们相当于台阶：因此，你们不要为从你们身上跨过而登上他的高度的人而恼怒！

将来可能会从你们的种子里为我生长出真正的儿子和完美的继承者：可是那是遥远的事。你们本身不属于继承我的遗产和姓名的人。

我在这座山里等候的不是你们，我不能最后一次和你们一起下山。我认为，你们到这里来只是征兆，说明到我这里来的、更高级的人已经在路上，——

——不是心怀大渴望、大恶心、大厌倦的人，不是你们称之为上帝的残余的东西。

——不是！不是！绝对不是！我在这座山里等候其他人，他们没有来，我不会抬脚离开这里。

——我等待更高级、更强大、更充满必胜信心、更快乐、身心都健康正直的那种人：欢笑的狮子一定会来到！

哦，我的客人们，你们这些奇特的人，——你们还没有听到我的孩子们的一点消息？有没有听说他们正在来我这里的途中？

你们跟我谈谈我的园子、我的幸福岛、我的新的美丽之族类——你们为什么不跟我谈论这些？

我恳求从你们的爱中得到来宾赠礼：你们跟我谈谈我的孩子们。在这方面，我现在是富有的，在这方面，我曾经是贫困的：我还有什么没有奉献出去，

——我也许有什么没有奉献出去，我也许有一样：这些孩子们，这些生机勃勃的植物，我的意志和我的最高希望的这些生命之树！"

查拉图斯特拉如是说，他在谈话时突然停顿下来：因为他的渴望向他袭来，他由于心里激动而闭上了眼睛和嘴。甚至他的所有的朋友也都沉默不言，静静地站着，露出惊慌的神色：只有那位老预言者用手势和表情发出信号。

晚餐

因为在这个时候，预言者打断了查拉图斯特拉及其客人们的交谈：他像一个迫不及待的人那样，挤到前面去，抓住查拉图斯特拉的手，喊道："可是查拉图斯特拉！

有一件事比其他的事更紧迫，你自己这样说过：好吧，我觉得，现在有一件事比其他的事都更紧迫。

这句话说得正是时候：你不是邀请我来吃饭的吗？这里有许多人都是远道而来的。你不会只用谈话来搪塞我们吧？

还有，你们想到什么冻死、淹死、窒息而死及其他身体上的危急状态，我觉得，你们想得太多了：可是，没有人想到我的危急状态，就是饿死——"

（预言者如是说；可是，当查拉图斯特拉的动物听到这些话时，它们吓得跑走了。因为它们看到，它们白天带回家的东西还不够预言者一个人塞饱肚子。）

"还要算上渴死，"预言者继续说，"虽然在这里我已经听到流水发出的潺潺声，就像智慧的语言那样，也就是说川流不息，不知疲倦：而我——想要葡萄酒！

不是每个人都像查拉图斯特拉那样是个天生的喝水者。水也不适合疲劳者和憔悴者：我们应得到葡萄酒，——只有它才能让人很快恢复元气，而且立即精神焕发！"

因为预言者希望得到葡萄酒，趁着这个机会，左边的国王，这位沉默寡言的人，也开始说话。"葡萄酒，"他说，"我们负责，我和我的兄长，右边的国王：我们已准备了足够的葡萄酒，——一头驴子满载着酒。因此只缺面包。"

"面包？"查拉图斯特拉笑着回答，"隐士正好没有面包。可是人不仅仅靠面包为生，而且也靠优质的羔羊肉，我有两只羔羊：

——我们赶紧把它们宰了，加上调料鼠尾草烹制好：这是我喜爱的。根类蔬菜和水果也不缺，就是对美食家和品尝者来说也够丰盛的了；另外，还要敲开核桃，解开其他谜团。

这就是说，我们要很快做出一顿美味的饭菜。可是，想一起吃饭的人，也必须动手，也包括国王在内。因为，在查拉图斯特拉这里，国王也要当厨师。"

这个建议正合大家的心意：只有那个自愿的乞丐对酒肉和香料极为反感。

"现在请大家听一听这位美食家查拉图斯特拉说的话吧！"

他风趣地说，"我们来到这山洞里，来到这座高山上，就是为了做一餐这样的饭菜吗？

现在我确实理解了他曾经教导我们的话：'小小的贫困是可赞扬的！'而他为什么要取消乞丐呢？"

"要充满信心，"查拉图斯特拉回答他的话，"像我这样。保持你的风俗，你这个卓越的人，嚼你的谷粒，喝你的水，赞美你的饭菜：只要它们能使你高兴！"

我的规则只适用于我的同类人，我的规则不适用于所有的人。可是，谁属于我的同类，他就必须具有强健的骨骼和轻快的双脚，——

　　快乐地去战斗，快乐地参加庆典，不做闷闷不乐的人，不做远离现实生活的梦想家，就像去赴宴那样准备去迎接最艰难的事情，要健康和完美。

　　最好的东西属于我和我的同类人；如果有人不给我们，我们就夺取：——最好的食物，最纯洁的天空，最强大的思想，最漂亮的女人！"——

　　查拉图斯特拉如是说；可是右边的国王应道："真罕见！你们可曾从一位智者的口中听过这样明智的话吗？

　　真的，如果一个智者在各个方面都如此聪明而不是一头驴子，那么，这在他身上是十分罕见的事。"

　　右边的国王如是说，并感到惊讶；可是驴子却恶意地发出咿——呀的叫声来回应他的话。这就是那顿持续很久的宴席的开始，这顿宴席在史书上称为"晚餐"。可是，在宴席中除了谈论高人外，没有谈论其他东西。

高人

1

当我第一次到世人那里去时，我做了隐士的蠢事，很大的蠢事：我走到了市场上。

当我对所有的人说话时，就像没有对任何人说话。可是晚上，走钢索者和死尸是我的同伴；我自己几乎也是一具死尸。

可是，第二天早晨，一条新的真理出现在我的面前：这时我学会说："市场、群氓、群氓的嘈杂声和群氓的长耳朵与我有何相干！"

你们这些高人，这一点要向我学习：在市场上，没有人会相信高人。如果你们想在那里说话，就说吧！可是群氓会眨着眼睛说："我们大家都是平等的。"

"你们这些高人，"——群氓这样眨着眼睛——"没有高人，我们大家都是平等的，人就是人，在上帝面前——我们大家都是平等的！"

在上帝面前！——可是现在这位上帝已经死了。可是，在群氓面前，我们不愿意平等。你们这些高人，离开市场吧!

2

在上帝面前! ——可是现在这位上帝已经死了。你们这些高人，这位上帝是你们最大的危险。

自从他躺在坟墓里以来，你们才得以复活。现在伟大的正午才到来，现在高人们才成为——主人!

哦，我的兄弟们，你们理解这句话吗? 你们感到惊慌: 你们的内心感到眩晕吗? 在这里深渊向你们张开大口吗? 在这里地狱之犬向你们狂吠吗?

好吧! 来吧! 你们这些高人! 现在人类之未来的大山才开始镇痛。上帝已死: ——现在我们希望，——超人活着。

3

今天最操心的人问: "人怎样才能延续下去? "可是，查拉图斯特拉确是第一个，也是唯一的一个这样问: "人是怎样被超越的? "

超人在我心中，我第一关心和唯一关心的人是超人，——不是世人，不是邻人，不是最贫穷的人，不是最受苦的人，不是最善良的人——

哦，我的兄弟们，在世人身上我可以爱的东西，是因为它是一种过渡和一种没落。而在你们身上也有许多使我喜爱和希望的东西。

你们这些高人，你们流露出蔑视的神情，这使我抱有希望。因为伟大的蔑视者就是伟大的尊敬者。

你们感到绝望，在这方面有许多东西是值得尊敬的。因为你们没有学会如何去服从，你们没有学会小聪明。

因为今天小人物成了主人：他们所有的人都宣传服从、谦虚、聪明、勤奋、体谅以及许多诸如此类的小小美德。

属于女性的东西，源于奴性的东西，特别是群氓的混杂物：现在他们都想成为一切世人之命运的主人——哦，恶心！恶心！恶心！

这件事问了又问，不厌其烦："人怎样才能最好、最长久、最舒适地延续下去？"为此——他们成为当今的主人。

哦，我的兄弟们，你们为我超越这些当今的主人，——这些小人物：他们是超人的最大危险！

你们这些高人，你们为我超越这些小小的美德，这些小聪明，这些沙粒般的体谅，蚂蚁般的琐屑，可怜的舒适，"大多数人的幸福"——！

你们与其屈服，不如绝望。真的，你们这些高人，由于你们不懂得生活，因此我爱你们！因为这样你们才生活得——最好！

4

哦，我的兄弟们，你们有勇气吗？你们有胆量吗？不是在证人面前的勇气，而是连上帝也不再看他们一眼的那种隐士的勇气和鹰的勇气？

冷酷的人、骡子、瞎子、醉汉，我不认为他们有胆量。有胆量的人明知有恐惧，却制服恐惧；他看到深渊，却高傲地俯视它。

以鹰的目光傲视深渊的人，以鹰的利爪抓住深渊的人：他具有勇气。——

5

"人性是恶的。"——一切大智者都这样安慰我说。啊，但愿此话今天还是真实的！因为恶是人的最大的力量。

"人应该变得更善和更恶。"——我这样教导。至恶对于超人的至善是必不可少的。

对于那位向小人物讲道的说教者来说，为世人之罪而烦恼并承担世人之罪，这也许是好事。可是，我却把大罪恶当作大慰藉而感到愉快。——

可是，这样的话不是对长耳朵说的。每句话也不是适合每张嘴说的。这是精美而遥远的东西：不是羊爪子能够抓得住的东西！

6

你们这些高人，你们认为，我在这里是要把你们搞坏了的事情改正过来吗？

或者以为我在今后要为你们这些受苦者安排更舒适的卧榻吗？或者为你们这些不安定者、迷途者、登错山者指出新的、更容易行走的小径吗？

不是！不是！绝对不是！你们这类人中应该有更多、更善良的人走向毁灭，——因为你们要走的路会越来越坎坷，越来越艰险。只有如此——

——只有如此人才能在闪电会击中他、粉碎他的高处生长：高到足以接近闪电！

我的思想和我的渴望向着少许的、长久的、遥远的事物：你们微小的、许多的、短暂的苦难与我有何相干！

我觉得，你们受的苦还不够！因为你们是为自己而受苦，你们还没有为民众而受苦。如果你们有别的说法，那就是说谎！我受过的苦，你们都没有受过。——

7

闪电不再造成伤害，这对我来说还不够。我不想把它引开：它应该学会为我——工作。——

我的智慧像云一样已经聚集很久了，它变得越来越平静，越来越阴暗。有一天会发出闪电的所有的智慧都是这样。——

我不想成为当今这些人的光，也不想叫做光。他们——我要使他们眼花缭乱：我的智慧之闪电！我要刺伤他们的眼睛！

8

不要做任何超越你们能力的事情：那些想做力所不能及的事的人存在严重的弄虚作假的行为。

当他们想做伟大事业时尤其如此！因为他们会引起人们对伟大事业的怀疑，这些精明的伪币制造者和演员：——

——直到他们最终自己欺骗自己，斜眼偷看，掩饰蛀洞，以强烈的言辞、招牌式的美德、闪光的虚假的事业美化自己。

你们这些高人，要十分小心啊！因为我认为，今天没有什么比诚实更宝贵、更稀世的了。

今天不是群氓的世界吗？可是群氓不懂得，什么是伟大，什么是渺小，什么是正直和诚实：他们毫无恶意地进行歪曲，他们总是撒谎。

9

你们今天抱有很大的怀疑，你们这些高人，你们这些有胆量的人！你们这些坦率的人！为你们的理由严守秘密！因为今天是群氓的世界。

群氓曾经学会毫无理由地相信的事情，谁能够通过理由将它——推翻呢？

在市场上打手势可以让人深信不疑。可是理由却使群氓满腹狐疑。

一旦真理取得胜利，你们就会抱着很大的怀疑问自己："是什么强大的谬误为真理而斗争呢？"

你们也要当心学者们！他们憎恨你们：因为他们无生育能力。他们的眼睛是冷漠的、苦涩的，在他们眼前，每只鸟都是没有羽毛的。

这种人对自己不说谎感到洋洋得意：可是没能力说谎远远不是热爱真理。你们可要当心！

脱离狂热还远远不是认识！我不相信冷却的灵魂。不会说谎的人，也不懂得什么是真理。

10

如果你们想登高，那就靠自己的双腿吧！不要让人把你们抬上去，不要骑在别人的背上和头上！

可是你骑马吗？你现在迅速地骑上马向你的目标奔驰而去吗？上路吧！我的朋友！可是你的跛足也一起骑在马上飞奔吧！

当你到了目的地时，当你从马背上跳下来时：恰恰是在你的高处，你，高人啊，你还会跌倒！

11

你们这些创造者，你们这些高人！人只能孕育自己的孩子。

你们不要听别人那一套，不要被说服！到底谁是你们的邻人？即使你们"为邻人"办事，——你们也不是为他而创造什么！

你们给我把这个"为了"忘掉吧，你们这些创造者：你们的美德恰恰要求你们不要以"为了"、"由于"、"因为"作借口做任何事情。对付这种虚伪的普通的词语，你们应该充耳不闻。

"为了邻人"这只是小人物的美德：也称作"人人平等"和"互相帮助"：——他们没有权利，也没有力量达到你们具有的自私自利！

你们这些创造者，在你们的自私自利中具有孕妇的谨慎和小心！还没有人用眼睛看到的东西，——果实：你们用全部的爱保护它，呵护它，养育它。

在你们的全部的爱所在之处，在你们的孩子身上，那里也有你们的全部美德！你们的事业，你们的意志，是你们的"邻人”：你们不要轻信这些虚伪的价值！

12

你们这些创造者，你们这些高人！谁必须生小孩，谁就是有病；可是，谁已生过小孩，谁就是不干净的。

你们问问女人吧：不生小孩，是为了快乐。痛苦使母鸡和诗人发出咯咯的叫声。

你们这些创造者，在你们身上有许多不干净的东西。这使得你们必须当母亲。

一个新生的婴儿：哦，有多少新的不干净的东西也来到世上！走到一边去吧！谁生过小孩，谁就应该把灵魂洗干净！

13

你们不要做超越自己能力的有道德的人！不要去做任何违反可能性的事情！

沿着你们父辈的美德留下的足迹行进吧！如果不是你们父辈的意志带着你们一起攀登，你们想怎样登上高处呢？

可是，想当长子的人，要留神不要也成了最末一代！在你们父辈有不道德之处，你们别想在其中也有圣人的含义！

谁的父辈喜爱女人、烈酒和野猪肉：如果他要求自己守贞节，那不是很荒唐吗？

这该是一种愚蠢的想法！如果他是一个或者两个或者三个女人的丈夫，真的，我认为他太愚蠢了。

假如他建立修道院，在门上写着："通往圣人之道"，——那我可能会说：为什么！这是一种新的愚蠢！

他为自己建立了一座监狱和避难所：这也许有用吧！可是对此我不相信。

人们把某种东西带进孤独里，这种东西会在孤独里成长，内心里的野兽也是如此。因此，这种人劝告许多人不要过孤独的生活。

至今为止，在大地上还有比荒漠中的圣徒更加不洁的东西吗？在他们周围不仅有魔鬼胡闹，——而且还有猪猡。

14

胆怯、羞耻、笨拙，就像一只跳跃失败的老虎一样：因此，你们这些高人，我常常看见你们悄悄地溜到一边去。你们掷色子输掉了。

可是，你们这些掷色子赌博者，这有什么关系！你们没有学会赌博和嘲讽，没有学会必须怎样赌博和嘲讽！我们不是始终坐在一张嘲讽和赌博的大桌子旁边吗？

如果你们从事的伟大事业失败了，难道你们自己就因此而——失败了吗？如果你们自己失败了，难道人类就因此而——失败了吗？可是，如果人类失败了：好吧！来吧！

15

天性越高级的人，成事的可能性就越少。你们这些在座的高人，你们不是都——失败了吗？

你们鼓起勇气吧！这有什么关系！还有许多事情都是有可能的！你们学会嘲笑你们自己吧，就像人们不得不嘲笑那样！

你们失败了，或者成功了一半，也没有什么奇怪的，你们这些半破碎的人！在你们心中不是互相催逼和碰撞——人类的未来吗？

人类最远的、最深的、像星星那样最高的东西，人类的巨大的力量：不是都在你们的壶里相互碰撞冒着泡沫吗？

有些壶破碎了，这有什么奇怪！你们学会嘲笑自己吧！

就像人们不得不嘲笑那样！你们这些高人，哦，还有多少事情是有可能的！

真的，有多少事情已经成功了！在这个大地上，小小的、美好的事物多么丰富，有良好教养的人不断地涌现！

将小小的、美好的、完美的事物放在你们的周围吧，你们这些高人！它们的黄金般的成熟能治愈人的心灵。完美的事物教人抱有希望。

16

至今为止，在这个大地上最大的罪恶是什么？不是那个人说的话吗？他说："在这里欢笑的人有祸了！"

他自己在这个大地上没有找到使人欢笑的理由吗？那么这只能说明他不会寻找。一个孩子在这里也会找到理由。

他——爱得不够：不然他可能也会爱我们，这些爱笑的人！可是他憎恨我们，嘲讽我们，预言我们会哀号，牙齿会咯咯打战。

要是他不爱，他就得立即诅咒吗？我认为，这是一种低级趣味。可是他这样做了，这个绝对者，他来自群氓。

他自己只是爱得不够：不然，他就不会因为别人不爱他而生气。所有伟大的爱都不要求爱：——他要求得更多。

你们要避开所有这种绝对的人！这是一个可怜的、病态的族类，一个群氓的族类：他们不怀好意地观看人生，他们用邪恶的目光看待这个世界。

你们要避开所有这种绝对的人！他们的双脚是沉重的，他们的心是郁闷的："他们不懂得跳舞。大地有了这种人如何能变得轻松！

17

所有的好事都是曲折地走近它们的目标。它们就像猫一样，弓起背，对自己临近的幸福从内心里发出喵喵的叫声，——所有的好事都发出欢乐的笑声。

一个人的步伐可以显示出，他是否已经走在他自己的轨道上：你们看看我这样走路！可是，接近自己目标的人，就会手舞足蹈。

真的，我没有变成雕像，我还没有像一根柱子那样僵硬地、麻木而冷漠地立在那里；我喜爱快步奔跑。

虽然在大地上也有沼泽地和浓重的悲伤：谁有轻快的双脚，谁就可以越过泥泞，就像在光滑的冰上跳舞。

挺起你们的胸膛，我的兄弟们，挺高些，再高些！也不要忘记你们的双腿！也要抬高你们的双腿，你们这些优秀的舞者，更好的是：你们也会倒立！

18

这顶欢笑者之王冠，这顶玫瑰花环之王冠：我给自己戴上这顶王冠，我自己使我的笑声神圣化。今天我没有发现任何其他人有足够的强大做这件事。

舞者查拉图斯特拉，用翅膀示意的轻快者查拉图斯特拉，一个准备飞行的人，向所有飞鸟示意，做好准备，一个快乐的轻浮者：——

预言者查拉图斯特拉，真正的欢笑者查拉图斯特拉，不是无耐性者，不是绝对者，是一个爱好跳跃和侧跃的人；我自己给自己戴上这顶王冠！

19

挺起你们的胸膛，我的兄弟们，挺高些，再高些！也不要忘记你们的双腿！也要抬高你们的双腿，你们这些优秀的舞者，更好的是：你们也会倒立！

在幸福中也有笨重的动物，也有生来就是笨手笨脚者。真奇特，他们费尽力气，像一只大象那样拼命地做倒立的动作。

可是，由于幸福而发傻总比由于不幸而发傻好得多，笨拙地跳舞总比跛行强得多。因此，你们就学学我的智慧吧：甚至最坏的事物也有良好的正反两面，——

——甚至最坏的事物也有善舞之腿：因此，你们就学学我吧！你们这些高人，学会用你们的双腿正确站立！

因此，你们忘掉忧郁吧，忘掉一切群氓的悲哀吧！哦，我觉得，今天群氓的丑角是多么地可悲！可是，现今确是群氓的世界。

20

我认为，你们应该像从山洞里吹来的风一样：它想按它自己的笛声起舞，大海在它的脚下发抖和跳跃。

风给驴子增添翅膀，给母狮挤奶，赞美这种美好的、无拘无束的精神吧，这种精神像一阵暴风吹向今天的一切和所有的群氓，——

——风厌恶那些将生命消耗在琐事上的人，讨厌所有的枯叶和杂草：赞美这种粗野的、美好的、自由的暴风精神吧，这种精神在沼泽地和忧郁之上跳舞，就像在草地上跳舞一样！

风憎恨群氓中的骗子和所有缺乏教养的阴暗的家伙：赞美这种一切自由精神中的精神吧，这种精神是欢笑的暴风，它把尘埃吹进所有悲观者和溃疡者的眼睛里！

你们这些高人，你们最糟糕的是：你们都没有学会必须跳的舞，——你们没有学会超越自己而跳舞！你们要是失败了有什么关系！

有多少事情还是有可能的！因此你们要学会超越自己而欢笑！挺起你们的胸膛，你们这些优秀的舞者，挺高些！再高些！你们也不要忘记放声大笑！

这顶欢笑者之王冠，这顶玫瑰花环之王冠：我的兄弟们，我把这顶王冠向你们抛去！我使笑声神圣化；你们这些高人，你们向我学习——欢笑吧！

忧郁之歌①

1

查拉图斯特拉说这些话时，他已站在靠近他的山洞门口的地方；可是，他说完最后几句话，就从他的客人身旁溜走，躲到外面去待了一会儿。

"哦，我周围的空气多么清新，"他脱口而出，"哦，我周围的寂静多么令人陶醉！可是，我的动物在哪里？过来，过来，我的鹰和我的蛇！

你们告诉我吧，我的动物们：这些高人也许全部都——闻不到清新的气味吗？哦，我周围的空气多么清新！现在我才知道，才感觉到，我是多么爱你们，我的动物们。"

——查拉图斯特拉又说了一次："我爱你们，我的动物们！"可是，当他说这些话时，鹰和蛇已经挤到他的身旁，抬头望着他。就这样，他们三个静静地待在一起，闻着，呼吸着清新

①魔术师高唱忧郁之歌诱惑大家趋向厌世主义。

的空气。因为这外面的空气要比高人们那里的空气新鲜得多。

2

可是，查拉图斯特拉刚刚离开他的山洞，老魔术师就站了起来，狡猾地望望周围，说道："他出去了！

你们这些高人——我像他本人那样用这个赞美和奉承的名字诱惑你们一下——我那个行骗和施魔法的邪恶精灵，我那忧郁的魔鬼，已经向我袭来，

——它跟这位查拉图斯特拉是死对头：原谅它吧！现在它想在你们面前施魔法，它正当其时；我徒劳地跟这个邪恶精灵搏斗。

对于你们大家，不管你们用言语给予自己什么荣誉，不管你们自称为'自由精神'，或者'诚实的人'，或者'精神的忏悔者'，或者'被解放者'，或者'伟大的渴望者'——

——对于你们大家，你们像我一样忍受巨大的恶心，你们年老的上帝已经死掉，还没有新的上帝躺在摇篮里和襁褓里，——我的邪恶精灵和魔术恶魔都喜爱你们大家。

你们这些高人，我认识你们，我认识他，——我也认识我违背自己的意志而喜爱的这个坏蛋，这个查拉图斯特拉：我觉得，他本人经常像一个漂亮的圣徒面具，

——就像我的邪恶精灵，这个忧郁的恶魔喜欢一种新奇的假面舞会一样：——我爱查拉图斯特拉，为了我的邪恶精灵，我常常这样想。——

可是，这个忧郁的精灵，这个黄昏的魔鬼，它已经向我袭来，强迫我：真的，你们这些高人，它渴望——

——睁开你们的眼睛吧！——它渴望赤裸裸地走来，是男还是女，我还不知道：可是，它来了，它强迫我，唉！打开你们的感官吧！

白日渐渐消沉，现在黄昏向一切事物，包括最美好的事物降临；你们现在听吧，你们看吧，你们这些高人，这个黄昏忧郁的精灵，究竟是什么样的魔鬼，是男还是女！"

老魔术师如是说，狡猾地望望周围，然后抓起他的竖琴。

3

天空渐渐昏暗，

安慰的露珠，

已经降落大地，

听不见，也看不到：——

因为安慰者的露珠就像

所有温柔的安慰者的脚步那样轻悠悠——：

那时你回忆，回忆，炽热的心啊，

你曾经多么渴望

焦躁而疲惫的渴望，

天上的泪花和露珠，

因为在长满小草的路上处处焦黄。

恶毒的夕阳之目光

透过阴沉沉的树林射到你的周围，

刺目的阳光，灼热的目光，在幸灾乐祸。

"真理的追求者？你？——"他们如是嘲讽——

"不！只是一个诗人！

一只狡猾、掠夺、伪善的动物，

它不得不撒谎，

不得不故意地存心撒谎：

渴望猎获物，

戴上多彩的面具，

自己本身就是假面。

自己本身成了猎物——

这位——真理的追求者？

不！只是丑角！只是诗人！

只是说漂亮话！

利用丑角面具耍花枪大叫大嚷，

在骗人的词语桥梁上来回走动，

在彩虹上，

在虚幻的天空

和虚幻的大地之间，

四处游荡，——

只是丑角！只是诗人！

这位——真理的追求者？

并不清静、呆板、光滑、冷漠，

变成塑像，

变成神之柱像，

不要竖立在神庙之前，

当一位神的守护者：

不，而是敌视这种真理立像，

在任何荒野里都比在神庙前更加自在，

充满猫的恶意，

穿过每扇窗户，

一刹那！跳进每个偶然中，

嗅一嗅每一片原始森林，

贪婪而渴望地嗅着，

你可能在原始森林里，

在斑斓的猛兽中，

非常强健地奔跑，色彩斑驳而漂亮，

兽唇上充满着渴望，

陶醉在嘲笑、残酷、杀人欲之中，

在掠夺、潜行、撒谎中奔跑：——

或者像老鹰，长久地，

长久地凝视着深谷，

凝视着它的深谷：——

哦，这些深谷是怎样在这里向下，

向下，向深处，

向越来越深的深处盘曲而下！——

然后，

突然间，振翅飞翔，

笔直地，

向羔羊扑去，

迅猛地扑下去，强烈的饥饿，

渴望吞噬羔羊，

痛恨一切羔羊的心灵，

无比痛恨一切，看上去

像绵羊似的、具有羔羊的眼光、卷毛的、

含有羔羊绵羊般温情的灰白色的东西！

因此，

诗人们渴望

像老鹰一般，像豹子一般，

你的渴望隐藏在无数的假面具之下，

你这个丑角！你这个诗人！

你视人为羊，

也视上帝为羊——：

撕碎人类心中的上帝，

就像撕碎人类心中的羊，

并且在撕碎时欢笑——

这，这就是你的永恒的幸福！

豹子和老鹰的永恒的幸福！

诗人和丑角的永恒的幸福！"——

天空渐渐昏暗，

月亮的镰刀已经

在紫红色的彩霞中露出绿色的光
嫉妒地悄悄地移动着：
——它敌视白天，
悄无声息地迈出每一步
向玫瑰花吊床
割去，直到它们降落，
夜幕苍白地向下降临：——

我自己曾经也这样降落过
离开我的真理狂想，
离开我的白日渴望，
厌倦白天，对光感到忧伤，
——向下降落，向着夜幕，向着阴影降落：
被一个真理
烧伤而焦渴：

——你可否记得，你可曾想起，火热的心，
你那时是如何渴望？——
我情愿
被一切真理驱逐，
只是丑角！
只是诗人！

科学①

　　魔术师如是唱道；所有在场的人都像鸟儿似的不知不觉地进入他那狡猾而伤感的快乐之网里。只有精神上有良知者没有进入他的网中：他迅速地从魔术师手里夺过竖琴，喊道："空气！让清新的空气进来吧！让查拉图斯特拉进来吧！你把这个山洞弄得乌烟瘴气，你这可恶的老魔术师！

　　你这个伪君子，你这个精明的人，你把人引诱到不认识的欲望和荒漠中。如果让你这样的人来大肆宣扬真理，那是多么可怕啊！

　　对这样的魔术师不加提防的一切自由思想家，真是不幸啊！他们的自由完了：你教导并引诱他们回到牢房里去，——

　　——你这忧伤的老魔鬼，你的悲歌听起来像诱鸟入巢的哨声，你就像那种以贞洁的赞歌悄悄地引人纵欲的家伙！"

　　有良知者如是说；可是老魔术师环视四周，享受着自己的胜利，为此他强咽下有良知者给他带来的烦恼。"请安静！"他用谦逊的语调说，"优美的歌声希望赢得美好的回响；在优美的歌

---

① 有良知者用科学的真理反驳魔术师的悲观论调。

声之后应该长时间地沉默。

　　诸位高人都这样做了。可是你对我的歌也许不太理解？你心中缺乏一点魔术精神。"

　　"你在赞扬我，"有良知者回应道，"同时你把我看作不同于你的人，好吧！可是，你们其他的人，我看到什么？你们全都睁着贪婪的眼睛坐在那里——：

　　你们这些自由的灵魂，你们的自由到哪里去了！我觉得，你们几乎就像那种长久地观看跳着下流舞蹈的裸体少女的人：你们的灵魂也独自跳起舞来！

　　你们这些高人，在你们心中肯定有更多魔术师称之为他自己的邪恶的魔术精神和欺骗精神的东西：我们必然是不同的人。

　　真的，在查拉图斯特拉回到他的山洞里之前，我们在一起说得够多了，也想得够多了，以致我不知道：我们是不同的人。

　　我和你们，我们也在这里的山上寻找不同的东西。因为我寻找更多的安全，所以我来到查拉图斯特拉这里。因为他也是最坚固的尖塔，具有最坚强的意志——

　　——当今，一切在动摇，所有的大地都在震动。可是你们，当我注视你们流露出来的眼神时，我几乎认为，你们更多是在寻找不安全，

　　——更多是在寻找寒噤、危险和地震。我几乎这样认为，这是你们的渴望，请原谅我的自负，你们这些高人，——

　　——你们渴望那种使我感到最恐惧的、最恶劣的、最危险的生活，渴望过野兽般的生活，渴望森林、山洞、陡峭的高山和错综复杂的深谷。

　　你们最喜欢的不是带领你们脱离危险的向导，而是把你们引

入歧途的骗子。可是，如果你们真的有这种渴望，我仍然认为是不可能的。

因为恐惧——是人类遗传的根本的感情；一切可以从恐惧中得到解释，包括原罪和原始的道德。我的道德也是源自恐惧，它叫做：科学。

因为面对野兽感到恐惧——它对人类来说是最长久地培养出来的，包括人类隐藏在自身中而且感到害怕的动物——查拉图斯特拉称之为'内心之畜生'。

这种长久的古老的恐惧，最终变为精华，变成精神上的、宗教上的东西——今天，我认为，它可称为：科学。"——

有良知者如是说；可是，刚回到山洞的查拉图斯特拉听到了最后一部分，并且猜出了那些话的含义，于是就将手里的一把玫瑰花向有良知者抛去，为他所发表的"真理"发出哈哈大笑。

"怎么！"他喊道，"我刚才听到了什么？真的，我认为，你是个傻瓜，要不然我就是傻瓜：我要马上把你的'真理'颠倒过来。

因为恐惧——是我们的特殊情况。可是，勇气和冒险，对不确定之事、对未尝试之事的兴趣，——我认为，勇气是人类的全部来历。

人类忌妒最有野性的、最勇猛的动物所具有的一切美德，并且夺取这一切：这样才成为——人类。

这种勇气最终变为精华，变成精神上的、宗教上的东西，这种人类的勇气具有鹰的翅膀和蛇的智慧：我认为，这种勇气今日叫做——"

"查拉图斯特拉！"所有在场的人都异口同声地喊道，同时爆发出哄堂大笑；可是从他们中间就像升起一团浓重的乌云。甚至魔术师也笑了，他机智地说："好了！他逃走了，我的恶魔！

当我说他是个骗子，是个撒谎和骗人的恶魔时，我不是警告你们要提防他吗？

也就是说，特别当他赤裸裸地表明自己时。可是，对于他的险恶行为，要我承担什么责任！难道是我创造了他和世界？

来吧，让我们重新和好，充满信心！尽管查拉图斯特拉已经露出恼怒的目光——你们看看他吧！他在生我的气——：

——在夜幕降临之前，他又会喜爱我，赞扬我，他不做这种蠢事，就无法长久活下去。

他——喜爱他的敌人：在我见到的所有人当中，他最精通这门技能。可是他为此却报复——他的朋友们！"

老魔术师如是说，高人们向他鼓掌致意：因此查拉图斯特拉只好走来走去，怀着恶意和爱意跟他的朋友们握手，——就像一个人要向大家纠正什么，并请求大家原谅。可是，当他走到他的山洞的门旁时，瞧，这时他又想去呼吸外面清新的空气，又想去看看他的动物们，——他想溜出去。

在沙漠的女儿中间

1

"不要走开!"这时自称是查拉图斯特拉的影子的漂泊者说,"请留在我们这里吧,不然,旧时沉闷的忧伤又会向我们袭来。

那位老魔术师已经把他从最低劣的到最美好的东西给了我们,瞧吧,那边善良而虔诚的教皇眼里饱含泪水,又已经登船前往忧伤的大海去了。

两位国王也许还会在我们面前摆出友善的面孔:因为他们今天在我们所有人当中在这方面学得最好!可是,如果他们没有见证人,我打赌,他们又会重新开始搞那种恶作剧——

——漂游的云朵、湿润的忧伤、乌云滚滚的天空、被盗的太阳、啸鸣的秋风诸如此类的恶作剧!

——我们的号叫和呼救的恶作剧:请留在我们这里吧,哦,查拉图斯特拉!这里有许多想要说出来的隐藏着的痛苦,有许多夜晚,有许多乌云,有许多沉闷的空气!

你以强健的男人食物和精辟的格言抚养我们:不能允许软弱

的女性精神作为餐后甜品又来侵袭我们！

你独自一人使你周围的空气变得健康和清新！我在大地上可曾发现过像你的山洞里那样新鲜的空气吗？

我见过许多地方，我的鼻子学会检验和评价各种空气；可是在你这里，我的鼻孔享受到了它最大的乐趣！

除非，——除非——，哦，请原谅我作一次旧日的回忆吧！请原谅我唱一首餐后的老歌吧，这是我曾经在沙漠的女儿们中间所创作的：——

——因为在她们那里，同样有健康而清新的东方国家的空气；在那里，我远离了多云的、潮湿的、阴郁的古老欧洲！

当时我喜爱这样的东方少女和异域的蔚蓝天国，天国上没有乌云，没有各种思想。

你们不相信，当她们不跳舞时，她们是多么乖巧地坐在那里，深沉地，但不去思索，像小小的秘密，像饰有缎带的谜团，像餐后甜食里的果仁——

真是多姿多彩而带有异域情调！可是没有云彩：可以猜得出的谜：为了表达对这些少女的喜爱，于是我编了一首餐后甜食的赞歌。"

漂泊者及其影子如是说；还没等到有人回应他，他就已经拿起老魔术师的竖琴，双腿交叉，冷静而明智地朝四周张望了一下：——可是，他却用鼻子缓慢而疑虑地吸进空气，就像一个人到了新的国家要检验一下新的异邦的空气一样。接着，他开始用一种高昂的音调唱起来。

2

沙漠在变大：胸怀沙漠的人，多么不幸啊！
‧‧‧‧‧‧‧‧‧‧‧‧‧‧‧‧‧‧‧‧‧‧‧‧‧‧

——哈！庄严！
确实是庄严！
庄重的开始！
非洲式的庄严！
称得上一头雄狮，
或者一只大谈道德的怒吼的猿——
——可是这跟你们毫无关系，
你们这些最令人喜爱的女友们，
第一次赐给我
一个欧洲人
坐在你们的旁边，
坐在棕榈树下。细拉①。

真是奇妙！
现在我坐在这里，
临近沙漠，可是已经
又远离沙漠，
甚至毫无荒凉的感觉：
因为，这片最小的绿洲

---

① 出现于《圣经·诗篇》节尾，表示停唱。

把我吞噬了——：

——它正在打呵欠

张开它可爱的嘴巴。

所有小嘴中闻起来最芳香的嘴：

这时我掉了进去，

掉下去，穿过去——到了你们中间，

你们这些最令人喜爱的女友们！细拉。

保佑，保佑那条鲸鱼，

但愿它关照好

它的客人——你们可理解

我的教导的暗示？

保佑它的肚子，

假如它是

如此可爱的绿洲之腹

就像这片绿洲：可是我感到疑惑，

——因为我来自欧洲，

欧洲比所有

年纪稍大的妇女都更加狐疑。

愿上帝改进欧洲！

阿门！

现在我坐在这里，

在这个最小的绿洲里，

像一颗海枣那样，

棕色的，香甜的，渗出金色的果汁，
渴望少女的樱桃小嘴，
可是，更加渴望少女的
冰冷、雪白、锋利的
门牙：因为一切激动的海枣之心
都渴望这样的牙齿。细拉。

我躺在这里，
跟所述的南方水果
相似，十分相似，周围有
小小的甲虫
在飞舞，在追逐嬉戏，
还有跟甲虫相同的更小、
更愚昧、更恶毒的
愿望和念头，——
你们挤在我的周围，
你们这些默默的、充满预知的
猫咪少女，
杜杜和苏莱卡
——围绕斯芬克斯，因此我在一个词里
塞进许多感情：
（上帝请原谅我
这种语言上的罪过！）
——我坐在这里，呼吸最清新的空气，
真的，犹如天堂里的空气，

淡色的、柔和的、金色的空气，
这么新鲜的空气
只有从月亮上飘落下来——
这是来自偶然，
或者由于欢乐而发生？
就像老诗人叙述的那样。
可是我这个怀疑者感到
疑惑，因为我
来自欧洲，
欧洲比所有
年纪稍大的妇女都更加狐疑。
愿上帝改进欧洲！
阿门！

呼吸最清新的空气，
鼻孔涨得像杯子那样，
没有未来，没有回忆，
我这样坐在这里，你们这些
最令人喜爱的女友们，
我望着这棵棕榈树，
它多么像一位舞女，
屈膝，弯腰，扭动臀部，
——如果你看久了，也会跟着跳！
我觉得，它岂不是像一个
已经太久、长久而危险地、

始终、始终只用单腿站立的舞女吗？
——我觉得，她这时已经忘了
另一条腿？
至少我白费气力
寻找那失踪了的
孪生之宝贝
——也就是那另一条腿——
在她那最令人喜爱的、最柔美的、
扇形的、飘逸而闪光的裙子
附近的神圣的地方。
是的，你们这些美丽的女友们，
假如你们愿意完全相信我：
她丢失了那条腿！
丢失了！
永远丢失了！
那另一条腿！
哦，多么可惜啊，那可爱的另一条腿！
它会待在哪里，会在哪里孤独地哀伤，
那条孤单的腿？
也许是对一只
狂怒的、有着金黄色卷鬃的
狮子猛兽感到恐惧？或者已经完全
被咬噬，啃光——
可怜，不幸啊！不幸啊！被啃光了！细拉。

哦，不要哭泣，

仁慈的心！

不要哭泣，你们

海枣般的心！乳白色的胸脯！

你们这些

甘草包！

不要再哭泣，

苍白的杜杜！

像个大丈夫，苏莱卡！鼓起勇气！勇敢些！

——或者在这里

也许会有些

鼓起勇气、增强信心的东西？

一句庄严的格言？

一句郑重的鼓励？——

哈！向上吧，尊严！

道德的尊严！欧洲人的尊严！

道德的风箱，

吹吧，再吹吧！

哈！

再次怒吼吧，

发起道德的怒吼吧！

作为有道德的狮子

在沙漠的女儿面前怒吼吧！

——因为道德的号叫，

你们这些最令人喜爱的少女，

胜过所有

欧洲人的热情，欧洲人的渴念！

作为欧洲人，

我已站在这里，

我只好这样做，上帝帮助我吧！

阿门！

沙漠在变大：胸怀沙漠的人，多么不幸啊！

❧❦❧ ❧❦❧ ❧❦❧

唤醒

1

漂泊者及其影子唱完歌后，山洞里突然充满喧闹和笑声；因为聚集在一起的客人全都同时谈论起来，甚至驴子在这种氛围的鼓励下也不再沉默，因此，查拉图斯特拉对自己的客人感到了一种小小的厌恶和可笑：虽然他对他们的快乐也感到愉快。因为他觉得，这是他们康复的预兆。于是，他就溜到外面去，和他的动物说话。

"现在他们的困境到哪里去了？"他说道，这时他已抛开他那小小的厌烦情绪，可以舒口气了，——"我觉得，他们在我这里已经忘记了呼救声！

——尽管这样，遗憾的是，他们还是没有忘记叫喊。"查拉图斯特拉用手捂住自己的耳朵，因为刚才驴子发出的咿——呀声和这些高人们的欢呼声奇妙地混合在一起。

"他们很快活，"他又开始说，"谁知道呢？也许是由于他们的东道主负担聚会的费用吧；即使他们向我学习了欢笑，但他们学到的并不是我的欢笑。

可是这有什么关系呢！他们都是老人：他们以自己的方式康复，以自己的方式欢笑；我的耳朵已经忍受过更加难听的声音，不会觉得不舒服。

今天取得了胜利：重压之魔，我的死敌，他已经屈服了，逃跑了！今天开始时是那么糟糕，那么沉重，今天就要美好地结束了！

这一天将要结束。夜晚就要来临：夜晚，这位优秀的骑士，正策马扬鞭越海而来！这位快乐者，归来者，是如何跨在它的紫红色的马鞍上一路颠簸而回！

天空清澈地望着夜晚的归来，大地一片深沉：哦，那么这些奇特的人到我这里来，在我这里居住是很值的！"

查拉图斯特拉如是说。这时，高人们的喧闹声和笑声又从山洞里传出来：于是他又开始说话。

"他们上钩了，我的钓饵起作用了，他们的仇敌，重压之魔，也向他们屈服了，他们已经学会嘲笑他们自己了：我没有听错吧？

我的男人的食物，我的有活力的、有力量的格言，已经发挥作用了：真的，我给他们的食物不是引起肠胃气胀的蔬菜！而是战士的食物，征服者的食物：我唤醒新的欲望。

在他们的胳臂和腿里产生了新的希望，他们的心胸舒展了。他们找到了新的词语，不久他们的精神就将无拘无束地尽情呼吸。

当然，这样的食物可能不适合孩子，也不适合渴望中的老年和青年妇女。要用其他东西满足他们的肚子；我不是他们的医生和教师。

恶心屈服于这些高人：好吧！这是我的胜利！在我的领地里，他们将变得安全，所有愚昧的羞耻感都将消失，他们将倾诉衷情。

他们尽情吐露心声，美好的时光又回到他们身旁，他们欢庆，回味——他们深表谢意。

他们深表谢意——我把这视为最好的征兆。不久，他们就会设想筹备庆祝活动，为他们以往令人愉快的事情建立纪念碑。

他们是康复者！"查拉图斯特拉愉快地对自己的内心这样说，并朝远处眺望；可是，他的动物们却挤到他的身旁，为他的幸福和沉默感到自豪。

2

可是，查拉图斯特拉听到后突然感到吃惊：因为至今为止充满喧闹和笑声的山洞一下子变得死一般的寂静；——可是他的鼻子却闻到一股浓重的芳香味和焚香味，好像是燃烧松球的气味。

"出了什么事？他们在干什么？"他自问道，并且悄悄地溜到山洞入口处，以便能在不被人发现的情况下观察客人。可是，奇怪，太奇怪了！他这时亲眼看到的是一番什么景象啊！

"他们全部又变得虔诚了，他们在祈祷，他们都发狂了！"——他说，并且感到十分惊讶。真的！所有这些高人，两位国王、退位的教皇、邪恶的魔术师、自愿的乞丐、漂泊者及其影子、年老的预言者、精神上的有良知者和最丑陋的人：他们全部都像孩子和虔诚的老年妇女一样，跪着向驴子朝拜。正在这时，最丑陋的人开始咕噜咕噜地清嗓子，呼哧呼哧地喘粗气，好像想从他身上倒出什么难以言语的东西；可是，当他真的说话时，瞧，那却是一篇虔诚的奇特的连祷，颂扬被朝拜、被烟雾萦绕的驴子。可是，这连祷听起来是这样的：

阿门！颂扬、荣誉、智慧、感谢、赞美、强大，这一切都归于我们的上帝，永远不变！

——可是，驴子对此回应说：咿——呀。

它驮着我们的重负，它担当奴仆的角色，它真心地忍耐，从来不说否；谁爱它的上帝，谁就要惩罚上帝。

——可是，驴子对此回应说：咿——呀。

它不说话：除了对它创造的世界总是说"是的"：它就这样赞扬它的世界。它的狡猾在于，不说话：因此它很少受冤屈。

——可是，驴子对此回应说：咿——呀。

它不显眼地走遍世界。它的身体是灰色的，在它的身体里包含着它的美德。如果它有精神，它却把精神隐藏起来；可是大家却相信它的长耳朵。

——可是，驴子对此回应说：咿——呀。

它长着长耳朵，却只说"是的"，从来不说"不"，这是深藏若虚的智慧！难道它不是按照自己的形象，也就是说，尽可能愚蠢地创造世界吗？

——可是，驴子对此回应说：咿——呀。

你走直路和弯路；你对我们世人认为的什么曲直毫不关心，你的领域是善与恶的彼岸，不知道什么是纯洁，这正是你的纯洁。

——可是，驴子对此回应说：咿——呀。

瞧，你不赶走任何人，不赶走乞丐，也不赶走国王。你让小孩子到你这里来，假如坏男孩引诱你，你也只是简单地说：咿——呀。

——可是，驴子对此回应说：咿——呀。

你喜爱母驴和新鲜的无花果，你是讲究饮食者。当你刚好饥饿时，一根飞廉也会引起你心动。这其中蕴藏着上帝的智慧。

——可是，驴子对此回应说：咿——呀。

驴子的庆典

1

可是，当连祷说到这儿，查拉图斯特拉再也不能抑制自己了，他甚至比驴子更大声地喊道咿——呀，并且跳到他那些变得狂热的客人当中。"可是你们在这里干什么，你们这些人？"

他喊道，同时把祷告者从地上拉起来。"除了查拉图斯特拉以外，如果还有人看到你们这样，那就糟了：

每个人都会判断，你们由于你们的新信仰就可能成为最邪恶的渎神者，或者成为最愚昧的老妇人！

而你自己，你这个老教皇，你这样把一头驴子当上帝在这里朝拜，这与你自己的身份如何相称？"——

"哦，查拉图斯特拉，"教皇答道，"请原谅我吧，可是关于上帝的事，我比你更加了解。这样做是合情合理的。

宁愿朝拜具有这种形象的上帝，也不愿朝拜无形象的上帝！请仔细考虑一下这句话吧，我的高贵的朋友：你很快就会猜到，这句话里所包含的智慧。

说'上帝是一种圣灵'的人——迄今为止，他在大地上向不信宗教迈出了最大的一步，做出了巨大的飞跃：这样的言辞在世上是不容易再被纠正的！

世上还有可崇拜的东西，这使我年老的心跳动不已。哦，查拉图斯特拉，请原谅年老的虔诚的教皇之心！"

——"而你，"查拉图斯特拉对漂泊者及其影子说，"你不是自称并自以为是自由之精神吗？而你却在这里做这种偶像崇拜和教士的仪式吗？

真的，你在这里做的事，比起在你那些不道德的棕发女郎那里的所作所为更加恶劣，你这邪恶的新教徒！"

"够恶劣的了，"漂泊者及其影子答道，"你说得对：可是对此我有什么责任！老上帝复活了，哦，查拉图斯特拉，你想说什么，就说吧。

最丑陋的人对这一切负有责任：他使上帝复活了。如果他说，他曾经杀死了上帝：那么在诸神看来，死亡始终只是一种先入之见。"

——"而你，"查拉图斯特拉说，"你这个邪恶的老魔术师，你干了什么！如果你相信神之类的蠢事，在这自由的时代里，今后谁还会相信你呢？

你所干的事是蠢事；你这个聪明人，你怎么会做这样的蠢事呢！"

"哦，查拉图斯特拉，"聪明的魔术师答道，"你说得对，这是一件蠢事，——但是对于我来说也是十分困难的。"

——"还有你，"查拉图斯特拉对精神上的有良知者说，"你仔细考虑一下吧！这里的事难道一点也没有违背你的良心吗？你忍受这种祈祷和这些祷告迷的烟雾，你的精神不是太纯洁了吗？"

"这方面有某种东西，"有良知者考虑之后答道，"在这种表演中有某种东西甚至使我的良心感到舒适。也许我不可能相信上帝：然而肯定的是，我认为，以这种形象出现的上帝是最值得信仰的。

按照最虔诚者的证明，听说上帝是永恒的：谁有这么多的时间，就让他去挥霍时间吧。尽可能这样缓慢，这样愚蠢：这种人以此还可能收获很多。

具有太多智慧的人，也许会使自己沉浸于愚笨之中，思考一下你自己吧，哦，查拉图斯特拉！

你自己——真的！甚至你也许会由于丰富和智慧而变成一头驴。

一个完美的智者不是喜欢走最弯曲的路吗？表面现象说明了这点，哦，查拉图斯特拉，——你的表面现象！"

——"最后到你了，"查拉图斯特拉说，并转身对着最丑陋的人，他始终还躺在地上，对着驴子举起手臂（因为它要给驴子喝葡萄酒）。"说吧，你这个不可名状的人，你在那里做了什么！

我觉得你变了，你的目光闪闪发亮，崇高者的外衣裹着你的丑陋：你做了什么？

那些人说，你又把上帝唤醒，这是真的吗？为什么？把他杀死了，完结了，不是有充分的理由吗？

我认为，你自己被唤醒了：你做了什么？你为什么悔改？你为什么改变信仰？说吧，你这个不可名状的人！"

"哦，查拉图斯特拉，"最丑陋的人答道，"你是个无赖！

他是否还活着，或者复活了，或者彻底地死了，——对此我们两人中谁知道得最清楚？我问你。

可是，有一点我是知道的，——我曾经从你那里学到的，哦，查拉图斯特拉：谁想最彻底地杀人，谁就会大笑。

'不是通过愤怒，而是通过大笑来杀人。'——你曾经这样说过。哦，查拉图斯特拉，你这个隐蔽者，你这个不用发怒的杀手，你这个危险的圣者，——你是个无赖！"

2

可是，这时候查拉图斯特拉对这番纯粹是捉弄人的回答感到十分惊讶，他跑回山洞的门边，对着所有的客人大声地喊道：

"哦，你们全是爱开玩笑的小丑，你们这些搞恶作剧的家伙！你们为什么在我面前乔装打扮，不露真情！

你们每个人的心由于高兴和恶意而剧烈地跳动，因为你们终于又一次变得像孩子们一样，也就是说，变得虔诚，——

——你们终于又可以像孩子们那样做事了，也就是说，祈祷，合掌，说'亲爱的上帝'！

可是现在请离开这个儿童游戏室，我自己的山洞，今天在这里玩够了一切幼稚的游戏。现在到外面去把你们孩子般的狂热和躁动的心冷却一下吧！

当然：只要你们不变成像孩子那样，你们就进不了那个天国。（查拉图斯特拉用双手指着上天。）

可是我们根本也不想进天国：我们已是成年人，——因此我们要这个大地上的王国。"

3

查拉图斯特拉再次开始说话。"哦，我的新朋友们，"他说，——"你们这些奇人，你们这些高人，我现在是多么喜欢你们，——

——自从你们又变得快活起来后，真的，你们全部像盛开的花儿：我认为，像你们这样的花儿，你们有必要开个新的庆典。

——搞一个小型而大胆的恶作剧，举行任何一个礼拜仪式和驴子之庆典，举办任何一个年老而快乐的查拉图斯特拉丑角表演，刮一阵狂风把你们的灵魂吹得光亮。

你们这些高人啊，不要忘记这个夜晚和这次的驴子之庆典！这是你们在我这里发明的，我视之为好兆头，——只有康复者才能发明这样的东西！

如果你们再次举办这种驴子之庆典，为了爱为你们庆祝，为了爱也为我庆祝！而且为了纪念我！"

查拉图斯特拉如是说。

梦行者之歌

1

可是在这期间，客人们一个接一个地走出洞外，来到清爽而引人沉思的夜晚中；可是查拉图斯特拉本人却牵着最丑陋者的手，带他去看他的夜晚世界、又大又圆的明月和他山洞旁边的银色瀑布。这时，他们终于都静默地站在一起，大家都是老人了，可是都有一颗令人安慰的坚强的心，在大地上他们的心情如此愉快，这使他们感到惊奇；可是，夜晚的神秘越来越接近他们的心。查拉图斯特拉又暗中想道："哦，我现在多么喜欢他们，这些高人！"——可是，这句话他没有说出来，因为他为他们的幸福和沉默感到自豪。——

可是，这时却发生了一件在那惊奇又漫长的一天中最令人惊讶的事：那个最丑陋的人再次也是最后一次开始咕噜咕噜地清嗓子，呼哧呼哧地喘粗气，他终于把话说出来了，瞧，从他的嘴里完整而明白地蹦出一个问题，一个有益的、深刻的、明确的问题，这使所有在场倾听的人的内心都大为震动。

"我的全体朋友们，"最丑陋的人说，"你们是怎么认为的呢？我活了一辈子，遇上这一天，我第一次感到心满意足了：

我有很多见证，我觉得还是不够。在大地上生活是值得的：和查拉图斯特拉在一起待了一天，过了一个庆典，教会了我热爱大地。

'这就是——人生吗？'我想对死亡说，'来吧！再来一次吧！'

我的朋友们，你们是怎么认为的呢？你们不愿像我那样对死亡说：这就是——人生吗？为了查拉图斯特拉，来吧！再来一次吧！"——

最丑陋的人如是说；可是此时已近午夜。当时发生的事你们是怎么想的？高人们一听到他的问题，马上意识到自己的变化和康复，以及是谁使他们发生变化和康复：这时他们跑到查拉图斯特拉跟前，用各自特有的方式向他表示感谢、尊敬、爱意，亲吻他的双手：因此，有的人在笑，有的人在哭。而年老的预言者高兴得跳起舞来；像一些讲述者所说，虽然他当时喝了很多甜美的葡萄酒，可是，毫无疑问，他更是给生命增添了甜美，并且驱散了所有的疲劳。甚至有人说，当时驴子也跳起舞来：因为最丑陋的人事先给驴子喝过葡萄酒，看来它也没有白喝。事情有可能是这样，或者是另一回事；如果那天晚上事实上驴子没有跳舞，那么也会发生比驴子跳舞更伟大更罕见的奇事。简言之，正如查拉图斯特拉的格言说的那样："这有什么关系呢！"

2

可是，当最丑陋的人说完那番话之后，查拉图斯特拉像醉汉一样站在那里：他的目光呆滞，口齿不清，双脚站不稳。谁能猜到，当时什么样的念头从查拉图斯特拉的心上闪过呢？可是很明显他的精神已逃逸，向前飞去，飞到遥远的地方，就像已记载的那样，仿佛"在两个大海之间的高高的山脊上，

——在昔日和未来之间像浓厚的云朵在漂移"。可是，当高人们拥抱他时，他渐渐地清醒过来，就用双手推开挤到面前的那些尊敬他和关心他的人；然而他默不作声。可是他突然很快地转过头来，因为他好像听到了什么：这时他把手指放到嘴上，说："来吧！"

随即四周变得寂静和神秘起来；可是从深谷里慢慢地传上来一阵钟声。查拉图斯特拉倾听着，就像高人们一样；然后他重新把手指放在嘴上，再次说道："来吧！来吧！午夜临近了①！"——他的声音变了。可是他仍然一动也不动：这时周围变得更加寂静，更加神秘，大家都在倾听，甚至驴子和查拉图斯特拉的宠物鹰与蛇，同样还有查拉图斯特拉的山洞、硕大而冷寂的月亮和夜晚本身。可是，查拉图斯特拉第三次把手指放在嘴上，说道：

"来吧！来吧！来吧！让我们现在走吧！时候到了：让我们向黑夜走去！"

---

① 午夜时，宣告永恒回归的启示临近了。

3

你们这些高人，午夜临近了：现在我想对你们说些事，就像那座古钟悄悄地对我说的那样，——

——就像那座午夜古钟对我说话那样，是那样神秘，那样可怕，那样真诚，它的经历比我们任何一个人都要多：

——它已经数过你们父辈痛苦的心跳的次数——啊！啊！它多么令人叹息！它是如何在梦中发笑！这古老的、深沉的、深邃的午夜！

寂静！寂静！这时候可以听到一些在白天不可能发出的声响；可是现在，在这清冷的空气中，甚至你们心脏的跳动声也变得安静下来，——

——现在它说话了，现在能听见说话声，现在它悄悄地溜进夜间十分清醒的灵魂里：啊！啊！它多么令人叹息！它是如何在梦中发笑！

——你没有听见它是多么神秘、可怕、真诚地对你说话，这古老的、深沉的、深邃的午夜！

人啊，要留神听！

4

我真不幸啊！时间到哪里去了？我不是掉进深井里去了吧？世界在酣睡——

啊！啊！狗在吼叫，月光明朗。我宁愿死去，死去，也不想告诉你们，我在午夜里的心刚才在想什么。

现在我已逝去。完结了。蜘蛛啊，你为什么在我四周结网？你要吸血吗？啊，啊，降了露水，时候到了——

——这个时候我觉得寒冷，我冻得直哆嗦，它在问，再三地问："谁有足够的勇气坚持下去？

——谁应该做大地的主人？谁想说，你们这些小川大河啊，你们应该这样奔流不息！"

——时候临近了：人啊，你这高人，要留神听啊！这些话是说给听觉敏锐的人听的，是说给你的耳朵听的——深沉的午夜在说什么？

5

我被送到那儿去，我的灵魂在跳舞。白天的事业！白天的事业！谁应该做大地的主人？

月光清朗，风儿寂静。啊！啊！你们已经飞得够高了吗？你们在跳舞：可是一条腿还不是翅膀。

你们这些优秀的舞者，现在一切欢乐都过去了，葡萄酒变成了酒渣，杯子变得易碎，坟墓在咕哝。

你们飞得不够高：现在坟墓在咕哝："解救死者吧！黑夜为何这样漫长？月光不是使我们陶醉了吗？"

你们这些高人啊，拯救坟墓吧，唤醒尸体吧！啊，蛀虫还在啃什么？时间临近，临近了，——

——钟声当当响，心还在怦怦跳，蛀木虫还在啃，啊！啊！世界深邃！

6

悦耳的古琴啊！动听的古琴啊！我爱听你的声音，爱听你那令人陶醉的、铃蟾似的声音！——你的声音远远地从爱的水池里传来，经过多么长久的时间，从多么遥远的地方才传到我这里来！

你这座古钟，你这悦耳的古琴！一切痛苦都撕裂你的心，父亲的痛苦，父辈的痛苦，祖先的痛苦，你说的话变得成熟了，——

——像金秋和午后那样成熟，像我这颗隐士之心那样成熟——现在你说，世界本身变得成熟了，葡萄变紫了，

——现在世界要死了，因幸福而死。你们这些高人，你们没有闻到吗？一股气味暗地里冒上来了。

——一股永恒的芳香和气味，一股带有玫瑰般温馨的深黄色葡萄酒的香气，来自古老的幸福，

——来自令人陶醉的午夜的幸福，这种幸福在歌唱：世界是深沉的，比白天想象的更加深沉！

7

别打搅我！别打搅我！我太纯洁了，不能与你交往。不要碰我！我的世界不是刚刚变得完美吗？

我的皮肤太纯洁了，不适宜接触你的手。别打搅我，你这愚昧的、迟钝的、阴郁的白天！午夜不是更清朗吗？

最纯洁者应该成为大地的主人，应该是最不为人知者，最强者，比任何白天都更清朗、更深奥的午夜之灵魂。

哦，白天，你在探索我吗？你在探索我的幸福吗？在你看来，我是富有的，孤独的，是个宝库，是个金库吗？

哦，世界，你想要我吗？你认为，我是世俗的吗？我是信教的吗？我是信神的吗？可是，白天和世界啊，你们太笨拙了，——

——你们拥有更灵巧的双手，你们去捕捉更深的幸福，去捕捉更深的灾难，去捕捉任何一位神，可不要捕捉我：

——我的不幸、我的幸福是很深的，你这奇妙的白天，可是我不是神，不是神的地狱：它的痛苦是很深的。

8

神的痛苦更深，你这奇妙的世界！去捕捉神的痛苦，可不要捕捉我！我是什么！一把令人陶醉的悦耳的古琴，——

——一把午夜之古琴，一座似铃蟾鸣叫的钟，没有人听得懂它，可是它必须对聋子说话，你们这些高人！因为你们听不明白我的话！

流逝了！流逝了！哦，青春！哦，正午！哦，午后！现在傍晚来了，夜晚来了，午夜来了，——狗在吼叫，风儿也一样：

——风儿不是一只狗吗？它在哀鸣，它在狂吠，它在吼叫。啊！啊！午夜如何叹息！如何发笑，如何发出呼噜声，如何喘息！

这位沉醉的女诗人①，刚才说话是多么清醒！她也许喝多了？她变得过于清醒？她在回想？

---

① 指午夜。

这个古老而深沉的午夜，她在梦中回想她的痛苦，更多的还是回想她的快乐。因为，痛苦很深而快乐：快乐比心中的痛苦还更深。

9

你这葡萄藤啊！你为什么赞美我？我剪断了你！我是残忍的，你在流血——：你赞美我沉醉的残忍是什么意思？

"任何变得完美的东西，一切变得成熟的东西，都要逝去！"你这样说道。赞美吧，赞美葡萄农的剪刀！

可是一切未成熟的东西都想活着：真是令人悲哀！

痛苦说："消失吧！走吧，你这痛苦！"可是一切受苦者都想活着，以便变得成熟，变得快乐，并且充满渴望。

——渴望更远、更高、更光明的东西。"我要有继承者，"一切受苦者这样说，"我想要孩子，我不想要我自己。"——

可是快乐不想要继承者，不想要孩子，——快乐只想要自己，要永恒，要回归，要万物永远相同。

痛苦说："心脏啊，破裂吧，流血吧！腿啊，迈步吧！翅膀啊，飞翔吧！痛苦啊，向上吧！向上吧！"好吧！来吧！哦，我年老的心：痛苦说："消失吧！"

10

你们这些高人，你们是怎么认为的？我是个预言者吗？是个幻想者吗？是个醉汉吗？是个圆梦者吗？是一座午夜之钟吗？

是一滴露珠吗？是一股永恒的雾气和芳香吗？你们没有听

见吗？你们没有闻到吗？我的世界刚才已变得完美，午夜也是正午，——

痛苦也是一种快乐，诅咒也是一种祝福，夜晚也是一轮太阳，——你们走吧，要不然就要学会：一个聪明人也是一个傻瓜。

你们曾经对一种快乐说"是"吗？哦，我的朋友们，你们也对所有的痛苦这样说"是"。万物是相连的，相接的，相爱的，——

——你们曾经得到一次就想得到第二次，你们曾经说："我喜欢你，幸福！一刹那！一瞬间！"于是，你们想要一切重新回来！

——一切都重新再来，一切都永恒存在，一切都相连、相接、相爱，哦，你们如此热爱这个世界，——

——你们这些永恒者，你们永远并时时热爱这个世界：你们甚至还对痛苦说：消失吧，但是要回来！因为一切快乐想要——永恒！

11

一切快乐都想要万物永恒，想要蜂蜜，想要酒渣，想要醉人的午夜，想要坟墓，想要墓旁的眼泪的慰藉，想要金色的晚霞——

——快乐不想要什么！快乐比一切痛苦更渴望、更真诚、更饥饿、更可怕、更神秘，它想要自己，它咬住自己，圆环的意志在快乐中扭斗，——

——快乐想要爱，它想要恨，它过于富有，它给予，它抛掷，它乞求有人接受它，它感谢接受者，它喜欢被人憎恨，——

——快乐是如此富有，因此它渴望痛苦，渴望地狱，渴望仇恨，渴望屈辱，渴望残废，渴望世界，——因为这个世界，哦，你们是认识它的！

你们这些高人，快乐，这抑制不住的及其幸福的快乐，它渴望你们，——渴望你们的痛苦，你们这些失败者！一切永远的快乐都渴望失败者。

因为一切快乐都想要自己，因此它也想要伤心！哦，幸福，哦，痛苦！哦，破裂吧，心脏！你们这些高人，可要懂得，快乐想要永恒，

——快乐想要万物永恒，想要深沉的、深邃的永恒！

12

你们现在学会我唱的歌了吗？你们猜猜，这首歌想要说什么？来吧！唱吧！你们这些高人，现在就唱我的轮唱曲吧！

现在你们自己唱这首歌吧，歌名叫做"再来一次吧！"，它的意思是"永恒！"，——歌唱查拉图斯特拉的轮唱曲！

哦，人啊，你可要留心！

深深的午夜在说什么？

"我睡过了，我睡过了——，

我从深深的睡梦中醒过来：——

世界很深，

比白天想象的更深。

世界的痛苦很深——，

快乐——比伤心更深，

痛苦说：消失吧！
可是一切快乐想要永恒——，
——想要深远的、深邃的永恒！"

预兆①

可是当夜晚过后，早晨查拉图斯特拉从他的床上跳起，系上腰带，走出他的山洞，他容光焕发，强健有力，如同从昏暗的群山中升起的朝阳。

"你这伟大的天体，"他说，就像他曾经说过的那样，"你这深沉的幸福的眼睛，如果你没有你所照耀的万物，你还有什么幸福呢！

当你已经醒过来，走出去，赠予和分发时，他们还留在卧室里：你高傲的羞耻心对此会多么的生气啊！

好吧！他们还在睡觉，这些高人，而我已经清醒：他们不是我真正的伙伴！我在我的山上等的不是他们。

我要去做我的事情，我要走向白天：可是他们不理解我的早晨的预兆是什么，我的脚步声——不是他们的起床号。

他们还在我的山洞里睡觉，他们还在梦中回味我的午夜。他们身上缺少倾听我说话的耳朵——听从使唤的耳朵。"

---

① 群飞的鸽子，欢笑的狮子，查拉图斯特拉等待的预兆出现了。他已变得成熟，已克服了他的同情，准备下山，追求他的事业。

——当太阳升起来时，查拉图斯特拉对自己的内心说了这些话：这时他疑惑地望着上空，因为他听到头顶上方他的鹰发出的尖锐的呼唤。"呼唤吧！"他对着上空喊道，"我喜欢这样，理应如此。我的动物醒了，因为我已经醒了。

我的鹰醒了，它像我一样尊重太阳。它用鹰爪去抓住新的阳光。你们是我真正的动物，我爱你们。

可是我还缺少我的合适的人！"——

查拉图斯特拉如是说；可是这时发生了一件事，他突然听到好像有无数的鸟儿成群地围着他，扑扑地振翅飞翔，——可是这么多的翅膀发出的呼呼声如此之大，密集在他头顶周围的鸟儿之声势如此浩大，以至于他闭上了眼睛。真的，这就像一团乌云逼向他，就像箭一般的乌云射向一个新的敌人。可是瞧，这里有一片爱的云朵飘向一个新的朋友。

"我怎么了？"查拉图斯特拉心里惊讶地这样想，慢慢地让自己在他的山洞出口处旁边的一块大石头上坐下来。可是当他伸手向四周抓去，向上下抓去，想赶走这些温和的鸟儿时，瞧，这时更罕见的事发生了：因为这时他的手无意间抓到一把又厚又温暖的蓬松的毛发；可是，与此同时，在他面前响起了一声吼叫——这是狮子温和的长吼。

"预兆来了。"查拉图斯特拉说，他的心情发生了变化。实际上，当他的眼前变得明亮时，看到一头黄色的巨兽躺在他的脚旁，把它的头依偎在他的膝盖上，留恋地不肯离去，就像一只找回老主人的狗一样。可是，那些鸽子表现出来的爱的热情程度一点也不逊色于狮子；每次当一只鸽子从狮子的鼻子上掠过时，狮子只是摇摇头，惊奇地笑笑。

查拉图斯特拉对于这一切只说了一句："我的孩子们即将来临，我的孩子们"——，然后他就完全默默无语。可是他的心情放松了，眼泪从他的眼睛里滴下来，滴到他的手上。他不再留意任何事情，一动不动地坐在那里，也不再阻止那些动物了。这时鸽子有时飞来飞去，有时停在他的肩膀上，抚摩他的白发，毫不厌倦地流露出温柔和愉快之情。可是强大的狮子总是不停地舔去滴在查拉图斯特拉手上的泪水，它羞涩地吼叫着，发出低沉的呜呜声。这些动物就是这样放肆。——

这一切持续了很长时间，或者短暂的时间：因为，恰当地说，这一类的事情在大地上是没有时间可言的——。可是，在这期间在查拉图斯特拉山洞里的高人们已经醒了，他们排成队向查拉图斯特拉走去，向他问候早安：因为当他们醒来时发现他不在他们当中。可是当他们到了山洞门边时，他们的脚步声已经传到外面，那头狮子闻声惊起，突然转身离开查拉图斯特拉，大吼一声，向山洞跑去；可是当高人们听到狮子的吼声时，全都异口同声地惊叫起来，急忙向后逃跑，瞬间消失无踪。

可是，查拉图斯特拉却发愣地、异样地从座位上站起来，环顾周围，惊讶地站在那里，扪心自问，静心思索，深感孤独。"我究竟听到什么了？"他终于缓慢地说，"刚才我怎么了？"

他回想起来了，很快就明白从昨天到今天所发生的一切。"就是这块石头，"他说，并捋了捋胡须，"昨天早晨我坐在它上面；在这里那位预言者向我走来，在这里我起先听到我刚才听到的那种叫喊，那宏大的呼救声。

哦，你们这些高人，昨天早晨那位老预言者对我预言过你们的困境，——

　　——他想引诱我，试图让我走向你们的困境：'哦，查拉图斯特拉，'他对我说，'我来，就是为了引诱你犯最后的罪。'

　　犯我最后的罪？"查拉图斯特拉喊道，并愤怒地嘲笑自己的话："还给我留下什么作为我最后的罪过呢？"

　　——查拉图斯特拉再次陷入深思，再次在那块大石上坐下来思索问题。突然他跳了起来，——

　　"同情！对高人们的同情！"他叫喊起来，面色变得铁青，"好了！这——有它的定期！

　　我的痛苦和我的同情——这算得了什么！难道我在追求幸福吗？我在追求我的事业！

　　好了！狮子来了，我的孩子们将要来临，查拉图斯特拉变得成熟了，我的时刻到来了：——

　　这是我的早晨，我的白天开始了：现在太阳升起来了，高高地升起来了，你这伟大的正午！"

　　查拉图斯特拉如是说，并离开他的山洞，他容光焕发，强健有力，如同从昏暗的群山中升起的朝阳。

查拉图斯特拉如是说终结

《国民阅读经典》已出书目

朝花夕拾（典藏对照本） 鲁迅原著 周作人解说 止庵编订
定价：16 元

金刚经·心经释义 王孺童译注 定价：38 元

中国哲学史大纲 胡适著 定价：34 元

圣经的故事 [美]房龙著 张稷译 定价：35 元

大学中庸译注 王文锦译注 定价：24 元

梦的解析 [奥]弗洛伊德著 高申春译 车文博审订
定价：36 元

乡土中国（插图本） 费孝通著 定价：19 元

道德经讲义 王孺童讲解 定价：20 元

歌德谈话录 [德]爱克曼辑录 朱光潜译 定价：26 元

毛泽东诗词欣赏（插图典藏本） 周振甫著 定价：26 元

《东西文化及其哲学》 梁漱溟著 定价：27 元

《老人与海》 [美]海明威著 刘国伟译 定价：19 元

《常识》 [美]托马斯·潘恩著 余瑾译 定价：18 元

《坛经释义》 王孺童译注 定价：29 元

《诗经译注》 周振甫译注 定价：42 元